5.18

내란수괴
전두환

내란수괴
전두환

지은이 | 허장환

발행일 | 초판 1쇄 2020년 10월 26일

발행처 | 멘토프레스

발행인 | 이경숙

교정 | 유인경, 서광철, 문정현

편집 | 이은화

인쇄·제본 | 한영문화사

등록번호 | 201-12-80347 | 등록일 2006년 5월 2일

주소 | 서울시 중구 충무로 2가 49-30 태광빌딩 302호

전화 | (02)2272-0907   팩스 | (02)2272-0974

E-mail | mentorpress@gmail.com

E-mail | memory777@naver.com

홈페이지 | www.mentorpress.co.kr

ISBN 978-89-93442-58-8 (03300)

5·18 내란수괴 전두환

허장환 지음

505보안대
수사관의
생생한 기록

멘토 press

차
례
—

1
PART

1980년 5월 18일 '피의 일요일'
광주사태는 사전 조작된 시나리오!

2 PART '국보위' 지시하에 계엄군에 둘러싸인 고도孤島 광주

3 PART 빼앗긴 원고, 보안사에 납치 … 양심선언
은둔의 밤, 전두환·노태우에게 고하는 글

4 PART

행동하는 양심만이 진정한 양심

5·18민주화운동에 희생된 영령 앞에 사죄하련다

민주적이고 차분하며 성숙한 시민들이 의견을 냈지만, 군은 이를 묵살하고 제압하기에 급급했다. 계엄 전, 전남대학교에서 시위대의 자유발언 모습. ⓒ나경택 (5·18기념재단 사진제공)

5·18 당시 학살자 편에 섰던 허장환 수사관을 변화시킨 '5·18민주화운동'의 정신적 지주 홍남순 변호사!

《5·18 내란수괴 전두환》의 저자 허정환은 1998년 4월 《비겁한 아버지는 될 수 없었다》 출간을 앞두고 홍남순 변호사에게 '추천사'를 써줄 것을 부탁드린다. 홍 변호사는 '광주 5월'의 진실이 밝혀지길 간절히 원하는 마음에서 추천사 대신 이 책의 내용 일부가 '사실에 틀림없음'을 입증하는 인증서로 화답했다. 정리된 내용을 소개한다!

1980년 5월 18일 벌어진 광주사태(5·18민주화운동)로 인하여 같은 달 26일 전남·북 비상계엄사령부 군검경 합동수사본부 대원들에게 검문당한 후 505보안대로 본인(홍남순)과 처 윤이정, 셋째아들 홍기섭 등이 함께 연행되었다. 처자는 10일 만에 석방된 바 있고, 본인은 내란죄 등으로 1심에서 사형선고, 항소심에서 무기, 대법원에서 기각판결이 선고되어 확정되었다. 1년 6개월여 동안 복역을 마치고 가석방된 바 있는데, 허장환의 숨은 일화를 밝히는 바이다.

5·18 당시 전남·북 비상계엄사령부 총수사 책임자는 505보안대 수사부국장이었던 서의남 중령이었다. 그는 사전에 수사각본을 만들어 광주사태 내란 책임 수괴로 나를 정했다. 그 내용인즉 '홍남순은 김대중으로부터 내란음모 지령을 받고 그 자금으로 금 1억 원을 받아 전남대, 조선대 총학생회장에게 건네주어 내란을 획책한 책임자로 수사

방향을 정하여 진행했다. 5월 28일자로 본인의 사무장 정광진이 연행되어 오자 이번에는, 홍남순은 그의 사무장을 시켜 서울 김대중으로부터 돈을 교부 받아와 양 대학에 전하였다는 각본을 새롭게 만들어 수사진행 및 지령을 했다'는 것. 그러자 허장환은 수사부국장 서의남에게 복명復命을 하면서 본인도 여러 방면으로 조사를 해보았으나 다음의 네 가지 이유에서 수사를 달리할 것을 주장했다.

첫째, 홍 변호사는 이곳 지방대학 출신도 아니므로 학연관계가 없고 전남대, 조선대 양 대학 총학생회장과는 전혀 연관이 없다.

둘째, 홍 변호사는 당시 무정부 상태인 광주시에 대하여 어떻게든 최대한 희생을 막기 위하여 수습대책위원회를 구성하여 수습에 나선 일뿐이다.

셋째, 광주사태는 초창기에 공수부대 대원들이 진입한 후 과잉진압을 함으로써 시민과 학생들이 살상되어 이에 흥분한 시민들이 들고 일어난 것이지 사전 조직이 있어 광주사태를 일으킨 것이 아니다.

넷째, 정광진은 일개 변호사 사무장인데 그를 심부름시켜 김대중으로부터 돈을 받아온 것으로 한 것은 사실과 크게 다르며 수사상 무리가 있을 뿐이므로 달리 방향을 정해야 한다.

이렇게 복명하자, 서의남은 자신이 차고 있던 권총을 꺼내어 '이 자식이 상관에게 항명하니 처단하겠다'고 하므로 허장환은 그에 맞서 '쏠 테면 쏴봐' 하여 항명죄抗命罪로 불명예 퇴직을 한 사실이 있었음을 확인 및 인우보증하는 바이다.

1998. 4. 16

확인자 홍 남 순

내란수괴 전두환이 '살인죄'를 피해 간 법리적 해석의 차이
'발포 명령자'와 '사살 명령자'는 어떻게 다른가

전두환과 그 패당들이 지난 40년간 그들 스스로를 속이고 전 국민을 속이는 대목을 두 가지로 대별할 수 있다. 다시 말해 전두환 자신은 광주 5·18과는 전연 관련이 없음을 주장하는 대목이다.

자고로 세속적 표현이지만, 뱀을 잡을 때는 뱀의 머리를 바수어 버려야 한다는 속언이 있다. 천인이 공노할 반도덕적이고 반인륜 범죄자인 전두환은 대법大法 판결에서 사형을 선고받고도 고 김대중 대통령의 음덕으로 동서화합이란 아리송한 명분하에 사면 복권되었다.

뱀을 설 죽인 현상이다. 사악한 뱀을 설 죽인 엄청난 리스크는 동서의 화합은커녕 이승만이 일제잔재를 청산하지 않고 활용함으로써 오늘날까지 감수해야 했던 민족분열의 수난보다 더 극명한 이념갈등의 피해를 입는 현실을 맞이했다.

오늘 우리 모두는 기세등등하게 머리를 쳐들고 독을 뿜어 우리 사회를 오염시키는 독사의 머리와도 같은 전두환의 간교한 술책과 가증스러움을 해부해보기로 하자.

80년 5월 21일 전두환은 분명히 광주민을 사살함으로써 얻어지는 정권찬탈의 수순을 밟기 위해 최종점검 차 내광來光했을 시, 후일 하수인들에게 필연적으로 야기될 폭도사살에 따른 총기사용 문제의 법리적 명분을 확보하기 위한 대책을 지시했다. 그리고 상경 즉시 행해진 전남북 계엄분소장 윤흥정(육사 8기) 중장中將 주제로 열린 회의에서 전두환은 비상계엄 주요 지휘권 행사에 대한 재가裁可 요구 결의서를 상급부대인 계엄사령부에 건의했다. 이에 계엄사령관 이희성은 그 요식절차에 따라 현지 부대에 이를 인가함으로써 광주민을 사살한 행위의 법적 정당성을 확보한 전두환은 살인죄에서 면탈되었던 것이다.

하지만 우리는 이 대목에서 중요한 사실을 지난 세월 간과해버림으로써 전두환의 교묘한 자기합리화를 뒤집지 못했다.

그 첫째는 자위력 구사로 달리 표현하면 정당방위 또는 경찰의 공무집행법 중 총기사용법과 유사한 사항이라 할 수 있다. 그것은 특별한 명령계통이나 명령수령 없이 상황에 대처한 당사자가 판단하여 행할 수 있는 것이며, 그러한 경우 당시의 현장 정황이 법과 규범에 명시하는 충분한 사유가 수반되어야 한다.

예를 들면 소수의 초병이 상대적으로 압도적인 전력의 화기를 보유한 다수의 적을 경고 퇴치하는 수단으로 총기를 사용했다면, 시설물과 병력을 보호하는 그 수단이 자위력 구사의 최종 목적이다. 다시 말해 초병이 화급한 현장상황을 지휘계통에 보고치 않고 초병 자신이 판단하여 '대처 발포'라는 수단으로 이를 제압 또는 대처하는 수단이 '발포의 정의'이다.

하지만 80년 5월 21일 도청 앞 공수특전단 병력은 최신 병기로 무장한 일당백의 막강한 전투력을 갖추고 있었고, 정부 관서의 상징인 전남도청을 끝까지 사수해야 한다는 정부군의 결연한 의지를 대내외적으로 천명해야 하는 시위의 효과와 함께 비무장한 시위군중을 향해 도청 옥상에 저격병을 배치하고 사전에 결의·지시된 사격신호인 애국가 연주소절에 맞추어 '앉아 쏴'라는 살상목적의 완벽한 조준사격 자세로 집단사격을 가했다.

이러한 행위는 살기 어린 다수의 시위군중과 대치한 급박한 상황으로부터 자신들의 목숨 부지를 위한 불가항력의 분위기에서 현지 지휘관의 판단과 재량에 의해 우발적으로 자행된 자위권 구사의 일환으로, 어쩔 수 없는 발포행위였다는 것이 지난 40년간 전두환의 시종일관된 주장이다. 이는 엄연한 살상행위의 범죄를 필연적인 초병 수칙으로 은닉 은폐하여 자신과 전 국민을 교묘히 속여 법망을 벗어나려고 하는 궁여지책의 변명에 지나지 않는 바, 우리는 다시 한번 이와는 정반대였던 80년 5월 21일 정오의 전남도청 앞 그날 그 순간의 상황을 냉정하게 되짚어보기로 하자.

당시 계엄군인 공수부대는 왜 그토록 도청을 사수하려고 했던가? 이에 초점을 맞추어보면 당시의 명분은 정부 행정관서인 도청을 폭도들에게 점거당해서는 안 된다는 방어본능의 불문율적인 사명감이 현지 지휘관의 의식 속에 존재했는지는 몰라도 실제 전남도청을 끝까지 사수해야 하는 규정이나 명문화된 공식적인 법조항은 대한민국 육법전서 그 어디에도 없다. 하지만 그날 그 시각, 광주시가지에 투입된 공수부대의 최종 집결지를 전남도청으로 하라고 명령을 내린 자와 그 명령을 수령한 현지 지휘관은 존재한다.

우연히 광주시가지에 투입된 진압 병력이 도청에 주둔한 것이 아닌, 자신들의 차기 목적을 달성하기 위한 적절한 명분을 확보하고자 치밀한 사전계획하에 선택된 장소가 도심 한가운데 위치한, 그리고 정부관서인 도청청사였던 것이다.

시민군이 무장하는 타이밍에 맞추어 무궤도로 질주하는 탈취된 시민군의 장갑차에 압사되는 공수대원이 발생한다(사실은 공수부대 장갑차에 시민이 압사되었음). 수만 명의 성난 시위군중의 살기 어린 공포 분위기가 극점에 달하는 순간을 기다려, 그렇게 자신들의 자위력 구사의 정당성을 충분히 확보한 상태에서 일당백의 용맹성과 전투력을 가진 공수부대원이었음에도 경각에 달한 목숨을 부지하기 위해 어쩔 수 없이 자위력 수단으로 발포하는 모양새를 갖추며 쫓기듯 철수하는 시추에이션을 연출한 것이다.

하지만 그들은 화급한 상황에 명령 없이도 행하는 '자위력 구사'를 애국가가 울리는 타이밍에 맞추어, 무전기를 통한 상급 지휘소와 수없는 보고와 명령을 거듭한 후에 인위적 자위력 구사의 현장 명분을 극적으로 연출한 후 총기를 사용했다(실례: 저격병이 사전에 도청 옥상에 포진해 있었음).

애당초 전두환의 지시에 의해 전남북 계엄분소에서 자위권 천명 운운하며 계엄사령부에 건의한 사실 그 자체가 자위력 구사와는 동떨어진 치밀한 사전사살 모의에 준하는 범법 요식행위였다(자위력 구사는 그 자체가 화급을 다투는 긴박한 상황에서 우발적이란 동기조성이 필연적인바, 사전보고와 재가 등의 행위는 발포라는 용어가 인정될 수 없는 '계획살상행위'로 엄연한 살인목적의 사살행위였음).

이러한 전두환의 어설픈 구상과 기획에서 비롯된 도청 앞 살상행위는 명백히 사전계획된 정권찬탈을 위한 국난극복의 명분을 조성하기 위해 광주민을 희생양으로 삼은 의도된 살인행위임에도 일선 지휘관과 말단 병사들의 자위적 행동으로 정당화하고 있다.

두 번째 전두환이 부정하는, 자신은 보안사령관으로서 군의 명령 계통에 있지 않다는 주장은 군을 모르는 자들에게나 하는 눈 가리고 아웅 식의 엄청난 대국민 사기행위인 바, 대통령의 국군통수 권한의 세부령에 의하면 '국군보안사령부는 대전복 활동을 위하여 군의 모든 작전과 훈련 시 병력과 제반 화기의 이동과 사용에 대해 지휘관에게 조언 또는 통제할 수 있으며 이를 위반시 사전조치 후 국가원수 국군 통수권자인 대통령에게 선참후계할 수 있다' 라는 대목이 있다. 이는 역대 군사정권의 통치자가 자신의 심복인 보안사령관에게 베푼 대통령령으로 정한 보안사의 무소불위의 권한이다.

다시 말해 보안사의 임무 중 간첩죄, 이적죄, 외환의 죄, 내란죄 및 반란죄, 소요죄, 반국가사범죄, 군사기밀보호법에 관한 죄 등이 보안사가 관여 취급하는 업무였고 마지막으로 반란죄의 세부 항목으로 대전복 관련에 관한 항목에서의 대對전복!

다시 말해 군의 쿠데타 예방활동의 하나인 보안사의 일반 전투부대에 대한 감시의 목적인 작전조언권이란 명분은 대소 간에 일선부대의 작전권을 최종적으로 묵시적 추인追認 재가裁可하는 권한이 보안사령관에게 있었으며, 심지어 내각 기능을 효력 정지케 한 국보위법은 당시 대한민국 헌법 기능을 마쳐시킨 상위법이었음을 상기할 때 전두환의 말 자체가 대한민국의 법이었음을 역사는 외면하지 못할 것이다.

이승만의 특무대 시절부터 불변한 보안사의 일반부대에 대한 작전 조언권은 80년 5월 당시에도 더욱 엄히 적용되었으며 당시 대한민국 군명령 계통의 중심축은 보안사령관 겸 합동수사본부장인 전두환이 었다.

고로 이러한 전두환의 모든 주장은 600명 북한군 광주투입설을 주장하는 지만원의 괴설과 진배없으며 80년 당시 국가적 변란인 광주에 전 기간 중 한 번도 다녀간 적이 없다는 그의 완곡한 주장은 광주민 사살과 자신은 전연 무관함을 끝까지 내세우는 방편인 바, 그의 주장이 사실이라면 당시 중앙정보부와 보안사령부 그리고 국보위라는 국가 최고기관의 수장으로서 직무에 대한 유기 및 직무 태만의 죄에 해당되는 지탄을 받아 마땅할 범죄행위이다.

결론적으로 이 모든 것을 사전 계획하여 자행한 행위는 내란 목적의 내란 가담 및 종사자에 해당하므로 전두환은 만고에 그 이름 석 자가 기록될 내란수괴이고 폭도수괴임이 자명함에도 지금까지 군의 내규나 법령에 해박한 군사전문가나 연구원들이 있었음에도 지난 세월 전두환의 어설픈 자기합리화를 눈감아준 보이지 않는 세력들의 힘에 솔직히 필자는 아직도 공포를 느낀다.

머리말

부디, 이 기록이 '5·18민주화운동'의 진실을 알리는 초석이 되기를 역사의 징검다리가 되길 희구한다

　해마다 봄이 되면 필자는 1980년 '광주 5월'의 진상을 누군가에게 생생히 전해야 한다는 소명의식에 사로잡히곤 했다. 1981년 9월 30일 신군부는 자신들의 음모와 악행을 속속들이 알고 있는 나를 강제 전역시켰다. 그후 이듬해 9월 23일 밤 12시경 전두환과 그 폐당과는 한 하늘을 머리에 이고 살지 않겠노라 결심하며 전북 진안고원으로 은둔하여 형극의 삶을 살고 있었다.

　그런 가운데 '광주 5월'의 기억이 희미해질까 염려스러워 매일 원고지를 메우며 생활했다. 하지만 일차로 기록한 내용이 안기부에 압수되고 만다. 이것으로 그들의 응징은 끝나지 않았다. '조직에 반기를 든 자는 끝까지 응징한다'는 특무대 시절부터 내려온 부대전통을 적용하며 초라하기 짝이 없고 무기력한 나를 기어이 찾아내어 김재규 중앙정보부장을 유치했던 악명 높은 보안사 수사분실인 일명 '빙고호텔'에 영장 없이 연행 유치했다. 그리고 19일간 불법 감금한 상태에서 80년 5·18 당시 체험한 실상을 기록화했다는 죄목으로 온갖 물리적 신체적 가해는 물론이고 나의 정신세계까지 심히 파괴했다. 심지어 생계유지의 모든 수단을 차단하여 경제적으로 만신창이로 만들었다.

한때 좌절하여 양심증언을 포기하려 했으나, 1988년 12월 6일 김대중 총재가 이끄는 평민당사를 창구로, 신군부가 정권찬탈을 목적으로 광주를 이용했음을 만천하에 알리는 '양심선언'을 했다.

그 이후 신변의 위협을 느끼고 일본으로 피신하여 무료한 시간을 보내고 있을 때, 나의 머릿속은 다시금 광주의 실상을 어떻게든 기록하고 증언해야 한다는 생각에 사로잡혔다. 귀국 즉시 재정리된 원고를 출판하려 했으나 다시 외부 방해세력에 의해 원고뭉치는 사장될 수밖에 없었다. 그렇게 10년의 세월이 흐르고 헌정 사상 처음으로 여야 정권이 교체되며 김대중정부가 들어서던 1998년 5월, 광주에 있는 출판사인 '그린디자인'에서 《비겁한 아버지는 될 수 없었다》라는 제목으로 출간했다.

당시 이 책은 교보문고에 깔리자마자 당일 판매순위 1위를 기록했지만, 동서화합이 요구되는 정치 차원의 시점에 해를 끼친다는 모 처의 명분제시로 전국 가판에서 전량 회수되었다. 이로 인해 '그린디자인'은 부도를 맞아 도산되었고, 트럭에 실려 온 초판 1만 부가량의 책은 화천의 협소한 우리집 마당에 처박히며 애물단지 신세로 전락했다. '금서 아닌 금서'가 되어버린 광주의 진실이 담긴 엄청난 사록이 고물상에서 폐기처분되는 순간, 나의 심장 또한 멎는 듯했다.

그리고 어느덧, 보안사 5·11연구소의 회유와 협박을 받으며, 5·18

당시 광주 505보안부대에서 광주학살을 시행한 자들이 주축을 이룬 '충성회' 산하 '충호회'의 매서운 핍박의 눈길을 피해 강원도 오지인 화천에서 정착, 은둔한 지도 30년의 세월이 흘렀다.

2019년 5월 13일, 올바른 역사정립의 필요성이 요구되는 시기라고 판단하여 '5·18민주화운동' 39주년을 맞이하여 여의도 국회의원회관에서 내외신 언론인들이 운집한 가운데 김용장(전 미 정보부태 군사정보관) 씨와 그날의 진실을 피를 토하는 심정으로 증언했다. 이 자리에서 필자는, 군인들이 '앉아 쏴!' 자세로 시민들을 향해 총을 쏜 것을 봐야 한다며 그 당시의 명령은 발포가 아닌 사살 명령이었음을 힘주어 말했다.

그리고 얼마 전 유서 깊은(?) 5·18민주화운동의 시작점이던 보안사령부 광주지구 제505보안부대를 방치한 지 40년 만에 5·18관련 전문가분들이 모여 심사숙고한 끝에 복원계획을 수립하고 시행한 결과를 보고 실로 경악했다.

그들이 제일 먼저 행한 것은 교묘한 방법으로 '역사 지우기' 작업부터 선행한 것은 아닌가 의구심을 주었다. 기우인지 몰라도 적어도 내가 보기엔 그랬다. 실례로 전두환과 그 신군부가 자행한 정권찬탈 과정의 수순에서 가장 핵심 역할을 했던 곳이 국보위 수사실인데, 5·18전문위원회에서는 이를 사병들 휴게실로 명명했다. 그뿐만이 아니다. 5·18 당시 필자가 책임자로 근무했던 국가보위비상대책위원회 전남지구 특명반은 기존에 설치된 계엄사 합수부와는 지휘체계 및 보고체계가 엄격히 다르거늘 국보위國保委 본부에서 파견된 전 모 대령이 도지사의 업무 권한을 정지시킨 후 전남도청 행정 전반을 통제한 사실

등에 대해서 5·18 전문가분들은 현재까지도 전연 모르고 있는 듯하다. 이는 역사 고증상 누수漏水된 중요 부분이다. 당시 특명반의 역할과 수행했던 업무의 성격 등은 '5·18 민주화운동'을 밝히는 중요한 역사적 사료임에도 그 어느 전문가도 이에 대한 언급이 없다는 사실에 실소를 금치 못하겠다.

훗날, 사람들은 5·18 당시 정황에 대해 그 어떤 거짓말로 위증은 할 수 있어도 그들의 온갖 음모와 악행을 지켜본 수십 년 된 고목나무는 그날의 진실을 알고 있거늘, 이 나무들을 일거에 모두 베어버리는 행위 또한 증거인멸을 위한 역사왜곡의 일환으로 보일 뿐이다.

게다가 고문의 흔적을 없애던 장소인 야외재래식 화장실마저 일제히 철거, 폐기 조치한 점도 문제다. 말이 고문후유증을 치료하는 장소이지, 이 화장실은 온몸에 피멍이 든 피의자를 암모니아가스가 진동하는 화장실에 몇 시간 동안 유치해놓고 고문의 흔적을 말끔히 없애던 악명 높은 장소다. 이러한 고문치료법은 과거 일본군 도쿠무 겐페이(特務憲兵, 특무헌병)들이 사용했던 수법으로 그 악랄함이 특무대 방첩대를 거쳐 보안부대 시절까지 이어지며 광주 민중항쟁 시에도 무수히 연행된 광주의 민주열사들에게 가차 없이 적용되었다.

다시 말해, 의도적으로 고문 행적을 인멸하던 일에 종사했던 우리로서는 이 재래식 화장실이야말로 반면교사反面教師적 가치가 있는 소중한 시설물이라 단언할 수 있다. 5·18민주화운동의 진실을 밝힐, 역사적 근거가 되는 흔적이 의미없이 소멸되는 과정을 지켜보고 있는 요즘, 내 마음은 화재 현장에서 불타는 집을 바라보며 그저 발만 동동 구르며 애태우는 아낙의 심정일 뿐이다. 민중항쟁의 역사를 조명하는 중차대重且大한 시점에서 바늘귀 같은 흔적이라도 그날의 실상을 입증할 수 있다면 그 무엇도 간과해서는 안 되며 그 흔적 어느 하나도 소멸시켜서는 안 될 것이다.

이러한 1차 복원과정의 오류로 인해, 중앙부처인 문체부에서 직접 파견된 구 전남도청 복원팀은 색안경을 끼고 밤길을 걷는 형상처럼 훼손된 상태의 도청건물과 주변환경 복원의 기초부터 다시 더듬어 가야 하는 상황에 이르렀다. 당시 공수부대가 평정작전이란 미명하에 도청에 진입하여 자행한 살상행위는 그 직후 진입한 현장정리 목적의 20사단 병력에 의해 이미 훼손될 대로 훼손되었고 정리, 은폐되었다. 이를 다시 원상태로 되돌려 복원하여 구증함은 사실상 불가능하다고 판단된다. 설령 당시 작전에 가담한 공수부대원의 진술이 있다 하더라도 극히 일부의 편협한 진술에 불과하기에 도청 전체를 대상으로 동 상황을 구증함은 현재로서는 회의적 입장이다.

그러던 중 도청 평정과 동시에 20사단이 진입하기도 전에 도청에 임해 특수임무를 수행한 보안부대 요원이 있음을 파악하고 그 당사자가 허장환임을 인지한 문체부 전남도청 복원팀은 내가 은둔, 거주하고 있는 강원도 산간까지 찾아와 주었다. 복원팀 김도형 단장의 집요한 설득은 가히 귀신을 설득할 정도로 나를 감화시켰다. 다시는 80년 5월의 뼈아픈 고통과 대면하고 싶지 않았지만, 그날 희생된 혼백들과의 상면을 위해 제2의 고향이기도 한 광주를 방문하여 40년 동안 은밀히 감춰져 있던 그날 새벽의 참상을 증언키로 했다.

2020년 7월 16일 전남도청 복원상 필요한 증언을 위해 광주에 도착했다. 다시 시선에 들어오는 전남도청의 출입문을 여는 순간, 피비

린내와 함께 되살아나는 5·18의 악몽이 온몸을 덮쳐 왔다. 80년 5월 27일 여명의 시각에 겪었던 분위기와는 또다른 엄숙하고 숙연한 5·18 혼백들이 내게 영혼의 메시지를 전달하려는 듯, 텔레파시화되어 무섭도록 내 온몸을 휘감았다. 동행한 복원팀 직원들과 대화에 응하면서도 빨리 이곳에서 벗어나고픈 마음으로 도청 이곳저곳을 살피던 중 3층 도지사실에 들어섰다. 역시나 온몸에 이상한 한기가 느껴지며 팔뚝에 소름까지 돋았다.

이때 다시, 내 머리에 총알이 관통하듯, 도청 뒤켠(도경 앞)에 가슴과 옆구리 등에 총탄을 맞아 처참히 쓰러져 있던 문용동(상무대 군軍교회의 전도사) 모습이 오버랩되었다. 도청 지하실에 방치돼 있던 광산용 TNT 뇌관해체의 목적으로 투입된 배승일(CAC공병부대 폭약전문 처리요원) 문관으로부터 '뇌관의 완전제거' 보고가 접수되며 작전수립은 완료되었지만, 모든 작전을 기획하고 조종 통제했던 보안사령부 광주 505보안부대는 이 시점에서 실로 경악할 실수를 저지르고 만다. 애당초 신군부 지휘부는 시민들의 생명 따위는 염두에 두질 않았다. 사전에 시민군들에게 작전지역을 벗어나라고 언질만 주었어도 이토록 처참한 죽임은 당하지 않았을 것을, '보안유지'만을 중시한 신군부 지휘부의 냉혹함에 환멸을 느낀다.

당시 도청에 다량의 TNT가 있음을 계엄 당국에 알린 것도 김창길을 비롯한 시민군 문용동과 김영복 등이었으며, 이들이 TNT 불출을 요구하며 폭약이 있는 지하실 문을 막아서며 지켜주었기에, 이들의 협조하에 CAC공병대 폭약처리 군속이 안전하게 작업에 임할 수 있었다. 이들은 결코 보안부대 프락치가 아닌 광주민들의 생명을 자신의 목숨과 맞바꾼 의인들이며, 대의를 앞세운 의로운 협조자들이었다. 반드시 이분들의 억울한 죽음의 의미를 사록史錄에 되새겨 두어야 할 것이며, 내 남은 여생 당신들 죽음이 결코 헛된 죽음이 아니었음을 후세에 면면히 증명함에 주저치 않겠노라 맹세해본다.

그리고 5·18민주화운동에서 빼놓을 수 없는 인권운동의 대부 홍남순 변호사를 언급지 않을 수 없겠다. 신군부는 사전에 광주사태 발발 원흉으로 최고수괴 김대중, 재야수괴 김성용 신부, 폭도수괴로는 시민군대장이던 김종배 씨로 지정해두었다. 그러나 김성용 신부의 경우, 미검거 상태이므로 홍남순 변호사로 교체되었던 것인데, 보안대 지하조사실에서 혹독한 고문으로 허탈해하는 홍 변호사를 본 것이 공교롭게도 그와의 첫 인연이었다. 1998년 《비겁한 아버지는 될 수 없었다》 출간 당시 추천사를 부탁했더니 오히려 이 책의 내용이 '사실에 틀림없음'을 법적으로 입증하는 '인증서'를 써주셨다. 5·18진상규명이 제대로 되길 간절히 바라는 마음에서였을 것이다. 지금 전남 화순군 도곡면 효산리에 있는 홍남순 변호사 생가터(사적지 29호)의 원형복원 사업이 한참이다. 이를 계기로 '5·18민주화운동'의 정신적 지주였던 홍남순 변호사에 대한 가치와 진가, 척박한 민주주의 길을 헤쳐나갔던 그의 정신을 반추하는 계기가 되었으면 한다.

2020년 가을로 접어들며 5·18 당시의 경험을 담은 기록을 《5·18 내란수괴 전두환》이란 제하로 재출간하려고 하니, 다시 그날의 기억이 생생히 떠오른다.

1980년 5월 27일 여명의 시각!

죽음의 경계를 추호의 두려움도 없이, 초연히 그리고 당당하게 맞아들였던 광주시민군들의 모습! 도대체 왜? 무엇이? 그들로 하여금 그리도 당당하게 그 자리를 지키게 할 수 있었을까.

소중한 목숨까지 버리면서 그들은 무엇을 바꾸려 했던 것일까?

오늘을 사는 우리는 그날, 국가가 국민을 보호하는 책무를 버리고 시민들을 향해 총부리를 겨누는 공포의 전율 속에서 죽음을 불사하고 그들이 지키려 했던 것이 과연 무엇이었는가, 광주항쟁의 깊은 의미를 되새겨볼 필요가 있다. 이 책이 부디, 민주주의를 위해 숨져간 그들과 여전히 그날의 진실에 대해 모르는 현존인, 그리고 후세사람들에게 '5·18민주화운동'의 본질을 알리는 '역사의 징검다리'가 되길 소망해본다.

아직도 자주 5·18 당시의 악몽에 시달린다.
전남 도청 서무과 창문틀 위에 M-16총에 맞아 동강 난
시민군의 머리가 그의 목 뒤, 등 위에 걸쳐 있던
참혹한 모습이 가녀린 양심 속에 흔들린다.
오늘 밤 꿈길에서는 그 앳된 시민군을 만나지 않기를……
부디, 좋은 세상에서 편히 쉬기를……

2020년 9월 17일
허 장 환

5·18민주화운동, 그 진실을 밝히려는 노력에 감사합니다

박석무 다산연구소 이사장, 전 5·18기념재단 이사장

1988년 12월 6일, 당시 평화민주당 당사에는 갑자기 술렁거리던 사건이 일어났다. 5·18민주화운동 기간 동안 시민 탄압의 최전선에 있었던 505보안대 수사관이라는 인물이 5·18의 진실을 폭로하는 '양심선언'을 하겠다고 나타났기 때문이다. 우리는 김대중 총재를 모시고 많은 국회의원들이 모인 장소에서 허장환이라는 전 수사관이 폭로하는 양심선언 낭독문을 들었던 기억이 있다. 그때 나는 현역 국회의원으로 광주 5·18에 대해서는 특히 많은 관심을 지니고 있을 때여서 더욱 기억이 생생하다. 당시 평민당사는 많은 기자들이 운집한 가운데 발 디딜 틈 없이 인파가 몰려들었다.

허장환 수사관은 우선 자신의 신분부터 밝혔다. 광주항쟁 당시 계엄업무를 기획조종 통제하는 실질적인 지휘본부였던 보안사 광주지구 제505보안부대, 즉 계엄사 전남 합동수사단 광주사태처리 수사국의 핵심부서인 특명반 수사관으로 재직했던 허장환이라고 소개하였다. 자신을 소개한 다음, 증언에 앞서 사죄의 말로 이야기를 꺼냈다. "5·18광주민주화운동 당시 목숨보다 소중한 민주주의를 쟁취하기 위해 산화한 수많은 민주시민들과 의미 없이 숨져간 공수대원들의 영정 앞에 조용히 옷깃을 여미며 그들의 명복을 빌고 그분들의 유가족과 아직도 그날의 고통에서 벗어나지 못하고 신음하는 광주시민들, 그리고 505보안부대에서 저를 비롯한 수사관들로부터 잔혹한 고문수사를 받은 분들에게 사죄의 말씀도 드립니다."라는 '사죄'의 표현을 사용했었다.

그러면서 5·18민주화운동은 신군부가 미리 기획하여 정권탈취의 목적으로 진행된 민족의 비극사였다고 단언했다. 허 수사관은 지금까지도 진실을 숨기고 거짓말만 하는 전두환에 대한 진실을 밝혔으니, "전두환 보안사령관이 직접 광주를 다녀가는 등 일련의 과정을 감안컨대 광주사태 사건 조작 및 발포책임자는 전두환 보안사령관이었음이 명백한 사실인 것입니다."라고 폭탄선언까지 곁들였다. 그날 양심선언문의 결론으로 "당시 광주시는 도시 전체가 2차대전 당시 악명 높았던 나치 독일 아우슈비츠 유대인 도살장을 능가하는 잔혹한 참상이었음을 여러분께 폭로합니다."라는 말로 끝을 맺었다.

양심선언문이 '88년 12월 6일자로 발표되었고, 그전으로 돌아가 '80년 5·17 계엄확대조치라는 쿠데타를 계획하는 과정, 그 후 항쟁기간 동안의 계엄군과 공수부대원들의 만행과 학살의 실태를 과감없이 폭로했다. 게다가 "요번 광주는 무자비하게 까부수기로 된 것 같애! 광주놈들 이번엔 아마 혼 좀 날 거야!"라고 보안대원끼리 주고받은 이야기를 전하며, 광주를 작살내고 권력을 찬탈하려는 의도에서 '광주사태'가 빚어진 것이었음을 밝혀주었다. 〈광주사태는 짜인 시나리오에 의해서 진행되었다〉라는 책의 소제목에서 보이듯, 자신들의 최대 적인 김대중 총재의 제거를 위해 광주시민을 학살의 희생양으로 삼았다는 사실까지 증언하고 있다.

대검에 처녀의 유방이 찢겼다는 무서운 이야기가 돌자, 그것은 유언비어라고 묵살했던 신군부의 주장과는 달리 대검에 의해 유방이 손상되었다는 사실은 유언비어가 아니었음을 밝히고 있으니, 이런 몇 가지만으로도 광주의 진실을 밝히는 데 이 책은 매우 중요한 자료적 가치가 있음을 알게 된다. 허 수사관은 505보안대 겸 전남 합수단 광주사태 처리수사국의 중추적 역할을 하는 '특명수사반' 반장의 지위에 있었기에 일반 시민이나 항쟁에 참여한 시민군들로서는 도저히 진상을 알 수 없는 사건들에 대해서도 분명히 밝혔다. 문제의 '독침사건' 또한 보안대에서 직접 지시해서 만들어낸 사건으로 간첩이나 북한군에 의한 사건이 아님도 명확히 밝히고 있다.

이 책의 가치는 몇 가지 사실을 밝히는 것만의 문제가 아니다. 항쟁의 주역들과 반대편에 서서 항쟁관련자들과 시민들을 탄압하고, 고문하며 수사했던 당사자가 5·18민주화운동은 신군부의 계획된 시나리오에 의해 양민을 학살하고, 그 결과 폭동을 진압한 공로로 정권을 탈취하려 했다는 그들의 음모를 사실에 증거하여 폭로하고 있기에, 그

가치는 큰 것이다. 말할 것 없이, 당시 광주시민들이나 항쟁관련자들은 이미 그들의 시나리오에 의해 광주민들이 무참히 죽임을 당하거나 감옥에 끌려가 무고한 고문을 받았다는 사실을 잘 알고 있었다. 무엇보다 이러한 사실을 피해자인 우리가 주장하는 것보다는 그 반대쪽인 가해자 입장에서 그 사실을 밝혀주고 있기에 이 책이 더욱 값지다는 것이다.

이제는 머뭇거릴 이유가 없다. 현재 조사가 진행되는 5·18진상조사특별위원회에서는 이런 자료를 참고해서라도 발포명령자를 확정하고 또 숨겨진 진실들을 모두 밝혀내기 바란다. 《5·18 내란수괴 전두환》이라는 이 책의 제목에 이미 모든 진실이 담겨 있음을 알아야 한다.

40년 전 광주의 현장에서 학살의 참상을 지켜보며 그때의 몸서리치던 생각, 주동자의 한 사람으로 수배되어 '잡히면 죽는다'라는 두려움으로 숨어 살던 그때의 기억 때문에 책을 읽으며 마음이 무척 괴로웠음을 토로하지 않을 수 없다. 더구나 학살자 편에 섰던 허 수사관이 불의를 숨기지 않고 용기 있게 폭로해준 점을 높이 평가하면서 정의의 편에 서서 더 명확한 진실이 밝혀지도록 적극 노력해주길 기대해 마지않는다.

2020년 8월

허장환 씨의 '양심선언'에 대한 '교차검증'에 이어
《5·18 내란수괴 전두환》 또한 '5·18민주화운동'의
진실을 밝히는 밑거름이 되리라!

김용장 전 미 군사정보관

1980년 5월 광주에서 일어난 '5·18민주화운동'은 반군부 독재세력
에 항거한 민주화를 갈망하는 자발적 시민운동이다. 단 10일간의 항
쟁이었지만 전두환 반군부세력은 정권을 찬탈하기 위해 광주를 타겟
삼아 희생의 제물로 삼았다.

허장환 씨는 505보안부대 대공과에 속한 수사관으로서 나와의 인
연이 깊다. 그는 같은 대학교 후배이며 당시 나는 광주에서 미군 501
정보여단 요원으로 근무 중이었기에 서로 연락하며 지냈다.

1988년 12월 6일 평민당사에서 '양심선언'을 한 내용을 모두 알고
있었으며, 당시 허장환 씨의 용기 있는 행동에 내심 놀랐지만 아직까

지는 진실을 밝힐 시기가 아님을 직감했다.

그리고 30년의 세월이 흐른 2018년 5월 11일자 '한겨레신문'의 정대하 기자가 쓴 〈보안사 전 수사관 "집단 발포, '전두환이 책임진다'고 들었다"〉는 기사를 접하며 마음이 움직여 허장환 씨에게 먼저 연락을 취했다. 이를 계기로 그는 3차례에 걸쳐 피지에 있는 나를 찾아왔고, 그 결과 2019년 5월 JTBC와 국회에서, 광주5·18재단에서 허장환 씨의 '양심선언'에 대한 '교차검증'이 이루어졌다.

5·18 당시, 광주사태의 실상에 대한 정보는 내가 소속한 501정보여단에서 국방성을 거쳐 백악관까지 전달되었다. 당시 미국은 미군사첩보 위성 2대를 2시간 내지 3시간 간격으로 한반도 광주 상공으로 회전시켜 놓고 5·18항쟁이 벌어지는 광주를 손바닥 들여다보듯 지켜보고 있었다. 5·18 당시 신군부는 광주진압과 관련하여 군병력 동원의 필요성을 사전에 긴밀히 협의, 사후에 미국 측에 신속히 통보했다. 미국은 광주학살에 동원된 병력의 이동을 사전 승인, 사후 묵인, 결과적으로 광주학살을 방조한 책임이 있다. 이는 카터 행정부의 도덕주의, 인권 중시의 외교정책과는 완전히 상충된 것이었다. 《5·18 내란수괴 전두환》에는 당시 미국이 '안보'라는 명분을 내세워 어떻게 신군부로 대표되는 반동세력에게 힘을 실어주고 있는지, 그때의 정황에 대해서도 소상히 다루고 있다.

그동안 '5·18민주화운동'에 대해서는 피해자 측 증언은 많이 나오고 있지만, 가해자 측에서 진실을 알리고자 하는 사람은 허장환 씨 외에 거의 없었다. 최근 2020년 5월 18일 서의남(전 505보안대 대공과장) 씨가 JTBC와의 인터뷰에서 "전남도청 2층에서 헬기사격 장면을 직접 봤다"고 말하여 주목받았다. 그는 바로 허장환 씨가 집필한 《5·18 내란수괴 전두환》에서 '서 과장'으로 등장하며 당시 광주사태의 실태를 파악하는 중요한 매개체로 작용한다.

그래서 피해자 입장도 중요하지만, 가해자 입장에서의 증언 또한 진실을 규명하는 데 매우 중요하다고 본다. 직접 광주사태의 현장에 가담하고, 체험한 가해자들의 증언이 계속 나올 때 '5·18 사살명령자'는 누구였는가 그날의 진실이 명확히 밝혀질 것이기 때문이다.

허장환 씨와의 굳건한 인연과 믿음으로 그의 '양심선언'에 대한 '교차검증'이 이루어졌고, 이를 통해 '5·18민주화운동'에 대한 진실의 일부가 밝혀졌다고 본다. 이번에 출간하는 《5·18 내란수괴 전두환》 또한 '5·18민주화운동'의 진실을 밝히는 밑거름이 되리라 확신한다.

2020. 9. 10

허 동지의 뒷모습에서 봄을 거부하는 바람이 매섭게……

남궁진 전 국회의원

예부터 소나무는 사철 푸르름과 곧은 절개로 하여 가장 한국다운 나무, 가장 민중다운 나무로 불려왔다. 오랜 세월 척박한 땅에서 인고 忍苦하고 온몸으로 한恨을 받아들이기에 더더욱 그러하다.

내가 허 동지를 처음 만났을 때, 허 동지의 표정은 고독을 싫어하면서도 고독을 반추하는 낭인의 쓸쓸한 모습이었다. 조용한 미소! 그러나 그 미소 속에는 불의와 부정을 용서하지 않는 예리함이 숨어 있었다. 그 비수 끝에서 피처럼 뚝뚝 떨어지는 소리가 이 책 속에 오롯이 담아 있거니와 허 동지의 아픔과 그것을 인고하는 태도는 그대로 한 그루 소나무이다. 차 한 잔을 나누고 헤어지는 허 동지의 뒷모습에서 나는 아직도 봄을 거부하는 바람이 매섭게 몰아치고 있는 것을 보았다.

이 글이 이 나라 민주발전은 물론, 5월 광주영령들에게 위로가 되었으면 하는 마음 간절하다.

1989년 겨울

새 시대의 문턱에 서서 누군가는 말해야 한다

정재규 철학박사

예오천 년의 한국사韓國史가 이어져 내려오면서 민중은 지배세력의 지배대상이 되어왔을 뿐이다. 따라서 민중은 역사의 전면에 그 모습을 나타내지 못하였고, 그 결과 기록을 통하여 그들의 과거를 조명하여 왔다.

우리의 근대사를 보건대 민중은 기층세력임에도 불구하고 주인의 구실을 못하였고, 단지 조심스럽게 불만을 나타내는 정도였다. 철벽같이 우뚝 서서 천년만년 갈 것처럼 견고해 보이던 지배계급도 그 밑바닥을 받치고 있는 민중이 동요하면 그 권력체계의 붕괴는 불을 보듯 뻔한 일이다. 다시 말해 80년 5월 광주에서 발생한 '5·18민주화운동'은 참민주화를 위한 새로운 지평을 여는 준거였음을 역사가들은 부인치 못하리라.

머나먼 이국땅 미국에서 박사학위를 준비하던 나는 경천동지驚天動地할 당시 광주의 비보를 접한 순간 통탄을 금치 못할 가슴의 아픔에, 그리고 그러한 아픔을 광주의 동포들과 함께 하지 못한 죄책감과

안타까움에 낯선 이국의 밤거리를 얼마나 정처없이 헤매었는지 모른다. 눈덮인 로키 산맥의 협곡에서 고함치며 조국의 이름을 외쳐보았지만 전해오는 메아리는 전두환 살인집단의 천인공노할 악행만 들려왔다…….

'무언가 해야 한다. 그리고 쟁취해야 한다.'

그 무렵 내 머릿속에서는 오직 피 흘리며 죽어가는 광주 시민들의 처절한 모습뿐이었다. 그날의 분노와 아우성은 나로 하여금 지난 9년이란 세월 동안 전두환 정권을 향해 강렬한 반정부 투쟁을 할 수밖에 없는 필연적 운명을 택하도록 했다.

그후 나는 자신도 모르는 사이에 전두환 집단으로부터 반정부 인물로 지목되었으며 그들의 탄압은 나로 하여금 그리운 조국에 영원히 갈 수 없도록 '입국금지 대상자'라는 족쇄를 채워버렸다. 하지만 그들의 아성이 무너지고 1989년 그리던 조국에 첫발을 디딘 순간 나는 제일 먼저 광주 민주열사들의 묘역을 찾았다. 당시 나의 감회는 실로 말로 형언할 수 없을 정도였으며 그날의 피의 절규가 생생하게 들리는 듯했다.

오늘 의로운 자가 있어 어두운 역사의 뒤안길에서 80년대의 은폐된 진상을 과감하게 기록하여 밝히려는 큰 용기 앞에 동지적 의미를 부여하고 싶다. 역사의 전과자 전두환의 범죄적 행위에 대한 준엄한 역사의 채찍이 오늘 허장환 씨의 진실에서 표출됨을 기쁘게 생각한다. 역사의 짐을 지고 뚜벅뚜벅 걸어가는 허 동지의 앞날에 광주시민 모두가 격려를 아끼지 않았으면 한다.

1998년 2월 18일
미국 로키산맥 자락 콜로라도 덴버에서

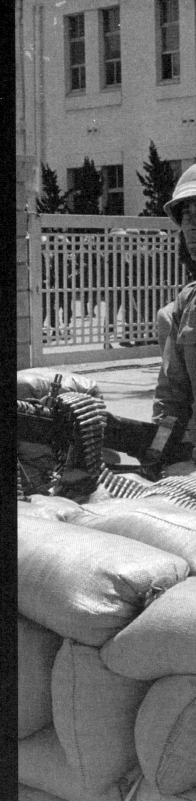

1980년 5월 18일
'피의 일요일'

광주사태는
사전 조작된
시나리오!

군은 시민을 위해 존재해야 한다. 시민 위에 군림하는 것이
하극상이다. 전남 도청 앞에서 경계 중인 진압군. ⓒ나경택
(5·18기념재단 사진제공)

PART 1

광주사태 사전 조작과
김대중 제거

——————— 전국 비상계엄하에서 계엄업무를 지휘, 감독하고 계엄당국과 협조체계를 보다 긴밀하게 하고자 대통령 자문기관으로 새로운 기구를 설치한 것이 소위 '국가보위비상대책위원회'였다. 약칭 '국보위'로 통칭되는 이 위원회는 정부조직법 제5조와 계엄법 제9조, 제11조, 제12조 및 동법 시행령 제7조에 근거하여 설치된 것이며 1980년 5월 27일 국무회의 의결을 거쳐 가결되었다. 계엄사령부는 어디까지나 군 본연의 임무인 국방과 치안질서 유지에만 전념하고 행정이나 사법 사무에 대한 기획, 조정, 통제 등의 임무와 책임은 국보위가 수행하도록 법제화한 것이다. 언뜻 보면 매우 합리적인 이 조직은 사실 권력을 장악하기 위한 하나의 수단에 지나지 않았다.

국보위 의장에는 '힘없는' 최규하 대통령, 상임최고위원장에는 보안사령관이자 중앙정보부장 서리인 전두환이 자신을 임명했다.

당시 나라 전체가 전두환에 의해 좌지우지되고 있었다는 사실의 반증이 아니고 무엇이겠는가! 더구나 광주 5월을 평정한 그들이라니!

필자가 국보위에 대해서 자주 언급하는 이유는 '광주사태'를 유발한 고의성을 지적하기 위해서다. 환언하면 12·12사태를 유발한 신군부 세력은 호남인의 정신적 지주라 할 수 있는 김대중 선생을 체포, 구금함으로써 광주지역에 데모가 일어나도록 유도했다. 그래서 나라 전체를 혼란에 빠뜨려 군부가 그것에 개입할 수 있는 정당성을 조작했던 것이다.

국보위 설치의 궁극적인 배경에 광주가 있었고, 그 핵심이 되는 중요 인물이 김대중 선생이었다. 그들이 왜 하필 김대중, 광주를 선택했을까 하는 점은 삼척동자도 알 수 있다.

호남은 역사적으로 정신이 의로운 지역이었다. 동학을 비롯 일제 때 일어난 광주학생 독립운동만 봐도 그렇다. 또 호남은 역사적으로 끊임없이 '천대'를 받아왔다. 게다가 전두환의 정신적 아버지인 박정희 대통령의 고향이 영남이었다는 사실도 그와 무관하지 않다. 조금 심하게 말하면 이 나라는 마치 영남과 호남의 전쟁처럼 비추어져 왔다.

우리가 흔히 말하는 지역감정이란 것도 알고 보면 그 맥락에서 조작된 것이다. 하지만 우리나라에는 영호남인이 각각 신랑, 각시가 되어 잘사는 사람들도 얼마든지 있다. 다만 정치적으로 두 지역이 이용당했을 뿐이다. 전두환은 최대의 정적이자 세계적 인권 지도자인 김대중 씨를 제압하기 위해 광주를 건드렸다.

결국 '광주사태'는 권력찬탈을 위한 국보위 탄생 합리화를 위해 조작된 것이었음을 우리는 여실히 알 수 있다. 그들은 김대중 선생을 그들의 목적 달성을 위해 철저히 이용했다.

당시 광주에서 505보안부대에 근무했던 필자가 바라본 '광주 5월'은 분명 조작극이었다. 신군부는 권력을 장악하기 위해 김대중 씨와 광주를 그들의 희생양으로 지목했다. 또한 신군부는 후일 책임소재를 확실히 하고자 재광在光 행정관서장은 물론 지역 보안부대장과 전남북 계엄분소장 윤흥정 장군, 그리고 향토 사단장들을 숙정肅正했다. 만약 그때 그들이 숙정되지 않았다면 광주청문회 과정에서 그 책임소재가 어디로 돌아갔을까 생각해보면 신군부의 선견지명(?)에 가히 박수를 보내지 않을 수 없다.

그렇다면 광주 살육작전 음모의 진상은 무엇인가? 그리고 희생양이 될 수밖에 없었던 김대중 선생의 운명은?

앞서도 언급했듯이 국보위 설치의 명분을 찾고 있던 전두환 보안사령관과 이학봉 등은 그들의 평소 업무과정에서 몸에 밴 공작기술을 십분 발휘한다.

1980년 5월 17일, 국방부 회의실에서 전군 주요지휘관 회의가 열리기 하루 전인 5월 16일 광주 보안부대 대공과장인 서 중령은 보안사령부 대공처장 이학봉(이 무렵 이학봉은 대령으로 진급한다) 주도하에 보안사에서 열린 전국 보안부대 대공수사과장 회의에 참석한다.

이 회의에서 서 과장은 이학봉으로부터 "이번 5·17 계엄확대 조치는 광주에 한한다고 해도 과언이 아니다"라는 말과 함께 광주사태를 유발시킬 사전조치를 위한 지령을 접수, 익일 17:00경 광주로 내려온다. 현대사의 최고 비극 중 하나인 광주사태 전야제가 시작되고 있었던 것이다.

"허 수사관, 이제 자네 소원이 풀릴 거야."

그날 5월 17일 국기하강식이 막 끝난 오후 5시경 광주보안부대 대공과장인 서 과장이 부대장실로 올라가기 직전에 나를 불러세우고 다소 들뜬 어조로 말했다. 당시만 해도 나는 그 말이 무엇을 의미하는지 잘 알 수 없었다. 그때 서 과장은 전날 사령부 대공처장 이학봉 주재로 열린 전국 보안부대 수사과장 회의에 참석하고 막 귀대하는 길이었다.

"과장님, 그게 무슨 뜻입니까?"

궁금한 내가 서 과장에게 물었다.

"자네 뜻대로 됐단 말이야. 모조리 잡아넣어!"

서 과장이 근엄한 목소리로 말했다.

"부대장실에 다녀올 테니 수사관들 전원을 집합시켜 놔."

드디어 서 과장의 명령이 떨어졌다. 수사관들을 집합시키라는 서 과장의 얼굴에 알 수 없는 비장감이 흘렀다. 전국 보안부대 수사과장 회의에서 뭔가 의미심장한 지시를 받고 온 것이 분명했다. 나는 서 과장의 명령을 떠올렸다. '모조리 잡아넣어라⋯⋯.' 사흘

전 내가 건의한 문제학생의 신병확보에 관한 것임에 틀림없었다.

당시 나는 종교계 및 학원가의 동정을 '1일보고' 형식으로 서면 보고하는 한편, 데모주도 학생명단 및 불순유인물 등을 첨부하여 이들의 활동이 극렬화되기 전에 신병을 확보하여 조치할 것을 상부에 건의한 바 있었다.

당시 광주지역의 소위 문제학생들은 사실 '중량급'은 아니었다. 이른바 '80년의 봄'은 광주에서도 피어났으나 이렇다 하게 특이한 점은 없었다. 전남대, 조선대 등 학원가에서는 5월로 접어들자 데모가 계속되었지만 그렇게 염려할 정도는 아니었다.

더구나 조선대의 데모는 재단 측을 상대로 한 교내 문제에 비중이 더 있었다. 전남대에서도 주동학생이 불을 당기면 학생들이 이에 동조하는 정도였지 사회가 혼란할 정도는 아니었다. 이른바 폭풍전야인 셈이었다.

당시 데모 주동자는 자생적인 학술 서클에서 배출된 학생들로, 어느 정도 시국에 대한 이해와 나름대로의 철학이 있어 보였으나, 내가 보기에는 아직 어린아이에 지나지 않았다. 막말로 연행해서 몇 대 쥐어박으면 퍼렇게 질릴 순진한 학생들이었다.

나중에 조작되긴 했으나 내가 파악하기로 당시 광주에는 김대중 씨에 의해 움직이는 세력은 없었다. 그러니까 광주사태가 김대중이 일으킨 내란이란 말은 터무니없는 조작극인 것이다.

당시는 광주뿐만 아니라 김대중 씨의 고향인 전남 목포, 신안 등에도 김대중 씨에 의해 움직이는 세력은 미미했다. 그 세력이래야 18년간 박정희에 의해 거의 와해되었고 추종세력은 이미 조직이 노출되어 있었다. 다만 광주보안부대 수사요원들이 신경을 쓰는 부류는 몇몇 학생들과 정치에 관여하는 가톨릭 신부들, 기독교 장로회 계통의 목사들, 그리고 녹두서점을 중심으로 하는 초대 제헌 국회의원들, 시국을 염려하는 재야단체 인물들이 고작이었다. 일부 정치지향적 교수들과 작가 황석영 등도 지난겨울 한 차례 보안부대에서 조사를 받아 전면에는 나서지 않고 있었다.

따라서 보안부대 요원들은 몇몇 요주의 인물들을 제지하는 사전예방 그리고 경찰이 수행하고 있는 데모 저지에 대한 조언 및 조정업무에만 관여하고 있었다. 아직 그 '분위기'가 무르익지 않았던 것이다. 뭔가 폭발적인 것이 필요했다.

"문제학생들의 신병을 확보하여 데모가 더 확장되지 않도록 조기에 예방해야 합니다."

내가 서 과장에게 그렇게 건의하자 서 과장이 버럭 화를 내며 호통을 쳤다. 그리고 나에게 명령했다. 10·26 이후 계엄업무에 쫓겨 방치해두다시피 한 급하지도 않은 대공사찰 및 존안 서류정리를 하라고……

지금 생각해보니 상처가 곪아 그것을 이용할 기회를 기다렸던 것이다. 부대장실로 올라가기 전 서 과장이 '자네 소원대로 되었다'는 말은 이런 맥락에서 비롯된 이야기였다. 그러나 단언하건대 어느 누구도 앞으로 닥쳐올 엄청난 사태를 예감한 수사요원도, 또 계엄확대의 필요성을 이해한 수사요원도 없었다.

나는 서 과장의 집합명령 지시를 외근반장인 박 수사관에게 전했다. 서 과장의 지시가 아니더라도 곧 수사회의가 열리기로 되어 있었다. 오전에 한 차례, 오후에 한 차례 회의는 수사관들의 반복되는 일과였다. 오전 9시를 전후해 열리는 회의는 실시예정 사항을 개인별로 발표하고, 과장은 참모회의에서 결정된 부대장(사장)의 지시사항 및 공지사항 등을 지시하며, 오후 5시에 열리는 회의는 당일 개인별로 실시한 업무를 결산하는 회의로 통상적인 것이었다.

비극의 시작
'보안사령부 긴급명령'

뭔가 알 수 없는
긴장의 침묵이 흐르고

───────── 부대장실로 올라갔던 서 과장이 약 한 시간 뒤 희색이 만면한 채 나를 비롯한 수사관 8명이 대기하고 있는 1층 대공과장실로 내려왔다. 그는 평소 희로애락을 감추지 못하는 사람이다. 서 과장은 자리에 앉자마자 극비사항이라는 말을 서너 차례 강조했다. 그러고는 실로 엄청난 명령을 하달했다.

"사령부 지침을 하달하기 전에 이 사항은 극비임을 고지한다."

통상 우리 수사관들이 대외비나 비밀로 분류되어야 할 상부지침을 수령할 때 상급자들이 서두에 하는 말이다. 그러나 그때의 분위기는 평소의 그것과는 달랐다.

"내일 새벽 OO시를 기해 제주도를 비롯한 전국에 비상계엄령이 확대 실시된다. 특히 이번 확대계엄은 광주에 한해 기인된 것이라 해도 과언이 아니다.

사령부에서는 데모의 배후조종자 색출에 만전을 기하도록 지시했다. 얼마 전 서울 이화여대에서 전국학생회 간부들의 비밀모임이 있었다. 여기에 참석한 대학생들이 광주를 기점으로 대대적인 데모를 하기 위해 은밀히 광주로 잠입했다는 정보를 사령부에서 입수했다. 그리고 특히 이들이 광주를 대상지로 삼은 것은 그들 나름대로의 계획과 목적이 있는 것이다."

그때 서 과장은 엉뚱하게도 나를 지목하여 질문했다.

"허 수사관, 이들이 왜 광주를 대상으로 삼았는지 알겠어?"

그러고는 머뭇거리는 나의 대답을 기다릴 것도 없다는 듯이 말을 이어갔다.

"김대중이란 놈 때문이다. 김대중이란 놈이 대통령이 되려고 여러 가지 방법을 쓰고 있지만 정상적으로는 자신이 대통령이 될 수 없다는 것을 알고 변칙수단으로 민중봉기를 획책하고 있기 때문이다. 더욱이 문제학생들에게 거사에 필요한 자금까지 하달했다는 정보를 입수했다. 내가 지금까지 여러분이 건의하던 데모 주동자들을 사전 검거하자는 주장에 아무런 조치를 취하지 않은 이유는 그 보고서가 살아있지 않은 죽은 보고서였기 때문이다. 역시 사령부 요원들의 활동은 여러분과 차원이 다르다. 여기 그 증거가 있다."

서 과장은 사령부에서 가져온 서류를 집어들었다. 8절지보다 조금 큰 그 서류는 표지에 '예비검속'이라고 붉은 사인펜으로 쓴 글씨가 선명했다. 상기 예비검속자 명단은 광주사태가 사전 조작된 것이라는 결정적 단서임이 후일 판명된다. 확대계엄이 선포되기 전부터 보안사 사령부에서 벌써 예비검속자 명단이 작성되었다는 사실이다.

"지금부터 여러분은 오늘밤 안으로 이 명단에 있는 놈들 전원을 검거해야 한다. 만약 검거에 실패하거나 사전에 정보가 누설되면 책임을 엄중 문책하겠다. 지금부터 우리가 취해야 할 모든 행동은 처장님(이학봉)과 사령관님(전두환)의 특별 관심사이므로 최선을 다하라는 당부의 말씀도 계셨다. 특히 이번 작전의 진행과정을 확인하기 위해 사령부에서 직접 감독관이 이 기간 중에 내려오실지도 모른다. 그러니 각자 임무에 최선을 다하라. 보안부대가 사느냐 죽느냐의 성패가 걸려 있다는 것을 명심하도록⋯⋯."

그러면서 서 과장은 추가 지시사항을 힘주어 말했다.

"부족한 인원은 전남도경과 협조해서 경찰인원을 지원받을 것, 그러나 주요인물 체포는 여러분이 직접 해야 한다. 그리고 목포를 비롯한 분견대와 여수, 강진, 순천 반에 연락해 그쪽 지역 해당자를 검거하도록 분견대장과 반장들에게 지시하라."

서 과장은 계엄확대를 알리는 새벽방송이 나가기 전인 새벽 4시까지 신병을 확보할 것과 특히 경찰들은 믿을 수가 없으니 신병확보 전까지 개인행동을 못하도록 철저히 규제하라는 등 경찰들이 들으면 자존심 상할 정도의 경찰을 불신하는 여러 가지 예를 들어가면서 그들을 믿지 말 것을 재삼 강조했다.

평소 경찰은 보안부대원과는 달리 투철한 국가관이나 사명감이 결여된 자들이고 민民과 밀착된 평상업무 성격상 정보가 유출될 수 있으며 돈이라면 국가관이고 사명감 따위는 안중에도 없다는 것이 평소 서 과장이 가지고 있는 선입견인 것 같았다.

이 회의석상에서 그때 나는 임무와 관계없는 질문을 한 가지 했다. 김대중 씨는 어떻게 되었느냐는 것이었다. 이에 대해 서 과장은 "사령부에서 벌써 검거했을 거야"라고 대수롭지 않게 대꾸했다.

이야기를 마친 뒤 서 과장은 밤 9시까지 부대로 재집결할 것을 명령했다. 집에 가서 저녁식사를 하고 두툼하게 옷을 입은 뒤 오라는 것이다. 물론 오늘 저녁 임무에 대한 것은 물론이고 계엄이 확대된다는 사실에 대해 가족들에게도 보안을 유지하라는 당부가 주어진 것은 말할 것도 없다.

평소 우리 보안부대원들의 보안의식은 상상을 초월하는 것이다. 서 중령의 그런 당부가 없더라도 철저한 보안이 습성화된 것이 우리들 보안부대원이다. 거짓말 같은 이야기지만 당시 우리 보안부대원의 부인은 특히 수사원의 경우 자기 남편의 직업이 무엇인지 모르는 사람이 허다했다. 나 같은 경우 전역 당시 사령부 감찰실 요원들에게 곤욕을 당할 때, 내가 진술하는 부분에 대해 사실확인을 하고자 참고인으로 소환당한 연후에야 남편이 보안대원이라는 사실을 알았을 정도이니 실로 무서운 보안유지의 결과라고 해도 좋을 것이다.

이야기가 잠시 빗나갔지만 당시 하달된 임무는 그러한 보안유지 속에 진행되었다. 나와 외근반장 격인 박 반장은 그때 서 과장으로부터 또다른 별도의 지시를 받았다. 전남도경과 두 경찰서(광주경찰서, 광주서부경찰서)에서 각 10명씩 도합 30여 명의 무술경찰관을 전남 계엄합동수사단을 겸하고 있는 보안대에 보내 협조할 것을 지시하라는 것이었다.

당시 경찰은 한마디로 보안대의 예하부대였다고 할까, 아니 머슴이라고 해야 표현이 적절할 것 같다. 평소 그들도 같은 정보수사 기관으로서 대등한 입장을 고수하려 애썼지만 청와대의 조간과 석간의 '중보重報과정'에 그때만 해도 제외되는 처지였고, 더욱이 계엄이 선포되면 그 기능 자체가 보안사에 예속 내지 배속되는 실정이라 보안사의 요구에 충족시키려 안간힘을 쓰는 걸 보면 그들 간부들의 태도는 그야말로 안쓰러울 정도였다.

그럼 여기에서 말한 조간과 석간이란 대체 무엇인가?

독자들은 이 대목에서 한낱 여담이 아닌 지난날 어두웠던 우리 민족사의 독재위정자가 얼마나 자신의 정권유지 수단으로 정보정치를 중요시했나 하는 단면을 엿보는 기회로 삼기 바란다. 중앙정보부가 설립되어 보안사와 경쟁적인 정보기관으로 양분되기 전에는 보안사의 전신인 특무대의 독무대였다.

그 당시 이승만 대통령이 경무대에서 집무를 시작하면서 아침에 제일 먼저 대하는 사람이 특무부대장 김창룡 장군이었다고 한다.

이때 간밤에 있었던 국내외 사정과 여당 및 야당의 동태, 민심의 동정, 군부의 동향과 북괴동정 등 대통령이 필요로 하는 정치, 경제, 외교, 국방 등 다방면의 정보를 보고하는 것이다. 따라서 이러한 것들은 정보의 필수조건인 시사성과 시기를 놓치지 않은 상태에서 전국에 산재된 지방특무대로부터 보고 수집된 첩보가 일단 사령부 단위로 '보고'되고 검토 후 '분석'이 끝난 다음 사령관에게 '상보'되며 사령관은 이를 다시 '거른' 후 청와대 당시 경무대로 '중보'되는 과정이었던 것이다.

그때부터 김창룡은 수갑이 부착된 가방에 '중보'할 보고서를 준비하고 대통령 앞에서 그 가방과 자신의 오른 팔목에 연결된 수갑을 풀고 보고서류를 꺼내 보고하는 형식을 취했다고 한다. 그것이 바로 아침시간이다. 이를 '조간보고'라고 했으며 후일 박 대통령 시절 정보부가 생기고 나서는 오후에 보고했다고 해서 '석간'이 된 것이다.

보안사와 정보부 간에 경쟁적 입장에서 한때 심한 알력을 보이자 역대 중앙정보부장을 역임했던 이후락이나 김재규는 보안사의 '조간제도'를 없애버리기 위해 부단히 노력했으나 박 대통령의 지시사항이 변함없자 이를 포기했다. 단지 그러면 '배달시간'만이라도 정보부에 양보하라고 했으나 그대로 '조간' 자리는 보안사가 전통적으로 고수했다는 일화가 있다.

그런 상황에서 경찰의 치안본부는 시대상황에 따라 그때그때 정보부와 보안사의 '중보자료 제공역할'밖에 할 수 없었으니, 하물며 80년초 경찰의 위치라야 겨우 보안사의 보조기관이라는 표현이 어울릴 정도였다. 더욱이 계엄확대 전 전남도경 인사과장이 모종의 사건으로 인해 505보안부대 우리 수사관들의 거친 수사망에 걸려 해임된 직후이므로(본보기로 해임) 일개 보안부대원의 명령이라 하더라도 전남도경국장은 하늘과 같이 받들어야 할 시기였다.

광주평정 후 이러한 보안부대의 명령불이행 및 평소 고분고분하지 않았다는 괘씸죄를 표면적으로는 사태책임 추궁이란 명분으로 전남도경국장과 목포경찰서장을 구속시키는 지경까지 몰고간 것이다. 도경국장은 그래도 치안본부장에게 신고라도 하게 한 후 구속시켜 보안사에서 신병을 확보해 수사했지만, 목포서장의 경우 서 과장은 악랄하게도 구속 후 신병을 경찰자체 유치장인 서광주경찰서에 유치토록 했다가 경찰이 이를 비난하자 한술 더 떠 서장 자신이 근무했던 목포경찰서 유치장으로 이감, 유치토록 한 바 있다.

서 과장의 경찰에 대한 선입관과 당시 경찰의 입장을 설명하다 보니 이야기하고자 했던 당시 상황과는 좀 멀어진 것 같다.

하여간 그때 서 과장이 우리 수사관들에게 하달한 사령부의 지침이 엄청난 민족수난의 순간인 광주사태의 예고였음을 그 누구도 짐작하지 못한 상태에서 저녁을 먹기 위해 제각기 집으로 향했다. 이때 수사관들의 표정은 꼭 무슨 일이 터질 것 같은 불길한 동물적 예감에 서로간 아무런 말도 건네지 않은 채 침통한 얼굴로 황급히 걸음만 재촉했다. 다른 대원들과 달리 경찰에 지원병력 차출을 지시받은 나와 박 수사관은 전남도경과 양대 경찰서에 전화로 이를 지시한 후 20:00경 서 과장으로부터 재차 은밀한 지시를 받는다.

예비검속자
체포

1980년 5월 17일 저녁 8시경 당시 서 과장으로부터 지시를 받은 사항을 정리하면 다음과 같다.

❶ 24:00 조선대와 전남대에 전북지역에서 오는 7공수 2개 대대가 주둔할 것이다. 우선 공수부대를 따라온 보안부대 담당관을 찾아 앞으로 부대동정 보고를 소속부대로 하지 말고 505로 하여 명령보고 계통을 일원화시켜라.
❷ 부대동정 파악시 공수부대 지휘관들의 동향을 예의 주시토록 명령하라. 이 말은 여러 가지 뜻이 담긴 함축성 있는 명령이므로 혹 실수가 없도록 할 것과 일반전화를 비롯한 우리 부대와 연결되는 통신수단을 알려 즉각 보고가 가능하게 하라.
❸ 공수부대가 주둔하는 사실을 내일 아침까지 외부에 파급토록 해서는 절대 안 된다. 대학 내에 있는 학생과 숙직직원들의 신병을 확보하고 그들의 입을 봉쇄토록 조치하라. 그 중에 혹시 수배대상 인물이 포함되어 있을지도 모르니 색출에 만전을 기하도록 하라.

칠흑 같은 밤이었다. 날씨가 흐려 별빛마저 내리지 않았다.

전교사 헌병대에서 차출된 무술헌병 김 중사와 서부경찰서의 형사 2명 등을 보조요원으로 해서 조선대 캠퍼스로 들어갔다. 자정 무렵이나 되었을까. 조선대 교정엔 얼굴에 검은 칠로 위장한 공수대원들이 천막을 치고 있었다. 다른 한편에서는 늦게 도착한 병력들이 속속 트럭에서 내리고 있었다. 고도로 훈련된 특수요원들답게 작은 소리 하나 없었다. 적막 속에서 민첩하게 움직이는 그들의 모습이 유령 같다고 느꼈다.

그때 갑자기 어깨가 강타되고 순식간에 팔이 뒤틀려지는 것과 동시에 큼지막한 손이 입을 틀어막았다. 그러고는 곧바로 뒷무릎에 구둣발이 와 닿으며 땅바닥에 꿇려졌다. 암호를 수하하는 구차한 방법이 생략된, 정말 순식간에 당한 일이었다. 작은 소리로 암호가 교환되고 나자 미안한 듯 우리를 쳐다보는 공수부대원의 히쭉이 웃는 하얀 이빨의 느낌이 광주사태가 끝난 한참 후까지 문득문득 그날의 기억을 회상토록 했다.

그러한 와중에 그날 밤 나는 서 과장의 명령 중 중요한 부분인 7공수를 따라온 보안대반장을 만나는 임무를 망각해버린다. 아마도 피아식별 과정에서 순간적으로 호되게 당한 공수대원들과의 첫인사가 내 임무마저 잊게 한 모양이었다.

기숙사에 가보니 대학생으로 보이는 학생이 나무침대 위에서 담요를 둘러쓰고 공부를 하고 있었다. 야심한 밤에는 아주 미세한 소리까지도 청각에 전해지는 법이다. 교정에서 공수부대의 대부대가 주둔하고 있었지만 이런 사실도 까맣게 모르고 책만 들여다보고 있는 그 학생의 미련스러움에 순간적으로 미운 생각마저 들었다. 문을 박차고 들어온 심야의 불청객에 대해 당연히 항의할 새조차 없었을 것이다. 성미 급한 김 중사가 욕지거리와 함께 복도에 있는 연탄재를 학생 얼굴에 집어던졌다. 아직 불씨가 남아 있는 연탄세례를 받자 그의 입에서 비명이 새어나왔다.

이 자리를 빌려 이름도 모르는 그 학생에게 늦게나마 사과를 드린다. 하기야 김 중사로부터 연탄세례를 받지 않았더라면 아마도 나는 그 학생을 연행하도록 조치했을 것이다. 그때 우리는 너나없이 반쯤은 미쳐 있었던 것 같다.

대충 수색을 마치고 교정에 내려오니 이미 공수부대원들은 여러 명의 학생과 교직원들을 붙잡아 무릎을 꿇려놓고 있었다. 내가 이야기하지도 않았는데 이런 조치를 취한 것을 보면 별도의 명령계통을 통해 지시를 받은 모양이었다.

우리는 조선대를 나와 산수동 광주법원 부근으로 갔다. 지금은 이름도 기억할 수 없는 검거해야 할 대상자의 집이 있는 곳이었다. 5월이라고는 하지만 밤날씨는 꽤 추웠다. 미리 대기시켜둔 경찰관이 반장님에게 꾸중을 들을까봐 담배도 제대로 피우지 못했다고 애교와 엄살이 섞인 투정을 부렸다. 한 시절을 지나보낸 그 경찰관 이마의 깊은 주름이 측은해 보였다. 급습 예정시간은 새벽 4시로 정해져 있었다.

한두 명이 아닌 상당수의 예비검속자들을 일제히 체포해야 하기 때문에 서로 연락이 닿지 않도록 한 순간을 정해 덮치기로 되어 있었다. 시간은 꽤 남아 있었다. 시동을 끈 차안에서 대문에 시선을 꽂은 채 우리는 몇 시간 동안을 덜덜 떨었다.

"역시 우리 경찰과 보안대원들은 다르구만요."

"서 과장은 광주사태 발발 전부터 사태발발을 유도하는 자료수집을 했었다."

"……"

예의 그 경찰관의 아부근성이 발동된 것이다.

"도대체 이 많은 문제학생들의 신원을 언제 이렇게 정확히도 파악하고 계셨는지 놀랄 노자입니다."

확실히 놀랄 노자였다. 그날 밤 서 과장이 우리들에게 검거하도록 지시한 예비검속자 명단을 도대체 어떻게 입수했을까. 거기에는 언제 어디서 어떻게 데모에 참가했고 반정부 활동을 했느냐 하는 것 등이 상세히 적혀 있었다. 그 당시에는 나도 의혹을 갖긴 그 경찰관과 마찬가지였으나 후에 들은 이야기로는 별것도 아닌 일이었다.

나보다 몇 달 후에 제대한 정보과 베테랑 정보관의 이야기에 의하면 서 과장은 우리 대공과 수사관들도 모르게 정보외근, 특히 각 대학을 담당하던 학원반 요원들에게 그 대학의 자생서클을 파악해주도록 요구하는 한편, 사령부 지시에 의한 건지 아니면 서 과장 단독으로 창안하여 실행한 건지는 몰라도 각 대학 학군단

(ROTC) 요원들 중 교육성적이 미달되고 장교로서 임관자격이 거의 상실되어 퇴교처분 직전의 학생을 정보원으로 포섭하여 정보외근 보고서를 이중 삼중으로 확인한 후 이를 사령부에 들고가 대상자를 최종검토 확인받은 뒤 원본은 사령부에 두고 자신은 복사된 사본을 우리에게 보이며, 사령부 요원들의 활동차원 운운하며 우리 수사관들의 기를 꺾었던 것이다. 평소 서 과장은 매사 이런 식의 속이 환히 들여다보이는 행동으로 우리들로부터 경원시 당했다. 서 과장의 이러한 행동은 보안사가 광주사태를 유발하기 위해 사전자료를 수집했다는 결과가 된다.

잠복의 고달픔에 비해 급습의 결과는 실패였다. 검속대상자인 학생은 달포 전 시골 친구집에 간다며 집을 나갔다는 것이다. 노모는 차분한 음성으로 사정을 전하며 도리어 밤중에 고생이 많다고 위로조로 이야기했다. 학생의 공부방에서 수색을 하다 세계 각국의 우표들이 가지런히 꽂혀 있는 우표수집책을 발견했다. 이 섬세한 성격의 소유자가 거친 데모현장의 주동자라니…….

내가 그 학생의 우표수집책을 들여다보며 상념에 젖어 있을 때 동행한 경찰관 2명과 헌병대 김 중사는 벌써 건넌방에서 노모가 지어준 밥상에 머리를 처박고 새벽의 시장기를 때우고 있었다. 인생의 철학 따위도 배고픈 동물적 본능에는 어쩔 수 없는 모양이었다. 한편 박봉에 허덕이는 이들에게 연민의 정이 가는 것은 어쩔 수 없었다.

보안대
육사생

──────── 5월 18일. 그날도 변함없이 칠흑 같은 어둠이 걷히고 새벽안개와 함께 희뿌연 먼동이 터오고 있었다. 나는 일행과 함께 전남대로 향했다. 그곳에도 이미 공수부대가 진을 치고 있었다.

"어이, 허 선생!"

부대로 돌아오기 전 전남대에 들러 보안부대원을 찾고 있는 내 등뒤에서 안경을 쓴 얼굴이 나를 반긴다. 뜻밖에도 10여 년 전 보안교육대 동기생이 그곳에 있었다.

보안학교 이수과정을 수석으로 마친 명석한 두뇌와 세련된 언어를 구사할 줄 아는, 그러면서도 극히 이기주의적 사고방식을 표출하여 대인관계는 물론 동기생들과 제대로 어울리지 못한 친구였다. 그러나 나와는 항상 두터운 우정이 오갔던, 서로를 이해하는 특별한 사이였다.

후일 내가 전역한 뒤 전북 진안에서 은둔생활을 하고 있을 때, 정확히 말해서 내가 광주사태에 관한 글을 쓴 죄로 보안사 빙고호텔로 연행되기 1개월 전에 진안 길거리에서 이 임 반장을 다시 만난다. 그리고 내가 15년 만에 만난 다른 동기생들에 의해 불법연행을 당할 때 당시 전주보안부대 진안군 담당관이던 그는 나의 연행사실을 사전에 알고는 자리를 피해버린다.

항시 입으로는 의리를 되뇌며 '천하 의리의 사나이'를 자처했지만, 말과 행동이 다른 그런 처세는 임 반장만이 아닌 내가 아는 보안부대원 거의가 그러했다. 옛날 특무대 시절이나 방첩대 시절에는 부대원 메달(신분증) 하나만 가지고도 전국을 무전여행 했다는 의리를 전통으로 여기는 부대에서 말이다.

내가 처음 보안부대에 발을 들여놓았을 때만 해도 그런 풍습은 살아있는 듯했다. 전직 부대원이 실직상태로 있으면 현직 부대원들이 어떤 방법으로든 생계수단을 마련해주던 의리가 있었고, 장교 하사관들이 계급 대신 호형호제로 호칭하며 단결되어 있었으나, 그때만 해도 보안사령부 내에 한 명도 없던 육사출신 장교들이 전입되면서부터 상명하복만이 존재했고 인간적인 면이 결여되어갔다.

참, 그리고 육사생이라는 말이 나왔으니 생각나는 것이 있다. 1969년말 민주당 정권에 의해 일시적이나마 그 기능이 약화된 방첩대는 68년 김신조 덕분에 부대 명칭마저 보안사령부로 개칭 및 승격되고 나서 박정희 군부정치를 뒷받침하는 데 충족된 기구로 확장하기 위해 보안사의 중추적 역할을 해줄 우수하사관 확보가 급선무였다. 지금까지는 일반 병과 부대에서 자질 있는 우수한 인물을 차출하여 소정의 단기교육을 필한 후 보안부대원으로 양성, 실무에 활용하고 있었으므로 질적인 면에서 어려움이 많았다.

과거에는 그런 대로 권력의 힘에 의해 그러한 취약성이 덮어질 수 있었다지만 사회구조도 다양화되고 군의 역사도 30년 성년이 되자 이에 부응할 수 있는 보안부대원의 자질향상이 요구된 것은 당연한 일이었다. 더욱이 역사도 짧은 중앙정보부에서는 오래전부터 4년제 대학졸업자 중 군필자를 엄선하여 교육기간 1년의 정규 정보요원을 양성하고 있었다. 이른바 '중정 풀코스' 출신들을 양성하여 정보부의 기반을 튼튼히 하고 있을 즈음이었다.

보안사에서 정보부의 이러한 계획에 상응할 수 있는 보안부대원의 질적 향상을 도모한 것은 당연한 처사였다. 그러한 의미의 선발동기가 부여된 우리 방첩(보안) 정규코스 출신들의 자부심은 대단했다. 연간 1회씩 30~40여 명을 모집했는데 1년 6개월의 교육과정 동안 유격훈련 및 공수낙하훈련, 심지어 무술 격술에다 도청, 미행, 해정술解錠術까지 배우는 007영화의 제임스 본드를 무색케 하는 요원으로 양성되었다. 그런 요원의 확보이니만큼 나의 경우 지방인 대구에서 응시했는데 당시만 해도 고급인력을 모집할 때나 출제되었던 논문까지 제출해야 하는 어려운 과정인데다 대구의 경우 최종 합격자는 나를 포함해 3명인데도 불구하고 870여 명이 응시할 정도였다. 가히 그 경쟁률이 말해주는 것처럼 보안대원이 되는 길은 좁고도 험했다고 생각된다. 그때 응시했다가 낙방된 자들 중에 육군사관학교나 단기사관학교에 응시하여 지금은 최소한 대령 계급장을 달고 있는 자들도 허다하다.

그때 우리들을 '보안대 육사생'이라 불렀으며 사령부에서는 교육과정에서부터 일반병이나 피교육자들과는 다른 의복과 급식을 지급해가며 막대한 투자를 했다. 그러니까 내가 부대에 배치되어 전역할 그 무렵까지 보안대원들은 평소 민간인 복장을 하므로 위장복이란 명목으로 봄, 가을 해마다 두 벌씩 외국(영국) 양복지로 양복을 맞춰주는 등 우대를 한 바 있다.

이야기가 본문과는 다소 빗나간 느낌이 드는데, 다시 공수부대 보안반장과의 대화로 돌아가보자.

"지금 공수부대가 광주 현지에 밀착되어 엉뚱한 마음을 먹을지도 모르니 정신 바짝 차리고 면밀히 동향파악을 하란 말이다."

서 과장이 공수부대를 따라온 담당 보안대원에게 지시하라는 내용을 일러주자 보안반장의 표정이 어리둥절해진다.

"무슨 소리야, 공수부대 지휘관들이 엉뚱한 마음을 먹는다는 소리가……?"

"글쎄, 난들 알겠어?"

"아무튼 실수 없도록 해!"

그리고 나서 나는 아무래도 보안반장이 잘 못 알아듣는 것 같아 그 말의 뜻을 또다른 표현으로 했다. 아마도 당시 내가 보안반장을 대했을 때의 마음은, 평소 보안반장이 보안교육대 교육과정의 수석 수료자라는 자만심으로 가득 차 있는 그의 오만함에 대한 상대적인 심리작용이 원인이었다고 생각된다.

"내가 생각하기로는 4·19때 계엄군이 데모군중 편에 선, 그런 결과를 초래할까봐 우려하는 것 아닐까?"

나는 그때 서 과장이 내게 공수부대 지휘관들의 동향을 면밀히 감시 보고토록 해당 대원에게 지시하라고 할 때의 어투나 어감과는 다른 각도에서 임 반장에게 단순히 나의 사견을 이야기했다.

"아! 그런 일이라면 걱정하지 않아도 돼! 그건 자네가 공수부대 생리를, 그리고 구조를 몰라서 하는 소리야! 얘들은 지금 당장 평양 시내 한가운데를 낙하하라고 해도 낙하할 정도로 명령에 죽고 사는 놈들이야!"

"……?"

"그렇지 않아도 이번 광주로 오기 전에 작전배속 문제로 이야기가 있었는데 공수부대가 언제는 작전배속대로 임무수행하는 줄 알아? 자기네들 직속상관 외에는 장군이 아니라 장군 할아버지가 와도 통하지 않을 놈들이야. 그런 면에서 우리 보안대원들과 비슷하지. 그리고 요번 광주는 무자비하게 까부수기로 지시가 된 것 같애! 광주놈들 이번엔 아마 혼 좀 날 거야!"

임 반장의 말투도 말투였지만 말뜻을 전연 다르게 해석하는 데 순간적으로 짜증이 났다.

"야, 이 친구야! 왜 그렇게 멍청한 소리만 해! 공수부대 총부리가 어디로 향하는가를 잘 살펴보시란 뜻이다. 알아듣겠어? 한 번 더 말해줄까! 12·12사건 때 구속된 자기네들 사령관 추종세력이 있을지도 모르고 이런 '아사리' 판에 '옳다, 됐다. 기회는 이때다, 정권 한번 잡아보자' 이런 식이 되지 말라는 법이 있겠어. 그걸 잘 보란 뜻이야. 이 석두 같은 친구야!"

그때서야 보안반장은 어리둥절한 표정을 지으면서도 '아!' 하는 말을 내뱉었다.

"혹시 알아. 그런 놈이 있어 성공하는 날에는 네놈도 거기에 동조해서 공신이 될지……."

농담으로 다시 한 번 명령에 충실하도록 경각심을 준 뒤 차에 오르는 나를 천막 속에서 바라보는 그의 군복 입은 모습이 몹시도 초라해보였다.

상궤에 어긋난
'피의 일요일'

──────────── 시 중심가를 우회하여 외곽에 위치한 부대로 돌아오면서 얼룩무늬 공수전투복 차림의 병사들의 모습을 볼 수 있었다. 같은 군복차림의 악명 높은 수사관으로 정평이 난 내 눈에도 그들은 무섭게만 느껴졌다. 얼룩무늬 전투복을 입은 그들의 모습에서는 믿음직스럽다거나 신뢰감이란 전혀 찾아볼 수 없다. 어릴 때 서양군인들에게서 느껴지는 알 수 없는 공포감이 감돌고 있었다. 이러한 공수부대에 대한 선입관이 아직도 뇌리에 남아 있는 것은 무엇 때문일까?

슬픈 현상이라 아니 할 수 없다.

'공수단 아저씨, 나쁜 아저씨'로 표현했던 당시 광주의 어느 초등학교 학생보다 나 자신은 도리어 공포를 느꼈다는 생각을 할 때 '나쁘다'와 '무섭다'의 차이에서 한없는 부끄러움을 느낀다.

부대로 돌아오니 아수라장이었다. 성과를 올린 조는 이미 조사단계에 들어갔으나 조사지침이 내려와 있지 않았다. 두들겨패는 일밖에 달리 할 게 없었다. 말하자면 신병수용 단계에서 흔히 우리 수사관들이 말하는 '히야시'(일본말의 '얼린다'는 뜻으로 여기에서는 '주눅을 들인다', 또는 '혼을 뺀다'로 인식하면 되겠다) 기간인 것이었다.

잡혀 들어온 사람들은 학생들이었다. 누가 누구인지 알 수도 없고 조사 팀이 배정되지도 않은 상태여서 인적사항만 확인하고 있었다. 지금도 한 학생을 기억한다. '허규정'이라는 이름으로 기억되는 당시 전남대 학생으로 나와 종씨라는 점에서 연민의 정이 갔다. 그 학생에게 괜히 버티지 말고 다 불라는 '충고'를 해주었다. 호감을 가진 사람에게 내가 늘상 들려주는 이야기였다.

광주항쟁의 첫날인 5월 18일 '피의 일요일'로 불리는 이날도 곳곳의 교회종소리는 울리고 있었지만 나는 미검자들에 대한 수색체포에 나섰다. 부대를 나온 우리 팀(나와 헌병대 김 중사, 경찰관 2명)은 교우관계와 주민등록지 등을 중심으로 연고자 추적에 나섰다. 시내 곳곳에서는 데모 양상이 심각하게 벌어지고 있었다.

부대 1호차를 타고 담양으로 가던 중 법원 부근 동명다리를 지날 때 공수부대원에게 쫓기는 한 젊은이를 발견했다. 다혈질인 김 중사가 차를 세우더니 학생으로 보이는 이 젊은이를 붙잡아 길바닥에 메다꽂았다. 쫓아온 공수부대원에게 학생을 넘겨주고 차에 올라탄 김 중사에게 "자네 맡은 일이나 잘 하소." 하고 핀잔을 주었다.

김 중사는 씩, 웃을 뿐이었다. 조선대 앞에서는 반대로 오토바

이를 탄 교통경찰관이 학생들에게 뭇매를 맞고 있는 광경을 목도하고 경찰관을 구출하여 지프에 실은 뒤 한적한 곳에 떨구어 주었다.

사태는 걷잡을 수 없을 만큼 커지고 있었다. 하달된 임무를 수행하느라 눈코 뜰 새 없이 바쁘게 돌아다녔으나 한편으로 '이게 아닌데' 하는 의구심이 고개를 쳐들었다.

사실 보안대원은 평온한 상태에서도 은근히 계엄을 바라는 편이다. 계엄하에서는 모든 조정기능이 정보부에서 보안대로 이관되기 때문이다. 또 같은 보안대 안에서도 평상시에는 정보과에서 각 기관을 '장악'하지만 계엄령이 발동되면 대공과에서 장악하게 된다.

우락부락하고 거친 대공요원에 비해 정보과 요원은 넥타이를 매고 다니는 '신사'들로 계엄이 발동되면 스스로도 일선에서 물러나는 경향이 있다. 따라서 대공요원 사이에서는 보안부대원이라고 다 보안부대원이냐, 대공과 수사과 요원만이 진짜 보안대원이라는 의식이 있다.

그러나 광주항쟁 직전의 계엄은 매우 미적지근한 계엄이었다. 개인적으로는 빨리 계엄이 끝났으면 하고 바라기도 했다. 계엄이 확대되기 전날인 5월 16일 밤 학생들의 '횃불시위'는 평온한 가운데 끝났고, 학생들은 당분간 쉬면서 정국의 추이를 지켜보기로 했었다.

군이 계엄을 확대할 필요성도, 공수부대원들이 출동해야 할 만

큰 시위양상이 극렬했던 것도 아니었다. 그런데 18일의 상황은 상궤에서 매우 어긋나고 있었다.

광주사태는 짜인
시나리오에 의해 진행되었다

공수부대의
시위진압 방식

──────── 광주시민들은 19일 아침 금남로 가톨릭센터 앞
으로 모여들었다. 누가 시킨 것이 아니었다. 전날의 악몽에 대한
불안 때문에 저절로 모여든 군중들이었다.

나는 19일 오전까지 미검거된 예비검속자에 대한 추적수사와
아직도 밝히기 어려운 특별임무를 수행하느라 바쁘게 움직이다가
19일 오후쯤 되어서야 나의 '비인가 은거지'인 광주관광호텔로 들
어올 수 있었다. 이 호텔은 시가지 중심부에 위치하고 있었다. 나
는 '10·26' 이후 계엄령이 발동되면서 구성된 합동수사단의 중추
요원으로서 이 호텔 5층 객실에 은거지를 정한 뒤 첩보수집 및 주
요인물에 대한 동태를 파악하고 있었다.

이날 오후는 주로 이곳에 머물러 있었기에 시가지에서 일어난
상황을 비교적 자세히 살펴볼 수 있었다. 구체적인 상황을 언급하
지는 않겠다. 다만 지적하고 싶은 점은 공수부대원의 데모진압 방

식이다.

가시적으로 나타난 사실은 군중들을 고의적으로 자극하고 있지 않나 하는 것이다. 내가 보기에는 그랬다. 이들은 시위양상이 극렬해지면 빠져나가고, 사람들이 웅성거리는 곳에서는 강경하게 진압한 뒤 다시 빠져나가곤 했다. 아직도 많은 국민들은 광주항쟁의 원인이 계엄군의 강압적인 시위진압 방식에 있다고 믿고 있다. 이런 면에서 우리 국민들은 순진한 측면이 많다.

앞으로 하나씩 하나씩 내가 보고 들은 사실을 토대로 광주민주항쟁이 많은 사람들이 유추하는 것처럼 이미 짜인 '시나리오'에 맞춰진 것이 아닌가 하는 의문이 사실임을 구증口證하겠으나, 어쨌든 당시 공수부대원의 시위진압 방식을 보고는 큰 충격을 받았다. 공수부대가 최초로 투입된 것은 1979년 '부마사태'에서다.

그 공수부대원들이 다시 광주에 온 것이다. 그렇다면 부산, 마산에서는 별다른 일 없이 넘어갔던 시민과 군의 충돌이 왜 광주에서는 그토록 엄청나게 일어났단 말인가?

부산, 마산에서도 강경진압을 했다고는 하지만 일면 시민들을 달래가며 시위를 진압하던 이들이 왜 광주에서는 일부러 시민들을 자극했는가. 흔히 이야기되는 것처럼 악성 유언비어 때문인가.

유언비어의 진상을
폭로한다

──────── 유언비어 문제만 해도 그렇다. 당시 광주에서는 온갖 유언비어가 나돈 것은 사실이나 유언비어에 대한 진원수사를 명령하는 데는 선별이 그리고 시기가 있는 듯했다. 전두환에 대한 유언비어의 진원수사는 그토록 철저히 다그친 데 비해 '경상도 군인이 전라도 사람의 씨를 말리기 위해 왔다'는 엄청난 유언비어에 대해서는 추적해보라는 말조차 없었다.

그럼 여기서 당시 내가 추적 수사했던 유언비어 진원수사 내용 중 2가지만 실례를 들어보겠다. 먼저 전두환 씨 부부에 관한 유언비어로 이것은 광주사태가 끝난 그해 겨울의 사건이다. 그 내용은 이러했다.

"전두환이 머리가 벗겨진 이유가 무엇인지 아세요?"

"그것도 모를까봐. 이순자 아줌마가 주걱으로 매일 박박 긁어서 그렇게 됐지!"

"왜 박박 긁었을까?"

"그것도 모르니? 전두환이가 TV 탤런트 김모 양과 사랑했기 때문이란다."

이러한 내용의 극히 불순한 저의가 담긴, 국가원수를 모독하는 악의에 찬 유언비어였다. 서 과장의 과잉충성이 가만히 묵과할 리 없었다. 첩보입수 즉시 수사가 착수되었다.

유언비어는 필히 그 진원지, 다시 말해서 최초로 그것을 만들어낸 자를 색출하는 수사가 시작되었다. 꼬리에 꼬리를 물고 전해지는 것이 유언비어이므로 최종지점에서 역추적을 하면 틀림없이 최초 발설자가 나오기 마련이다. 이 경우도 근 보름 정도의 시일이 경과하면서 진원지를 찾아 역추적한 결과, 그 최초 발설지가 전남 목포의 모 여자중학교인 것으로 드러났다. 당시 여교사들이 양호실에서 담소를 나누던 중 한 교사의 제안으로 문답형식 놀이를 하다가 TV화면에 비치는 대통령부부를 보고 유언비어를 조작하게 된 경위를 밝혀냈으며, 그 교사는 국가원수모독죄라는 어마어마한 죄명으로 즉시 파면조치 당했다.

또다른 유언비어 수사는 내가 단독으로 '사실이 그러한가'라는 의혹에서 추적 수사를 한 것으로 광주가 계엄군에게 평정된 뒤 추적에 나서서 3일 만에 그 진원지를 확인한 사건이다. 내용인즉 아직도 청문회 등에서 논란이 되고 있는 '유언비어다' '아니다'로 판결이 나지 않은, '공수부대원이 대검으로 여자의 유방을 도려내었다'고 하는 것이다.

3일 동안 진원지를 추적한 결과 최초 발설자는 광주에서 고아원을 운영하는 OOO 통일주체대의원이었다. 나는 일단 그분의 직함을 보고 의아해했다. 통일주체대의원이 유언비어를 유포하다니 괘씸한 생각까지 들었다. 우선 '히야시' 해버릴까 하다가 나 자신이 광주사태 당시 공수부대의 잔혹한 진압방식을 목격한 연후인지라 개연성(?)이 전연 없을 순 없다는 판단 하에 먼저 차분히 자초지종을 들어보기로 했다.

　　자신은 광주 방림동 지역에서 고아원을 운영하고 있는데 5월 18일 계엄이 확대되고 나서부터 계엄군의 진압방식이 상대를 가리지 않는 것을 목격하고, 혹시 자신의 고아원에 수용 중인 아이들이 구경을 하다가 다칠까 염려되어 아이들의 외출을 금지시키고 철문까지 봉쇄했다는 것. 그럼에도 불구하고 어릴 때부터 고아로 입양되어 그곳에서 자란 19세 된 OOO 양이(고아원에 있을 연령은 지났으나 자신이 수양딸로 삼아 고아 보모일을 시키며 데리고 있던 처녀라고 했음) 19일 밤 9시경 몰래 고아원을 빠져나가 광주 관광호텔 앞 군중 틈에 끼어 시위를 구경하던 중 갑자기 도청 쪽에서 밀어닥치는 공수부대원들에게 쫓기는 인파에 떠밀려 아스팔트에 전도된 순간, 착검한 공수대원이 등 위에서 내리찍는 대검에 의해 유방이 손상되었다는 것이다. 다행히도 그 공수대원의 대검은 등뒤를 향했으나 칼끝이 빗나가면서 아스팔트 노면에 눌려 옆으로 삐져나온 유방을 손상시킴과 동시에 그 처녀는 기절을 했고 누군가에 의해 병원에 입원되어 지금은 수술을 받고 집에서 요양 중이라고 했다.

다시 말해서 '공수대원이 처녀유방을 대검으로 도려내었다'고 하는 부분의 '도려내었다'는 말은 그후 이를 목격한 시위군중들이 과장 표현한 유언비어이고, '처녀의 유방을 공수대원이 대검으로' 하는 부분까지는 유언비어가 아닌 사실로 판명되어 이 사건을 그대로 덮어둘까 하다가 사실로 인정되는 부분도 있으므로 이를 서 과장에게 보고했다.

그러자 서 과장은 즉시 호통을 쳤다.

"누구의 명령으로 그 따위 수사를 했느냐? 그 새끼(통일주체대의원) 주둥아릴 철저히 보안유지 시킬 자신이 있으면 내보내고, 그럴 자신이 없으면 조용해질 때까지 억류하시오."

나는 명령을 받들고, 나로 인해 억울한 사람이 곤욕을 당한 것에 미안한 마음이 들어 그 즉시 귀가토록 조치했다. 그분은 도리어 다음날 우리집을 방문하여 자신을 그토록 신사적으로 대접해 준 데 대한 보답과 사실을 유언비어로 결론지어준 고마움에 평소 우리집 아이들은 구경도 못했던 파인애플 통조림을 한보따리 사주고 간 사실이 있다.

그럼에도 불구하고 국방부장관을 역임한 오자복 씨는 광주사태 진상규명 국회특위에서 증언하는 가운데 '당시 공수대원이 처녀 유방 운운하는 유언비어는 군수사기관에 수사토록 하였는데 사실 무근으로 판명된 바 있다'고 무책임한 발언을 했다.

독자 여러분께서는 그 당시 유언비어를 직접 수사한 바 있는 나의 증언과 일국의 국방장관이 국민을 대표하는 국회의원들 앞에서 발언한 내용 중 어느 것이 진실에 가까운지를 현명하게 판단하실 줄 믿는다.

그리고 통일주체대의원이었던 그분의 직함이 아직도 청문회에서까지 논란의 대상이 되고 있는 그 부분에 대한 해명을 위한 제어작용을 할 수 있는지는 모르겠으나 그렇지 않으면 그때 505보안부대 공포 분위기에 질려 아직도 자중하고 계신 것으로 판단된다. 만약 아직도 그 일로 고생하고 계시다면 제가 드리는 이 글을 보시고 용기백배하시어 그때의 유언비어는 유언비어가 아닌 사실임을 입증하시고 국방장관의 무책임한 발언을 꾸짖어주시리라 믿는다.

회심의 미소를 짓는
보안사 광주사태 감독관

광주전신전화국은
시민군이 지켰다

——————— 5월 20일 저녁, 부대로 들어가니 보안사령부 대공과장이 내려와 있었다. 그는 광주출신으로 육사 18기이며 보안사 내에서 호남출신으로는 드물게 '성공한' 사람으로 알려져 있다. 대공과장과 서 과장은 약간의 취기가 도는 얼굴로 화기애애한 분위기에서 무언가 서로 이야기를 주고받고 있었다. 동료 수사관의 귀띔으로는 대공과장이 서 과장의 사전 예고대로 '사태 감독관'으로 18일 밤에 내려왔다고 했다.

그때 어디선가 총성이 들렸다. 시계를 보니 바늘은 8시 20분쯤을 가리키고 있었다. 첫 총성인 만큼 기록해둘 만한 가치가 있겠다 싶었다. 총성은 M-16소리였다. M-16의 총성은 단음이 나면서 '딱' 하는 소리가 들리지만 M-1이나 칼빈은 '삐-잉' 하면서 파음이 들린다. M-16이 연발로 발사된 것임에 틀림없었다.

'폭도'가 부대가 위치한 곳에서 1km가량 떨어진 전신전화국 가까이 와 있다는 보고였다. 자리를 박차고 일어났다. 근접거리에 차를 세워 부대 쪽으로 방향을 돌려놓은 뒤 몸을 낮추어 군중이 밀집한 쪽으로 다가갔다. 광주 동구청 앞이었다. 엄청난 숫자의 시민들이 횃불을 들고 모여 있는데 대낮같이 밝았다.

중앙분리대가 끊어지는 지점에 몸을 숨기고 20여 분간 군중의 동태를 파악했다. 각목을 가진 사람들이 간혹 있었고 무언가 번쩍 거리는 '흉기'를 소지한 사람도 눈에 띄었다. 칼인가 싶어 유심히 살펴보니 전화통에서 뜯어낸 알미늄이었다.

아직 시민들은 무장하지 않은 상태였다. 시민들 사이에 전화국을 습격하자는 주장과 살리자는 주장이 팽팽히 맞서 있었다. 잠시 지켜보다 귀대하니 대공과장과 서 과장이 아직도 대공과장 방에 있었다. 대공과장에게 보고를 하려는데 때맞추어 505부대장이 내려왔다. 보고 대상자를 상급자인 부대장으로 바꿨다.

"1만 명이 넘는 상당한 인원이 전신전화국을 기습하고자 하는 계제입니다. 그리고 이 문제를 놓고 자제하자는 측과 기습하자는 측이 의견대립을 벌이고 있습니다."

"기습할 것 같애, 안 할 것 같애?"

"제 판단에는 하지 않을 것 같습니다."

당시 흥분한 군중은 공수대원들의 잔혹한 진압방식에 자극을 받아 이성을 잃어버리고 있었다. 그러한 시위 군중에게 냉정을 호소하는 한 청년이 있었다. 얼핏 보기에 학생 같았다.

"전화국은 우리들 국민의 세금으로 만들어진 국가 공공시설물입니다. 개인재산인 MBC방송국과는 성격이 다릅니다.

여러분! 지금 여러분이 전화국을 파괴하면 우리 광주시민은 완전히 외부와 고립됩니다. 결과적으로 전두환의 의도를 도와주는 것밖에 되지 않습니다. 우리 모두 이성을 찾아 질서 있게 독재에 항거합시다. 지금 전화국을 기습하자는 놈은 간첩과 같은 놈입니다."

실로 배짱 두둑한 말이었다. 지금까지 오합지졸이라고만 여겼던 군중은 청년의 그 말에 일제히 "옳소!"로 답했다.

지금까지도 나는 그 청년의 순간적인 재치와 그때의 짧은 연설은 훈장감이었다고 생각한다. 그리고 무명의 어린 청년의 제안에 따라 흥분된 감정을 누르고 이성을 되찾아 전화국과 같은 국가 공공건물의 기습을 즉각 중단한 광주시민의 높은 민도民度 앞에 머리가 숙여진다. 정말 위기일발의 한순간이 지나간 것이다.

그후로도 나는 광주 전신전화국 앞을 지날 때마다 그날의 광주시민들이 행한 슬기로움을 되새겨볼 때가 한두 번이 아니었다.

"그런데 총소리는 뭐야, 누가 쏜 거야?"

"아직 파악하지 못했습니다."

"장소는 어디야?"

"정확한 지점은 모르겠습니다만, 광주역 방향으로 추정됩니다."

이때 서 과장이 예의 간사한 표정으로 술냄새를 풍기며 나섰다.

"부대장님 놀라지 마십시오, 까딱없습니다. 애들 딱총소리로 생각하십시오."

부대장의 불쾌한 표정이 순간적으로 서 과장의 술취한 얼굴을 노려봤다. 옆에 서 있던 사령부에서 온 대공과장의 난처해하는 모습을 의식한 부대장이 나를 향해 말했다.

　　"앞으로는 직보直報해."

　　그러고는 이층 부대장실로 올라갔다.

　　"충성! 계속 근무하겠습니다."

　　근무 구호를 말하는 서 과장의 모습이 천진한 어린아이 같아 '피식' 웃음이 나왔다. 그 당시 나에게 '모든 것을 직접 보고하라'고 한 후 이층 계단을 힘없이 밟는 보안대장의 깡마르고 조그만 어깨의 뒷모습에서 그분의 고뇌와 갈등을 엿볼 수 있었다.

　　한편 서의남 중령과 홍성률 대령은 광주사태의 전 기간 중 최초의 발포임에도 너무나 태연한 행동을 보였고, 이는 사전에 이미 예견된 일이었음을 알고 있는 듯한 태도였으며, 당시 이에 대한 상황파악 지시 등이 전무한 것은 있을 수 없는 태도였다.

'국보위' 지시하에
계엄군에 둘러싸인
고도孤島 광주

계엄군은 순수한 학생과 시민들을 폭력 과격집단으로 규정
하고 제압하기 위해 나섰다. 전남대학교 정문 앞에서 시위
대와 대치 중인 경찰. ⓒ나경택 (5·18기념재단 사진제공)

PART 2

보안사 보충대
'505혼방사'

─────────────── 당시 내가 소속해 있는 505보안부대는 보안사령부 지구보안부대 중에서도 보충대적인 곳이었다. 연고지가 호남지방인 부대원들도 심지어 근무하기 싫어하는 부대가 바로 505보안부대였다. 그런 연유로 사령부에서는 자연히 근무평점에 다소 결격사유가 있는 부대원들을, 다시 말해서 징계위원회에 회부된 바 있는 문제 부대원들을 505로 내려보냈던 것이다.

지휘관은 물론이고 장교급의 경우 예편 전에 준비를 하는 근무지가 505지구대였다. 그러한 연유에서 붙여진 이름이 바로 '505혼방사'라는 불명예스러운 이름이다. 이것저것을 섞어 만든 국내에서 생산되던 '505혼방사'라는 직물종류에 빗댄 표현이었다.

그러한 문제아(?)들이 운집된 근무 분위기로 인해 부대 고유의 성과는 무시되고 이런 부류에 결백성을 보이는 직원은 가차없이 도외시되어 중상과 모략의 대상이 되었으며, 군기는 해이해질 대로 해이해져 부대원들은 업무는 외면한 채 그저 돈 버는 일에만 혈안이 되어 있었다. 그러한 풍조는 상하구별이 없을 정도였다.

박동준 부대장 전임자 중에는 아침 조회시간까지 술에 취해 있던 부대장이 있었는가 하면 심지어 부끄러운 병에 걸려 군통합병원의 비뇨기과 군의관에게 신세를 진 K라는 부대장도 있었다. 더욱이 K모라는 부대장은 예편 후인 1985년 12월경 서울 '팰리스' 호텔에서 자신의 친구들과 술을 마시고 술값을 내지 않아 호텔 종업원에게 붙들려 자정이 넘도록 집에도 못 가고 있는 것을 마침 그곳에 들른 내가 목격하고 후배인 김창길(505보안부대 출신, 85년도 내가 광주사태에 관한 원고집필 사건으로 보안사 수사분실로 연행당할 때 같이 연행되어 곤욕을 치렀음) 군에게 술값을 대신 변제해주게 한 바도 있다.

이러한 가운데 경상도 대구출신인 내가 그곳에 장기간 근무하게 된 연유는 당시 경상도 출신들이 좌우하는 보안사에서 한 명쯤은 전라도 505에 근무함으로써 그들의 행동에 제동 또는 감시 역할이 되지 않을까 하는 배려(?)에서 기인된 것으로 보이며 KT공작(중앙정보부가 김대중 씨 이름의 영문 머리글자를 따서 붙인 사건 암호명)을 위한 것이라 판단된다.

아무튼 이 505보안부대에 육사출신 장교가 근무한 것은 대공과장이었던 이학봉 중령에 이어 육사 16기인 이재우 대령이 처음이었다.

그러한 연유로 이재우 대령은 부임 초부터 부대 기강확립과 무사안일주의적인 부대원의 근무태도에 쐐기를 박았다. 정직하고 겸손하며 원리원칙에 입각한 '부대원상'을 정립해 나가는 외로운 투쟁을 하고 있었던 것이다.

역대 부대장들 중 그러한 지휘방침을 내세운 자가 전연 없었던 건 아니지만 그때마다 그들은 항상 진정투서의 대상이 되어 임기 만료 전에 보직이 변경되었던 것이다. 전임자의 전철을 밟지 않기 위해서도 후임자들은 그저 적당히 하사관이나 문관들의 비위를 건드리지 않는 범위에서 무사히 지내는 쪽을 택했다.

그러나 이재우 대령은 엄청난 위험부담(?)을 안고서도 '부대원들 간에 진정투서하는 못된 풍조를 뿌리뽑겠다'는 방침을 자신의 부임 인사말로 택했던 것이다.

훗날 이재우 대령의 이런 강직한 면이 원인이 되어 결국 그는 광주사태 기간 중인 80년 5월 23일 사령부의 실세들로부터 광주사태 발발 책임추궁이라는 계획된 누명을 쓰고 중령급이 가는 사령부 감찰실장으로 좌천된 지 3개월 만에 군복을 벗고 지금은 그의 입을 봉쇄하기 위해 사탕발림으로 주어진 '매일유업 감사'라는 별 볼일 없는 직책에 얽매여 곤욕스런 삶을 살고 있다.

그 당시 보안사령부 이학봉 대공처장은 광주 505보안부대 대공과장인 서 과장에게만 광주사태의 지령을 은밀히 하달하면서까지 이재우 부대장에게는 이를 '보안유지'토록 했던 게 아닌가 생각된다. 당시 서 과장이 이재우 부대장을 대하는 하급자로서의 오만불손한 태도와 광주사태 도중 이재우 부대장의 보직해임이 이를 증명한다. 이것이 기관의 누습된 생리이며 당시 보안사령부의 생태

구조였던 것이다. 혹자들에게는 도저히 이해될 수 없는 부분이다.

　그렇기 때문에 일개 수사관이며 상사 계급인 내가 당시 실세들의 총애를 받는 경상도 대구출신이고 특히 '성씨가 허 씨'이므로 감히 막강한 권력을 휘두르던 서 과장도 나의 비위를 건드리지 못했다. 게다가 서 과장은 훗날 수사회의 석상에서 나로부터 조직적이고 체계적인 군이라는 울타리 안에서는 도저히 묵과할 수 없는 '폭행'이라는 봉변을 당하고도 한마디 항변은 고사하고 도리어 나중에는 국보위 및 청와대의 특명사항을 임무수행으로 하는 당시 505보안대 겸 전남합수단 광주사태 처리수사국의 중추적 역할을 하는 '특명수사반' 반장에 나를 추천하게 되었던 것이다.

나는 허화평, 허삼수,
이학봉과 이런 관계였다

───────── 그럼 여기서 잠깐 505보안부대 대공과장인 서 중령을 비롯한 당시 505보안부대에서 내가 선배들을 제치고 막강한(?) 실력자로 부상하게 된 경위에 대해 웃지 못할 일화를 공개하기로 하겠다.

"허장환은 이학봉 사령부 대공처장, 허화평 사령관 비서실장, 허삼수 사령부 인사처장의 극진한 총애를 받고 있으며 사태처리가 끝나면 필히 청와대로 들어갈 것이다."

이와 같은 소문이 당시 나에 대한 그들의 판단이었다. 이것은 그들 스스로 나와 그 사람들과의 관계를 오산하여 단정적으로 추측한 결과에서 비롯된다.

다시 말해서 그들이 가시적으로 본 나와 이학봉의 관계, 그리고 허삼수와의 상면相面, 허화평으로부터 나에게 접수된 연하장(사신私信) 사건 등이 그들에게 그러한 추측을 낳게 한 원인이 된다. 그리고 이에 덧붙여서 나의 친형 중 한 분이 전두환 씨와 대구공고 '클라스 메이트'였으며 군생활도 학도병 시절부터 같이했다는 내 말이 나의 신상기록에서 확인되었기 때문으로 생각된다.

사건의 내용은 이러했다. 우선 이학봉과의 관계에서부터 시작해보자.

1976년도 무렵 이학봉 중령은 광주 505보안부대 대공과장으로 잠깐 근무한 바 있다. 이때 이학봉은 전임지인 모 사단 보안부대장 재임 시, 부대막사 개보수를 시행한 군납업자들로부터 금품을 각출했다는 혐의 사실로 인해 보직대기 상태에서 무료한 심정을 달래던 중, 굴러들어온 간첩을 선배수사관들이 훈방조치하려는 것을 내가 수사해 간첩임을 확인하게 되어 이학봉이 일약 사령부 수사과장으로 영전하는 데 큰 영향을 끼치게 되었다.

이러한 인연으로 당시 동료들은 나를 이학봉 계열로 인정하고 있었고, 80년 1월 1일부로 내가 선배에 앞서 진급한 사실과 더욱이 김재규 수사로 바쁜 일정 속에서도 나의 진급을 축하해주는 이학봉의 세심한 배려가 505사무실에 알려지자 이를 목격한 주변인들의 눈에는 내가 당연히 이학봉의 총애를 받는 사람으로 보였을 것이다.

그외 허삼수와의 관계는 이러했다. 이학봉이 광주 505보안부대 대공과장에서 일약 사령부 수사과장으로 영전된 후 전일 이학봉을 전화위복케 한 검거간첩 유공자들에 대한 포상이 사령부에서 있었다. 내가 거기에 유공자로 포상대상이 된 것은 정한 이치였다.

사령관으로부터 포상이 끝나고 이학봉 수사과장의 방에서 커피를 대접받고 있을 때였다. 느닷없이 이학봉 씨가 나에게 물었다.

"허장환이 너, 공작과장이 너와 종씨인 허 씨라는 사실 알고 있어?"

"……?"

"광주 내려가기 전에 옆방에 계시니까 인사드리고 가도록 해!"

그때 나는 이학봉 씨가 왜 그런 지시를 했는지 알 수 없었다. 그 무렵 허삼수 씨는 한직인 사령부 공작과장이라는, 이학봉 씨의 수사과장보다는 한수 낮은 직에 있었다. 그렇게 나는 이학봉 씨의 지시를 받고 공작과장이던 허삼수 과장을 상면했다.

단순히 '오늘 유공자로서 포상을 받게 되었다는 것과 내 성이 허씨'라는 것이 허삼수 씨와의 상면에서 주고받은 내용이었다. 그런데 어떤 경로인지는 알 수 없으나 그 사실이 505로 알려지고 후일 허삼수 씨가 인사처장이 되고 나서 그에게 아부하려던 광주 505 보안부대 김재덕 중령의 '의재 허백련 그림 진상사건'이 허삼수 인사처장 본인의 입에 의해 밝혀진다.

이에 한 술 더 떠 허삼수 처장은 '부대의 아부근성'이란 제하로 이를 부대원 근무기강 쇄신을 위한 사례로 발표하며 "내가 인사처장으로 부임한 후 처음 있는 사건이므로 이번 한 번만은 관대히 용서하겠다"고 알렸다. 그럼에도 혹여 자신이 장교 정리 대상에 포함될지도 모른다는 불안감에 휩싸인 김재덕 중령이 평소 오만한 태도를 버리고 나를 통해 자신의 구명을 부탁한 사건에서 나와 허삼수 씨와의 관계가 와전된다. 허삼수 씨와 종씨이며 고향이 대구라는 데서 순전히 그들 나름대로 추측하고 판단한 희극이라고 하겠다.

그리고 허화평 씨와의 관계는 이러했다. 내가 아는 선배 중에 라종환 씨라는 분이 있다. 그는 경북 포항 출신으로 허화평 씨와는 절친한 관계로 알고 있다. 그분이 언젠가 한번은 나에게 "보안사령관 비서실장이 너와 같은 허 씨인데 어느 때고 한번 기회를 보아 인사드리도록 하자"고 제안했다.

이 말을 염두에 두고, 79년 말 사령부 높은 분들에게 연하장으로 새해인사를 드리면서 허화평 씨에게도 연하장을 보낸 바 있다. 그런데 며칠 후 뜻밖에도 내가 보낸 연하장에 대한 허화평 씨의 답서가 왔다.

'종씨인 허장환 씨 연하장을 받고 감사했다'는 말과 '근무에 열중하라'는 말 외에도 '애로사항이 있으면 이야기하라'는 전혀 기대하지도 않은 내용이 담긴 사신을 나의 근무지인 505보안부대로 보내온 것이다. 당시 우편물은 일단 부대 행정과에 종합되기 마련인데 이 우편물을 발견한 행정과장 조 모 소령이 놀란 토끼마냥 이 편지를 나에게 전해주는 대신 참모회의 석상에서 부대장에게 먼저 보고했던 것이다.

'사령관 비서실장으로부터의 사신私信' 이것은 505참모진을 경악(?)케 만든 사건임에 틀림없다. 그 사신을 나에게 직접 전달해주던 당시 행정과장의 태도에서 나는 그것을 충분히 읽었던 것이다.

전두환 보안사령관은
'5·18민주화운동' 기간 중 광주를 방문했다

─────────── 1980년 5월 21일 아침 505보안대 수사관들에게는 기쁜 소식이 하나 전해졌다. 사막에서 신기루를 본 것 같은 착각인지는 알 수 없으나 내 기억장치에 고장이 없다면 그날의 사실을 나는 이렇게 기억하고 있다.

이날 아침 회의석상에서 서 과장이 말했다.

"사령관님이 오늘 아니면 내일 광주에 오신다."

사령관이 온다는 것은 곧 일선 수사요원들에게 하사금을 배당한다는 의미이기도 했다. 다시 서 과장의 말이 이어졌다.

"사령관님이 부대에 들르실지도 모르니 준비를 해야겠다."

그러더니 혼잣말을 덧붙였다.

"그런데…… 아마 들르시지 않을 거야."

보안대의 '준비'란 피의자들이 있는 지하실을 깨끗이 정리하는 등 환경정리와 함께 사태진행과 수사인원 등의 브리핑 자료를 마련해야 한다는 의미였으나, 서 과장의 말은 상무대 전투병과 교육사령부만 들르실 것 같다는 느낌을 던져주었다. 따라서 수사관들은 '준비'에는 그다지 신경을 쓰지 않고 혹시 떨어질지도 모를 하사금을 기대하는 분위기였다.

광주 시내 중심부에 위치한 관광호텔에 비인가 사무실을 운영하던 나는 그날 낮 공수부대원들이 시위 군중을 향해 집단발포를 한 사실을 목도하고 부대에 귀대하였으나 동료부대원들은 이같은 사실을 알지 못하고 있었으며 서의남에게 보고하자 그저 내 눈만 빤히 바라보며 묵묵부답했다. 그리고 회의를 개최하며 이날 저녁 회의에서 서 과장은 '오늘 사령관님께서 다녀가셨다'고 운을 뗀 뒤 수사관들의 심리를 읽은 듯 "그런데 하사금은 가지고 오시지 않은 것 같다. 사령관님이 오셨다 가셨으니 곧 처장님께서도 내려오시지 않겠어."라고 말한 뒤 업무사항을 이야기했다.

이날 회의에서 자위권 구사가 최종 결정되었다는 서 과장의 이야기를 들었다. 이는 곧 공식적인 발포명령을 의미했다. 서 과장은 외근하는 수사관들은 사복근무를 하기 때문에 폭도로 오인받을 수 있으니 특히 주의하라고 지시했다. 나는 이 말의 중요성을 깨닫고 질문했다.

"4·19 당시의 최인규와 같은 꼴이 되는 것은 아니겠지요?"

그러자 서 과장이 말했다.

"그때와는 사태가 다르다. 그리고 모든 문제는 사령관님이 책임진다."

이후 형식상 지휘계통인 이희성 계엄사령관의 자위권을 위한 발포명령이 하달되었다. 21일 낮 오후 1시경, 도청에서 전면적인 발포가 있었고, 계엄군이 퇴각하면서 사격이 계속 이어졌다.

회의가 끝난 뒤 나는 집으로 전화를 걸기 위해 통신실에 들렀다. 보안대 내에서 일반전화는 사용하기 꺼리기 때문에 수사관들은 흔히 통신실의 교환병을 다그쳐 전화하는 것이 보통이었다.

나는 경쾌한 텔렉스 소리를 듣는 것도 좋아하지만 그보다는 정보과나 보안과의 보고내용이 궁금해서 전문내용을 종종 지켜보기도 한다. 물론 텔렉스병이 "보시면 안 됩니다"라고 항의하지만 나는 이를 가볍게 일축하곤 했다.

505부대에서 사령부로 보고하는 지휘관 동향보고 및 주요언동 사항 보고로 전교사 사령부에서 주요한 회의(여기서 주요한 회의가 바로 전두환의 광주방문을 증명하는 것임)가 있었다는 사실을 재확인할 수 있었다. 사람들은 일개 보안대 중간간부가 어떻게 그와 같은 고급 정보내용을 알고 있느냐에 의문을 품고 있는 것 같다.

그러나 이것은 보안대의 기능을 몰라서 하는 말이다. 보안부대 요원은 시간과 장소, 출입하는 부서, 취급하는 업무 등을 타인과 타기관으로부터 추궁받지 않도록 대통령령에 의해 법적으로 그 신분이 보장되어 있으며, 어느 곳에나 출입할 수 있다. 특히 보안과 요원은 지휘관의 동향에 대해 지휘관보다 오히려 더 잘 알아야 한다. 지휘관이 중요회의에 참석했다고 할 때 지휘관에게 회의내용을 물어보는 보안대원은 무능한 사람이다.

광주교도소
매장 소문은 사실이다

———— 80년 5월 21일 오후 광주시 전체가 신군부의 계획한 의도대로 완전히 가열된 시점을 택해 시민들로부터 원성의 대상이 된 공수부대는 각본대로 시외곽에 위치한 K-57비행장으로 철수를 완료했다. 광주는 시민들의 손으로 넘어갔다. 이른바 '광주공화국'이 열린 것이다. 이때부터 '광주'가 평정된 5월 27일까지 나는 체포된 시민군의 분류심사 및 그때그때 서울에서 하달되는 별도의 특수임무를 수행했다.

체포된 시민 가운데 특이한 경우는 광주국군통합병원 부근(당시 판문점이라고 했으며 이 지점이 광주시민군과 계엄군이 대치하고 있던 분계선이었음)에서 시민군이 잡아 계엄군에 인계한 전옥주 및 차명숙이었다. 이들은 체포될 때까지 광주항쟁 기간동안 마이크를 잡고 애절한 목소리로 광주시민에게 끝까지 싸울 것을 방송하다가 거동을 수상히 여긴 시민군이 체포(윤석루 광주시민군 기동대장이 체포)하여 간첩용의자로 계엄당국에 넘긴 사람들이었다. 이 사건 하나만 보더라도 그때 광주시민들의 국가관과 투철한 반공정신은 인정하고도 남으리라 여겨진다. 당초 이들에 대한 수사는 동료수사관인 강문관이 담당했으나 서 과장의 지시로 내가 잠시 맡은 바 있다. 이때 서 과장은 이들을 '최대한 김대중과 연계시키라'고 지시했다. 아마 내가 KT 공작요원이었음을 염두에 둔 지시였을 것이다.

조사결과 전옥주는 간첩도 김대중 선생의 추종세력도 아니었다. 그녀가 시위에 참여하여 군중을 선동한 동기는 알 수 없었으나 이른바 '물건'은 아니었다. 이미 그녀는 동료수사관의 모진 고문으로 횡설수설하고 있었다. 오히려 의문이 가는 쪽은 차명숙이었다. 본적지 조회결과 그녀는 가짜였다. 혐의점을 구증口證시키지 못한 상태에서 군검찰에 단순 사태가담자로 송치했고, 그녀의 또다른 용의점을 찾아 경기도 옹진군까지 출장을 다니면서 계속 수사를 하던 중 내가 옷을 벗었기 때문에 추후 결과는 알지 못하였다.

5월 22일 오후 5시 무렵 서 과장은 계엄군이 철수한 광주 시내 시민군의 동태를 탐지하도록 나를 비롯한 4명의 수사관에게 명령했다. 시민군의 배치사항, 병력, 화기소지 특히 중화기 소지여부와 그들의 지휘본부가 있는 곳을 중점적으로 확인하라는 것이었다.

이튿날인 5월 23일부터는 광주교도소에 수용 중인 1백 78명에 대한 분류심사에 들어갔다. 서 과장은 이날 아침 헬기 안에서 나를 비롯한 6명의 수사관에게 이같은 지시를 내리면서 교도소 내에서는 '폭도' 외에 기결 좌익수가 상당수 수용되어 있으니 상황이

여의치 않을 경우 모종의 조치를 취하라고 지시했다.

교도소에 도착해보니 이들은 30평 규모 작업장의 시멘트바닥에 수용되어 있었으며 이들의 모습은 처참하기 그지없었다. 유탄을 맞아 살아 있는 것이 기적일 만큼 살이 썩어들어가는 사람이 있는가 하면 곧 숨이 끊어질 지경에 놓인 사람도 있었다. 죽어야 볼 수 있는 지옥의 모습을 그때 나는 볼 수 있었다. 좌우지간 이들의 시선을 한 곳에 모은 후 환자는 손들어보라고 하니 한 명도 빠짐없이 고통을 호소하는 것이었다. 이 가운데 정도가 심한 3명을 광주국군통합병원ˑ에 긴급 후송조치했다.

이들은 대부분 담양, 곡성, 순창 등에서 광주에 유학하는 학생들이었다. 집으로 돌아가다 '교도소 습격폭도'라는 누명을 쓴 순

1980년 5·18 당시 가매장한 사망자 시신을 소각했다던 옛 광주국군통합병원 보일 러실 굴뚝 ©허장환

ˑ **광주국군통합병원** 말 그대로 군인전용 병원이다. 5·18 당시 "광주국군통합병원에서 치료받은 환자는 민간인 321명, 군인 115명 등 모두 436명이었다"고 김연균(당시 광주국군통합병원장)은 2018년 3월 27일자 '5·18 의료활동 제2권'에서 밝혔다. 당시 민간인환자 대부분이 상무대에서 고문 등으로 고통받은 시민들이 옮겨와 치료받았는데 "전두환을 대통령으로 만들기 위해선 누군가는 희생해야 하고…… 빨갱이도 돼야 하고…… 내 속으로 '이것은 조작이다' 그런 생각을 했다"는 말도 언급했다. 통합병원에서 있던 민간인 암매장설에 대해서 김 씨는 "시체라는 것은 보지 못했다…… 가매장 이후 시신을 옮겼을 것이라 추측했다"고 말했다. 그렇다면 2019년 5월 14일 5·18기념재단 주최의 기자회견에서 허장환 씨는 어떤 증언을 했는가. "당시 광주평정 이후 상부에서 5열 간첩침투가 있는지 색출하라는 지시가 내려왔다. 가매장한 시신들을 다시 발굴하여 전남도경 지문채취 전문 경찰을 불러 지문을 채취한 후 광주 서구 화정동 광주국군통합병원에 이송. 통합병원 본동과는 떨어져 있는 전용 보일러실을 개조하여 화장하다가 한계상황에 이르자 일부 유골을 광주 인근에 매장했다." 이날 기자회견에서 사회를 본 조진태(5·18기념재단 상임이사) 씨는 "당시 광주국군통합병원장과 진료부장은 이 사실을 부인하고 있다"고 했으며, 허장환 씨는 "우리나라에서 제일 높은 서열 4번째인 훈장을 그분(김연균)은 받았다. 통합병원장이 훈장을 받을 아무런 이유가 없다"고 했다. 광주국군통합병원장 대령 김연균은 1980년 6월 20일 보국훈장 삼일장을 수상했고, 2006년 3월 21일 서훈이 취소되었으며, 현 광주시 의사회 고문직을 맡고 있다.

진한 학생들. 개중에는 공수부대가 광주 시내에 있을 때부터 잡혀 있던 시민들도 있었다. 시민군이 '탈취'한 차량에 올라타 우쭐한 마음에서 손을 흔들다가 뒤에 붙잡혀 이 사실을 인정하고 중량급 폭도가 된 학생, 이런 '순진한 시민들'이 대다수였다.

심지어는 중학생도 끼어 있었다. 이미 검거자 통계에 포함되어 있어 곤란하다는 공수대대장의 반대에도 불구하고 내가 책임을 진다며 현지에서 석방시켰다. 그때 나의 이러한 조치를 보고 난 공수대대장의 대답이 걸작이었다.

"좋습니다. 그 대신 한 명을 더 잡아 보충하죠 뭐."

매사 이런 식이었다. 내가 교도소 보안과 사무실에서 분류심사를 하는 동안 총에 맞은 수용자 1명이 죽어나갔다. 시체처리는 어떻게 하느냐고 옆에 있던 공수대원에게 물어보니 담장 밑에 묻어버린다는 것이었다. 아마 이런 식으로 매장당한 경우가 꽤 있었을 것으로 짐작된다.

그리고 당시 수용자 중 희한한 친구가 1명 있었던 걸로 기억된다. 지금은 이름과 소속도 기억나지 않지만 그 친구의 신분증명서를 확인한 결과 광주항쟁을 취재하다 붙잡힌 나 모라는 신문기자였다. 나는 즉시 서 과장에게 전화를 걸어 이 사람을 석방하도록 건의했지만 '폭도짓하는 것을 취재했으니 폭도보다 더 나쁜 놈이다'라는 말을 듣고 속수무책, 전화를 아니함만 못한 결과를 낳고 말았다. 석방의 기대를 걸었던 그 기자의 실망하는 모습이 안쓰러워 교도소에서 철수할 때 동행하여 헌병대 영창에 입창시키는 대신 전교사 군수처 내무반에 편히 수용하도록 배려했다.

당시 교도소에 투입되어 있던 공수대원들은 애초부터 시민들이 시외곽으로 나가는 것을 막는 광주고립 봉쇄임무를 수행한 것이었으며 결코 방호목적이 아니었음을 그때 나는 교도소 측과 언쟁 끝에 확인한 바 있다.

공수대원이 교도소를 방호했느냐 하는 문제는 시민군이 교도소를 습격했느냐, 하지 않았느냐 하는 문제와 직결되는 주요 사안이므로 내가 확인한 당시 정황을 상세히 기술하고자 한다.

공수부대가 교도소에 주둔하게 된 경위는 앞에서 기술한 대로이며 이들의 임무가 교도소 방호목적이 아니었음을 확인하는 중요한 대목이다.

나는 그때 교도소 보안과 이층 사무실에서 폭도들에 대한 분류 심사를 하다가 잠시 피로를 풀기 위해 담배를 붙여물고 창밖을 보는 순간 이상한 광경을 목격한 것이다. 마침 저녁 때가 되어 교도소 측에서 일반 수형자들에게 배식을 하고 있었는데, 공수대원들이 자신들이 휴대하고 있던 '전투식량'과 죄수들의 밥을 바꾸어먹고 있는 모습이 내 눈에 들어왔다.

문득 시계를 보니 오후 5시경이었고 그때서야 우리 수사관들도 점심을 굶었다는 것을 깨달았다. 그 순간 교도소 측의 소행이 괘씸하다는 생각이 들면서 '곧 저녁밥을 마련해주겠지' 하는 마음으로 다시 의자에 앉아 심사작업에 들어갔다. 그때부터 취조하는 나의 말씨가 거칠어졌다. 시장기가 돌면서 짜증이 났던 것이다.

"이봐, 중사! 애들(폭도) 급식은 어떻게 하나?"

문득 수용자들의 급식문제는 어떻게 해결되는가? 하는 의문이 생겨 옆에 있던 공수부대 중사에게 물었던 것이다. 심사대상 폭도를 수용장인 작업장에서 우리 수사관들 책상 앞까지 안내하는 것이 그들의 임무였다.

"아니, 수사관님. 별말씀을 다하십니다. 우리도 밥먹어 본 지가 옛날인데 폭도들 줄 밥이 어디 있습니까? 좀전에 창밖을 보시지 않았습니까?"

"교도소 측에서 아무런 조치도 없었나?"

"조치가 다 뭡니까? 우리 대대장님도 전투식량으로 때우고 있는데요."

중사 옆에 서 있던 하사계급장을 단 공수대원의 통명스런 대답이었다.

"이봐, 하사! 미안하지만 교도소 보안과장을 이 방으로 좀 오라고 전해줘."

동료 수사관들의 시선이 일제히 나에게로 쏠리면서 그 중 서광주 경찰서에서 파견 나온 경찰수사관 한 명이 볼펜을 책상 위에 내던지며 말했다.

"형편없는 새끼들이구만. 허 반장님 본때를 한번 보이십시요."

감정을 억제하는 나의 얼굴과 이를 부채질하는 경찰수사관의 얼굴을 번갈아 쳐다보던 공수부대 하사가 '이거 상황이 재미있게 전개되는걸' 하는 표정을 지으면서 내가 지시한 대로 교도소 보안과장을 부르기 위해 사무실을 나간 지 20여 분이 지난 후 작달막한 키에 안경을 쓴 까무잡잡한 얼굴이 '누가 오라가라 하는 거요?' 하는 식의 표정을 지으며 우리 수사관들이 있는 보안과 사무실 문을 열고 나타났다. 그러자 예의 그 경찰수사관이 대뜸 시비조로 그를 상대했다.

"당신이 보안과장이요?"

"아닙니다. 전 보안계장입니다만⋯⋯."

"우린 당신 과장을 뵙자고 했는데⋯⋯."

"과장님은 지금 외부에 출타 중이십니다만⋯⋯."

보안계장을 상대하던 수사관의 시선이 나에게로 옮겨졌다.

"보안계장! 교도소장을 뵙도록 해주시오."

순간 보안계장의 안경 속 실눈이 아니꼽다는 표정을 지었다.

"당신은 이 교도소의 결재권자가 아니니까 내가 당신을 상대할 순 없지 않소."

그때 깐깐하게 생긴 보안계장이 드디어 날카로워져 있던 나의 신경을 자극하는 그 나름대로 인내의 한계를 노출시킨 말을 하고 말았던 것이다.

"무슨 용무이신지 모르지만 직접 소장님실로 가시죠."

그 말이 떨어짐과 동시에 내 허리춤에 차고 있던 '리볼버'의 총구가 보안계장의 빤질빤질한 이마에 대어졌다.

"좋아, 네놈이 앞장서."

돌발적으로 튀어나온 내 동작에 새파랗게 질린 보안계장의 작달막한 체구가 시멘트 바닥으로 길게 뻗어버렸다. 옆에 있던 나보다 더 성질이 급한 무술경관 출신의 수사관이 보안계장의 앞가슴을 걷어차버렸던 것이다. 문밖까지 보안계장을 수행했던 직원에 의해 교도소 내가 발칵 뒤집혀졌다.

내친 김에 교도소 보안감사를 실시했다. 교도소의 제반 행정과 수형 실태가 교도소장에 의해 '브리핑'되고 시설 전체에 대한 안내를 받았다.

"소장님은 계엄군이 교도소를 위해 방호임무를 수행하고 있는데 대해서 어떻게 생각하십니까?"

모든 브리핑이 끝나고 교도소장실에서 커피를 마시면서 아직도 못마땅하다는 표정을 지으며 내가 묻는 말이었다.

"죄송합니다. 저희들은 저희 계통으로 전혀 아무런 지시를 받은 바가 없었습니다. 그러했기 때문에 계엄군들이 수고하시는 줄 알면서도 급식문제에 불편을 드렸던 것입니다. 브리핑 때 보셨겠지만 수형자 숫자에 따라 지급되는 식량이 정해져 있어 소장인 저로서도 어쩔 수 없었습니다. 즉시 보고해서 계엄업무에 협조토록 하겠습니다."

"우린 교도소 측에서 요청이 있은 줄 아는데요."

"……."

나의 이러한 물음에 대해 교도소장은 벗겨진 대머리의 땀을 닦으며 옆에 도열한 자신의 참모들 얼굴만 쳐다보았다. 당시 광주교도소 측으로 봐서 우리들은 물론 주둔해 있던 공수대원들도 불청

객이었던 것이다.

다시 말해서 공수부대는 시민군의 교도소 습격을 저지하기 위해 교도소에 주둔한 것이 아니라 광주시민의 민주화항쟁 사실을 외부와 차단시키기 위해 교도소를 노루목으로 설정, 그 임무를 수행한 것이며 교도소는 단순히 자신들의 주둔 시설물로 이용한 것 뿐이다. 24일 광주교도소에 주둔해 있던 상기 공수부대는 비무장인 우리 수사관들에게 교도소를 넘기고 광주비행장으로 철수하던 도중 광산군 비아면과 광주시 경계부분인 광주 송암동 개방대학 뒷산에서 보병학교 교도대원들과 혈전을 벌이게 된다.

계엄군의 쌍방교전 사건은 엄청난 파문을 불러왔고, 광주시를 불바다로 몰고갈 뻔했지만 이것은 나중에 설명하기로 하고 우선 치안 부재의 광주시가지로 이야기를 돌려보자.

광주가 시민군에게 장악된 뒤 계엄군의 '수복'을 원하는 여론이 적잖이 일었다. 광주의 소식이 차단된 상태에서 국민들은 불안감을 가졌고, 광주시민은 물자부족에 시달리게 되었다. 계엄군이 광주외곽을 차단하고 있었으므로 외부의 물자반입은 전혀 이루어지지 않았고, 광주 시내에서는 생필품은 물론 제반 물자의 품귀현상이 일어났다. 광주는 '고도孤島'가 되어버렸다.

이것이야말로 '위'에서 노리고 있던 점이 아니었을까. 일이 이렇게 흘러버렸으니 평정을 시켜야 되지 않겠느냐, 누구의 잘잘못을 따질 것 없이 국가는 누란累卵의 위기에 서버렸다. 강력한 위기처리 기구가 필요하다. 이런 분위기를 잡아갈 수 있게 된 것이다.

신념과 자유의지를 총과 칼로 무릎 꿇렸다. 불심검문에 걸린 학생이
진압군 앞에서 머리를 조아리고 있다. ⓒ나경택 (5·18기념재단 사진제공)

도청 진입작전에
투입

───────── 5월 27일 새벽 나는 서 과장으로부터 도청진입 명령을 받았다. 공수부대 '점프팀'을 따라 20사단이 들어가기 전에 먼저 도청에 들어가 '폭도'들이 남긴 서류를 확보하고 기자의 접근을 통제할 것, 사살자 중에 주요 인물 확인, 그리고 시체처리반으로 하여금 신속히 시체를 처리토록 하라는 것과 가톨릭센터와 YMCA도 들어가 불순유인물을 수색하여 확보해오라는 지시였다.

이에 앞서 'CAC'공병대 폭약처리 전문군속이 전남도청 지하실에 은밀히 침투하여 서 과장의 요구에 설득된 김창길의 소신 있는 도움으로 폭약뇌관을 완전 제거했다는 보고가 들어왔고, 26일 밤 10시에는 K-57비행장에 주둔해 있는 공수부대원에게 도청 내부의 구조도에 관한 브리핑이 있었다.

그럼 여기서 잠시, 전남도청 지하실에서 어떻게 폭약 뇌관을 완전히 제거할 수 있었는지, 그 과정에 대해 살펴보겠다.

5월 26일 광주 K-57 미군비행장 격납고 안에서는 몇 시간 후면 여명의 시각, 상무충정 평정작전(광주 재진입 평정작전)에 투입될 공수특전단 요원들은 도청 내 내부구조를 소상히 알고 있던 505보안부대 정보과 오상진 준위(평소 전남도청 담당)를 통해 작전대상지인 전남도청의 세부 구조도에 대한 설명을 들으며 주변 지세를 놓고 치밀한 작전계획을 세우고 있었다.

이윽고 오 준위의 브리핑이 끝나자 도청 전면이 아닌, 도청 후미에 위치한 전남도경道警 뒷담을 넘어 침투할 목적으로 평정대원을 안내할 인선작업에 나서고 있었다. 선무대장인 보안사 홍성률 대령과 505보안부대 정보과 외근요원 박기정 상사에 의해 전남도경 산하 정보경찰들로 구성된 안내길잡이들에 대한 인선작업을 서둘러 마쳤다.

도청 지하실에 있던 광산용 TNT 뇌관해체의 목적으로 투입된 CAC공병부대 폭약전문 처리요원인 배승일 문관으로부터 뇌관을 완전제거했다는 보고가 접수됨으로써 작전수립의 최종단계를 총 마무리했다.

하지만 모든 작전을 기획하고 조종 통제했던 보안사령부 광주 505 현지 보안부대는 이 시점에서 실로 경악할 실수를 저지르고 만다. 당시 작전의 주요 관건 중 하나는 성공적 작전임무를 위한 진압군의 피해가 전무해야 함을 최우선시했다. 그러한 맥락에서 시민군에 의해 도청 지하실에 방치된 TNT의 뇌관 완전제거 임무가 작전의 제1관심사였다지만 이들은 '뇌관 완전제거'라는 보고에

만 충족하고 환희했지 그 임무를 수행하는 과정에 동원된 시민군, 다시 말해 협조자들의 신병을 배려하는 그 어떠한 조치에는 관심을 두지 않았다.

이 같은 현상 하나만 봐도 당시 신군부 지휘부는 애당초 시민들의 생명 따위는 염두에 두지 않았음을 헤아릴 수 있다. 따지고 보면 애초 도청에 다량의 TNT가 있음을 계엄 당국에 알린 것도 김창길을 비롯한 시민군 문용동과 김영복 등이었으며(당시 협조자가 4~5명으로 기억됨) 이들의 협조하에 CAC공병대 폭약처리 전문군속이 안전하게 작업에 임할 수 있었다.

그리고 평정요원들이 작전에 안전하게 돌입할 수 있었던 것도, TNT 불출不出을 요구하며 폭약이 있는 지하실 문을 지키며 계엄군 진입을 막으려 했던 시민군 덕분이었다. 당시 도청의 상황은 공수부대원들이 특수임무를 막 끝내고 20사단 병력이 후속처리를 위해 서둘러 도청진입에 나서려는 시점이었다. 그때 나는 도청에서 작전임무를 수행하던 중 전남 합수부 부국장인 서의남 중령으로부터 무전기를 통해 이들의 생사여부를 확인하라는 추가 지시를 받았다.

27일 새벽, 진압작전이 막 완료된 도청에 투입되었다. 나는 시민군 지휘본부인 도청 서무과 사무실로 제일 먼저 뛰어들어갔다. 아수라장이었다. 창문에 M-16을 맞은 시체가 처참하게 걸쳐 있었다. 서류는 보이지 않았다. 2층 도지사 사무실을 거쳐 이곳저곳을 뒤지는데 어느 방에선가 캐비닛 뒤에 시체 2구가 서로 엉킨 채 쓰러져 있었다. 최후까지 항전하다 쓰러진 시민군의 모습이었다.

도청 뒤쪽에 위치한 전남도경 쪽으로 향했다. 마당에 여나믄 정도의 관이 널려 있었는데 악취가 진동했다. 관 하나에 시체가 2구씩 들어가 있는 모습이 열린 뚜껑 사이로 보였다. 서무과 뒤뜰로 돌아가니 여기저기에 쓰러져 죽은 시민군 모습이 눈에 띄었다.

도청 뒤(도경 앞) 희미한 어둠 속에서 시체 한 구가 눈에 들어왔다. 아차, 하는 마음과 부디, 라는 간절함과 초조함이 그 순간, 온 마음을 뒤덮었다. 그 사체는 다름아닌, 상무대 군軍교회의 전도사였던 문용동이었다. 총알이 몸의 옆구리 부분을 관통하여 사살된 그의 시신을 보자 사지에서 맥이 빠져나가는 듯한 오한을 느꼈다 (당시 시신이 발견되지 않은 김영복은 체포되어 생존한 것으로 20사단 보안 부대원이 보고함). 시민군들을 사전작전 지역에서 벗어나게 하라, 언질만 주었어도 이렇게 무참히 죽임을 당하지 않았을 것을. 단지 지휘부의 '보안유지'라는 명분의 희생물이 된 이들에게 죄의식을 느낌과 동시에 군지휘부의 냉혹함에 환멸이 느껴지는 순간이었다. 문용동을 비롯 시민군들은 당시 보안부대 프락치가 아닌 광주민들의 생명을 자신의 목숨과 맞바꾼 의인義人들이며 대의大義를 앞세운 의로운 협조자들이었다.

그 무렵 20사단 병력이 주둔했고 체포한 폭도를 관리(등에 붉은 글씨로 체포 당시 위치와 죄명을 기록했음)하던 공수대원들은 바람같이 자취를 감추어버렸다.

도청에서 나와 가톨릭센터 쪽으로 가기 위해 대기시켜 놓은 차를 타려는데 어디선가 나를 향해 카메라의 플래시가 터졌다. 순간 앞을 막아선 UPI 통신완장을 팔에 두른 한국인 기자가 내 시선에 들어왔다. 나는 그를 권총으로 위협하며 카메라를 빼앗아 땅바닥에 내팽개쳐버리고 장화로 짓이겨버렸다. 아직도 어스름한 어둠이 짙게 깔려 있었다.

이 무렵 후임 전남지사를 거쳐 건설부장관이 되었지만 보안사 이상재 준위의 전화를 불손하게 받은 사건으로 빛을 못 본 김○○ 예비역 소장이 거드름을 피우며 현장에 임한다.

한편 이 시간에 다른 보안대 수사요원은 광주외곽 요소요소에서 시내를 벗어나려는 사태가담자 색출작업을 하고 있었다.

홍남순 변호사 및 일가족이 이종남(폭도 3반 수사관)에 의해 송정리 검문소에서 체포된 것도 이날 아침이며, 이기홍 변호사가 폭도로 분류되어 전교사 헌병대 연병장에서 공수대원들이 내려치는 곤봉세례를 받은 것도 이날 아침이었다. 그리고 국보위 설치결의 안을 전두환이 최규하 대통령한테 결재받은 날도 이날이었다.

남편 때문에 피난 가는
보안대원 부인들

─────────── 딸 7자매를 7공주라 했던가! 딸만 다섯인 이 수사관은 결사적으로 아들을 보기 위해 부인에게 '이번 한 번만'을 시도했다. 부인은 '한 번만'이라는 남편의 감언이설에 넘어가 여자로서의 의무감이 상응, 만삭이 된 배를 쓸어안고 밤 늦도록 주민들이 웅성거리는, 부대에서 5백 미터 지척거리에 있는 집앞 골목 어귀를 서성였다. 남편은 벌써 일주일이 넘도록 집에 들어오지도 않고 전화 한 통 없다. 이제는 야속하기는커녕 체념으로 가슴을 달래며 부인은 하염없이 집부근을 서성거리고 있었다.

그때 갑자기 군용지프에서 총을 들고 내리는 머리에 흰 띠를 두른 시민군의 모습이 보였다. 그 중 한 명이 다급히 물었다.

"아짐씨! 이 근처에 혹시 보안대 새끼들 집이 어딘지 모르요?"

귓가에 누군가 묻는 소리가 들렸다고 느끼는 순간, 마치 이들의 질문을 기다리고 있었다는 듯 이웃 아낙네가 이집저집 손짓하는 모습이 보였고, 그 자리에서 이 수사관 부인은 까무러칠 뻔했다.

뜬눈으로 밤을 밝힌 그녀는 이튿날 새벽, 만삭의 몸을 돌보지 않고 초등학교 6학년인 큰딸을 앞세우고 막내는 등에 업은 채 딸 다섯을 데리고 친정인 무안 몽탄을 향해 피난길을 재촉했다. 국도를 피해 산길을 택한 걸음은 더디기만 했다. 함평 나산 어느 산골 외딴집의 불빛을 바라보았을 때 비로소 어둠 속 외딴 산길을 자신들이 걷고 있다는 것을 알았다.

오천 원짜리 지폐 한 장이 건네진 다음에야 비로소 식은 밥상을 차려주는 산골아낙의 고약한 인심을 타박하기에는 어른이나 아이나 너무 허기져 있었다. 5일 만에 친정집에 도착한 이 수사관 부인은 심한 고열과 진통 속에 하혈을 했다. 유산을 했던 것이다.

목포 분견대 군용전화를 통해 이 소식을 전해 들은 이 수사관은 평소 연기도 맡기 싫어하던 담배를 입에 물고 허공에 길게 연기를 내뿜었다. 그리고 잠시 후 그는 혼자 독백처럼 중얼거렸다.

"그놈이 틀림없이 고추였을 텐데……."

유산된 아들을 아쉬워하고 있었다.

고문에 의해 조작되는
'끼워맞추기'식 수사

────────── 광주가 '진압'된 뒤 사태를 처리하기 위한 수사 국이 긴급 편성되었다. 보안대를 중심으로 중앙정보부, 검찰, 육 군범죄수사단, 헌병 등의 수사요원 80여 명이 당일인 27일 자신 들의 근무지에서 곧바로 헬기에 의해 505보안대로 전국 각지에서 투입되었다.

며칠 전 수사국장은 19일부터 서울과 광주를 왕래하며 광주상황 을 분석하여 작전지휘관을 조종하던 보안사 기획조정처장에 최예섭 준장, 부국장에 최경조 대령(최준장에 이어 제2대 수사국장이 됨), 서 과장 (최경조 대령이 국장이 되자 부국장이 됨), 고문검사로는 광주지검 김사열, 임 모(성명 미상) 공안검사 등 3개과 1개반으로 직제가 편성되었다.

1과는 재야인사들을 수사하는 재야반, 2과는 학생을 수사하는 학생반, 3과는 일반폭도들을 수사 담당하는 폭도반으로 분류되 고, 그밖에 국보위 및 보안사령부나 나중에는 청와대 지시사항 등 특수임무를 수행하고 수사 전담하던 특명수사반이 있었는데 나는 바로 이 특명수사반의 중추적 요원이었다.

특명반원들은 대부분 조서작성 등 수사심문 기술이 뛰어난 육군범죄수사단 요원들로 구성되어 있었으며 전남도에서 차출된 무술경관들이 이들을 보조했다. 보안대원은 유일하게 나 혼자였으며 수사 하명이 떨어지면 신병확보 단계인 초기에서 마무리되는 순간까지 전반적인 기획조정 통제가 내 선에서 이루어졌다.

내가 이러한 중요 직위에 오르게 된 배경은 당시 나의 활동역량이 인정된 것도 하나의 이유가 되겠으나 앞서도 말했지만 이학봉을 비롯한 '실세계열'의 총애(?)를 받는 자라는 추측이 그렇게 만든 것이며 광주사태 진행과정의 중요한 사안에도 접근하게 한 것이다. 이러한 연유로 광주항쟁 발발 이전이나 과정 중에도 어렴풋하게 느낀 사실이지만, 나는 광주사태 처리수사국 특명반 요원으로서 수사 체계도를 작성하는 과정, 그리고 이 무렵 태어난 국보위의 지시를 수행하는 과정에서 점차 광주항쟁이 계획된 시나리오에 의한 것이라는 심증을 굳히게 되었다.

수사과정에서 가장 신경을 쓴 대목은 김대중 씨와 범죄사실을 연계시키는 것이었다. 처음에는 광주에서 영향력이 큰 남동성당 김성용 신부를 재야수괴로 정했으나 김 신부가 광주를 탈출해 미검거 상태였기 때문에 사태수습 위원이던 홍남순 변호사를 수괴로 만들었다. 학생수괴로는 확대계엄 당일 체포된 전남대 복학생 정동년 씨, 폭도수괴로는 시민군대장 김종배 씨로 정했으며 윤석루, 박남선 등은 그의 하수 극렬가담 불량배로 정했다.

이런 형태로 틀을 정한 후 짜맞추기식 수사가 진행되는 과정에서 관련자들에 대한 무자비한 고문이 가해졌다. 홍남순 씨는 내가 담당하지는 않았지만 수괴로 지목된 자라 주의 깊게 살펴보았는데 말 그대로 혹독한 고문이 가해졌다.

홍 변호사에게 몽둥이질과 회유를 번갈아가면서 하여 겨우겨우 '틀'을 맞추어놨는데, 군검찰에 넘어간 뒤 진술을 번복하는 바람에 다시 수사국으로 넘어왔다. 공소유지가 도무지 안 된다는 것이었다. 홍 변호사가 되돌아왔다는 이야기를 들은 나는 슬며시 지하조사실로 가보았는데 파김치가 된 그는 담당수사관이 작성해준 자필진술서를 보고 그대로 베끼고 있었다. 같은 수사관 입장이었지만 너무 한다 싶었다. 탈진한 홍 변호사의 허탈한 표정이 지금도 눈에 선하다.

당시 서 과장은 전교사 보통군법회의인 군재판부의 공판이 진행되지도 않은 상태인데 파견된 공안검사 및 CAC군검찰관인 임휘운 검사의 조언을 받아 재판에 기소된 사태가담자 중 수사체계도 선상에 등재된 중요인물에 대한 형량을 확정한, 16절지에 타이핑 된 쪽지를 들고 다녔으며 재판관에게 그대로 형량을 선고토록 조종하였음은 물론, 자신이 이 정도로 막강한 권력에 위치해 있음을 과시하기 위해 우리들에게도 그 쪽지를 보여준 바 있다.

그때 나는 홍 변호사가 '내란수괴'라는 범죄행위로 기소되어 틀림없이 사형이 선고될 것이고 더욱이 '시범 케이스'로 '수괴는 사형시킨다'는 여론도 있고 하여 그가 사형되는 것으로 단정하고 비장한 각오와 함께 그를 구명救命하기로 작정하고 서 과장에게 난생처음 '아부'하기로 마음먹고 그를 K-57미군식당으로 점심초대를 했다.

그리고 홍 변호사는 사실 범죄사실이 없는 자이므로 '부디 사형만은 당하지 않도록 해달라'고 부탁한 뒤, 당시 여운환이란 광주의 후배로부터 부탁받은 윤석루에 대해서도 역시 '사형'만은 면하게 해달라고 부탁했다. 평소 자신을 '과장님'이 아닌 '부국장님'으로 호칭해달라고 수회에 걸쳐 애원하다시피 요구했지만 줄기차게 '과장'으로 호칭하던 나는 이참에 '부국장님'이란 호칭을 자주 사용했다. 그는 몹시 흡족해하며 흥분된 탓인지 자신도 모르게 극비사항의 말이 입에서 새어나왔다.

"이건 자네 혼자만 알고 있어" 라는 전제와 함께 "사실은 광주사태를 내란 성격으로 유지하기 위해 법에 명시된 대로 사형선고를 하려고 하는 것이지 실제로 이들을 사형집행까지 하려고 하는 것은 아니야! 아마 곧 석방될 거야. 이게 바로 정치라는 것 아니겠어?"

이렇게 말하는 것 아닌가! 나는 당시 서 과장의 이 말에 아연실색하고 말았다. 그때까지 심증만 가지고 있던 사실이 현실로 확인된 것이다. 평소 말이 많고 행동이 가벼운 서 과장은 '부국장님!'이라고 떠받드는 나의 서툰 아부에 그만 넘어가 말해서는 결코 안될 '광주사태가 사전 결정된 시나리오'였음을 결정적으로 발설하고 만 것이다. 수사관들은 서 과장의 이런 계획된 의중도 알지 못한 채 공판일에는 피고인이 범죄사실을 시인하도록 법정 주변에서 대기하며 분위기를 잡아갔던 것이다.

도청 독침사건의
진실

————————— 광주사태가 진행되는 과정에서 어처구니없는 일들이 많이 발생했다. 그 가운데 시민군 지휘본부 화장실에서 발생한 독침사건의 주범 장계범에 대한 사례가 대표적이다. 서 과장은 독침사건 수사를 지시하는 대신 장계범이 분명히 사태 가담자였음에도 그의 신변을 보호하도록 지시했다.

장계범은 말하자면 서 과장이 시민군에 침투시킨 '프락치'였던 것이다. 장계범 독침사건을 상세히 살펴볼 필요가 있을 것 같다. 25일 오전 8시 30분경 도청 내부를 떠들썩하게 만든 소위 '독침사건'이 발생했다.

이날은 일요일이었다. 도청에서 소변을 보고 나오던 자칭 시민군 특공대장 장계범(24세, 광주시 황금동 186)이 20대 괴한에게 독침으로 등이 찔려 쓰러졌고 장계범과 같은 특공대원인 정향규(본명 정형규, 23세)가 그의 등을 입으로 빨아주다 독침에서 번진 독에 중

독되자 시민군들이 그 2명을 전남대부속병원에 입원시켰으며, 그 후 장계범 외 1명은 결과를 알아보기 위해 시민군이 다시 병원에 갔을 때는 행방불명 상태였다는 것이 당시 독침사건의 개요였다.

우리 수사관들이 그 사건 소식을 들었을 때는 너나 할 것 없이 깜짝 놀랐다. 독침을 사용했다는 것은 분명 '북괴간첩이 침투했다'는 것을 입증하기 때문이었다. 당시 광주 시내가 아무리 시민군 장악권 내에 있었다고 하지만 간첩이 출현했다는 확증이 없는 이상 통상적으로 우리 방첩기관은 어떤 불리한 상황이라도 문제 삼지 않는 것이 통례이다. 엄청난 위험부담을 안고서도 간첩색출의 대공임무를 수행한 사례가 허다했다. 그런데도 서 중령은 당시 독침을 사용한 간첩을 체포하러 가겠다는 우리들의 주장을 묵살했다.

'이미 계엄군에 의해 체포되었다'는 것이 우리를 제지하는 이유였다. 그리고 나서 나는 바쁜 와중에 그 사건을 그만 까맣게 잊고 있었는데 도청이 평정되고 난 며칠 후 서 과장이 내가 있는 특명반 수사실로 친히 찾아와 문밖에서 나를 한쪽으로 은밀히 불러내었다. 그때 서 과장은 동행한 청년 3명을 나에게 소개하며 말했다.

"이들은 우리 업무에 협조해서 공을 세운 자들이니 남의 눈에 띄지 않게 신병을 잘 보호하라."

그들이 누구냐고 내가 묻자 '독침사건의 당사자인 장계범'과 '학생 수습위원장을 한 김창길'이라고 했다. 그리고 나머지 한 명은 장계범이 독침을 맞았을 때 '상처부위를 빨아준 자'라고 웃으며 말했다. 나는 하도 어이가 없어 멍하니 서 과장과 그들을 번갈아 쳐다보기만 했을 뿐이다. 서 과장이 이들을 나에게 넘긴 후 자리를 뜨고 나서 한참 후에야 나는 장계범에게 말을 걸었다.

"야! 너 누구 지시를 받고 그따위 짓을 했어?"

장계범은 그저 씩, 웃을 뿐 대답을 하지 않았다. 그는 당시 내가 자신의 독침사건 내막을 사전에 알고 있는 줄 알았던 모양이다.

"독침 맞은 데는 괜찮아?"

"그저 이걸로 조금 찔렀을 뿐인데요 뭐……."

하며 호주머니에서 독침이라는 것을 꺼내 보였다.

'모나미 볼펜' 대에 나무를 박고 끝에 바늘을 꽂아 만든 조잡스런 독침이었다. 나는 그가 내미는 그 독침이라는 물건을 보고 픽 웃고 말았다.

"야, 경비병. 이놈들을 너네들 내무반에 수용해."

나는 더이상 그 친구들을 상대할 필요가 없다고 생각하고 근처에 있던 경비사병을 불러 그들을 데려가도록 했다. 서 과장이 나한테도 알리지 않고 이런 유치한 모사를 한 것이 괘씸했다.

이것이 바로 그 유명한 독침사건의 전모이다. 그러나 당시에는 느끼지 못했으나 후일 나는 김창길이란 청년에 대해 다시 한번 생각해볼 기회가 있었다.

당시 김창길은 내무반에 수용되었을 때 먼저 수용 중이던 전남대 교수들과 같이 있었던 바, 자신이 계엄군에 협조한 경위 및 동기를 설명하였던 것이다. 그후 김창길의 심경을 이해한 명노근 교수가 그의 입장을 나에게 설명한 바 있다. 아무튼 김창길의 당시 행위는 프락치라는 범위를 벗어난 의로운 행동이었으므로 독자들도 이해하기 바란다.

또 5월 29일에는 정동년 씨가 숙박했다고 내세우는 '알리바이'를 없애버리기 위해 그가 숙박한 사실이 있는 완도읍 모 여인숙의 숙박부를 찢어버리고 변조했다. 후일 그의 알리바이가 성립되면 혐의가 없어지기 때문에 조작한 것이다.

수사의 골격은 이미 잡혀 있었다. 그 체계에 맞추어 적당한 인물들을 묶어넣으면 됐다. 이런 식의 수사가 그해 8월 29일 수사국이 공식으로 해체될 때까지 계속되었다. 사태 가담자들은 내란국사범으로 치안본부 컴퓨터에 입력되었다. 이 작업이 수사단의 마지막 업무처리였다.

박철웅 조선대 총장을
체포하라

───────── 중앙 수사국에서는 광주사태에 가담한 자들을 내란국사범으로 모는 끼워맞추기식 수사에 전념하는 한편, 특명 수사반에서는 이른바 '권력형 부조리'를 척결하라는 국보위의 지시에 따라 조선대총장 박철웅 씨와 교직원 일동, 그리고 모 중견 기업인을 연행해 재산의 일부를 몰수했다. 서슬 퍼런 권력의 칼날이 마구 휘둘러지던 때였다. 특명반의 이름으로 못할 일이 없었다.

광주사태가 평정되고 한참 후인 어느 날이었다. 국보위로부터 모 중견기업인 부자를 연행하여 '권력형 부조리' 대상으로 수사하라는 지시가 떨어졌다. 급히 소재를 확인해보니 당시 아버지는 서울에 있고 아들은 광주에 체류 중인 것으로 확인되었다.

나는 2명의 수사관을 차에 태우고 그 기업체로 향했다. 우리 수사관 일행이 탄 승용차가 가톨릭센터 앞을 지날 때 문득 '광주는 좁은 곳'이라는 생각이 들었다.

차를 도청앞 분수대에서 돌려 가톨릭센터 6층에 있는 평소 나와는 호형호제하는 사이인 광주 신양개발 대표이사 정덕력 씨 사무실을 찾았다. 정 이사는 당시 관광여행사를 비롯해 건축업 등을 하고 있던 광주의 중견 실업가였다. 한편 내가 연행하려는 기업체 김종태 사장과 정 이사는 선후배 지간임을 사전에 익히 알고 있던 터였다.

정덕력 씨는 모처럼 찾아간 나를 반갑게 맞았다. 서로 그간의 안부를 묻고 나서 나는 찾아간 용무를 얘기했다.

"명색이 그 사람도 지방유지인데 직원들이 보는 앞에서 연행하려니 뭐하고 해서 형님을 찾아왔습니다."

이렇게 말하며 그를 이곳으로 자연스럽게 불러주었으면 좋겠다고 하자 정덕력 씨는 "잘 생각했다"며 일단 내가 취한 행동에 동의한 뒤 "사람을 보내 이리로 모셔올 테니 점잖게 모셔가도록 하라."고 말했다.

내가 정덕력 씨를 사전 방문한 것도 그런 방법을 택하기 위한 것이었다. 그러나 약 1시간 정도 기다린 후에 나타난 것은 내가 연행하려던 김종태 사장이 아니라 그 밑에서 일하는 전무였다. 순간 평소 나의 성격을 잘 알고 있던 정덕력 씨의 표정이 일그러지며 어쩔 줄 몰라했다. 이유야 어떻든 이쪽의 호의를 정면으로 무시한 것이었다.

"내가 수갑을 채우려는 사람은 당신이 아니라 당신 회사의 사장이요."

장시간의 기다림에 짜증이 나 있던 차에 전무를 보내는 그 자의 행위가 괘씸했던 것이다. 수사관들이 이미 방을 나서고 내가 정덕력 씨의 배웅을 받으며 엘리베이터 앞에 서 있을 때였다.

"특명 1호는 감 잡고 나와라."

나를 긴급 호출하는 무전기가 울렸다.

"고기는 낚았는가?"

사장을 체포했느냐는 물음이다.

"낚싯바늘을 바꾸고 잉어를 낚아라."

검거해야 할 대상자가 바뀐 것이다. 다시 정덕력 씨 사무실의 일반전화로 이를 확인해본 결과 '기업인 김종태 검거는 일단 뒤로 미루고 대상자를 조선대총장 박철웅 씨로 바꾸라'는 것이었다. 대학의 총장을 연행하려면 최소한의 예의는 갖추어야 한다. 모처럼 집에 들어가 삼복더위인데도 불구하고 양복에 넥타이를 맨 정장 차림을 갖추었다.

그때 연행된 박철웅 씨 일가족 및 교직원일동은 삼복염천 더위에 보안대 지하실에서 근 보름 간 형언할 수 없는 곤욕을 치렀다. 박철웅 씨는 수사과정에서 입원을 했고 아들 박성섭은 애국자를 자칭하다가 '애국자면 애국가를 4절까지 불러보라'는 수사관들의 짓궂은 요구를 충족시키지 못해 곡괭이자루로 수없이 구타를 당하고 엉덩이뼈가 금이 가는 중상을 입은데다 정신분열 발작까지 일으키는 참상을 당한 후 재산 전부를 학교법인에 편입하는 데

동의했다.

그외 학원가도 특명반에서 한 차례 '정리'했다. 전남대 민준식 총장 및 김동원, 이방기, 명노근 교수 등 수십 명을 사태의 배후세력으로 지목하고, 평소 껄끄럽게 생각해온 이들에게 강제로 사표를 받은 뒤 거리로 내쫓았다.

삼청교육 및 공무원 숙정작업에도 깊이 관여했다. 무소불위의 힘 앞에 나는 깊숙이 빠져들고 있었다. 당시 국보위에서는 전남도에 전모 대령을 파견하여 행정전반을 지휘 감독했다. 앞으로 기회가 주어진다면 나는 이때의 기록을 숨김없이 말하고 싶다.

광주시는 계엄군 쌍방교전으로 불바다가 될 뻔했다

──────── 1980년 5월 24일 14:00경 장소는 광주시 송암동 소재 광주 개방대학 뒷산!

도시 외곽봉쇄 임무를 마치고 광주비행장으로 철수하는 공수 11여단은 APC장갑차를 앞세우고 간선도로를 따라 전진하고 있었다. 그때 갑자기 도로변 매복지로부터 대전차 화기인 90밀리 무반동총이 공수부대 APC를 목표로 사격을 가해왔다. 정체를 알 수 없는 강력한 화력이 정면으로 기습을 한 것이다.

상대는 M-16소총 사격과 함께 수류탄까지 투척해왔다. 공수대원 병력은 즉시 선두 APC를 버리고 도로변으로 흩어져 응사했다. 순식간에 9명이 사망하고 40여 명이 부상당했다. 선두 장갑차와 트럭 4대가 90밀리 대 전차포를 맞고 고철로 변해버렸다. 공수부대 현지지휘관은 상대의 화기와 공격 '스크램'으로 보아 일반폭도는 아니라고 단정했다. 하지만 지금은 우선 상대를 제압하는 것이 급선무였다.

낮 2시! 조명탄이 필요없는 밝은 대낮이었다. 이미 한 시간여 쌍방교전을 했던 것이다. 얼핏 상대가 철모를 쓴 병사들이라는 걸 알았다. 계속 불을 뿜는 90밀리 무반동총을 쏘아대던 사수가 민첩한 공수부대 저격병에 의해 쓰러지며 총성이 멈추었다. 상대는 역시 광주민주화 항쟁이 외부로 확산되는 것을 봉쇄하는 임무를 띠고 있던 중령을 지휘관으로 한 광주보병학교 교도대 요원들이었던 것이다.

교전급보를 접한 보안사는 그렇지 않아도 광주지역 기관장들은 물론이고 경찰들까지 시민군에 동조하는 낌새가 있었고 보안대장을 포함한 현지 군부대 지휘관마저도 이런 점을 염려해서 교체했던 것인데, 드디어 올 것이 오고야 말았구나 하고 생각했다. 현지 군부대가 반란을 획책한 것으로 단정했던 것이다.

이재우 대령 후임인 505보안부대 박동준 대령은 급히 대원을 현지에 급파하여 진상조사를 시작했다. 505보안부대 보안과장 이상의 중령은 제정신이 아니었다. 수 시간 경과 후 사건의 발단은 전투경험이 전연 없는 보병학교 교도대대장의 오인誤認에 의한 쌍방교전으로 확인되었다.

하지만 서울에서는 미심쩍어했다. 여순반란사건 때처럼 광주 현지에 있는 '부대 반란'으로 판단했던 것이다. 실로 이에 대처하는 방법을 생각하면 위기일발의 순간이라 아니할 수 없다. 다음날 진상조사 및 현지확인을 위해 보안사령부 대공처장 이학봉 대령이 광주에 내려왔다. 정확한 것을 직접 눈으로 확인해야 안심이 되겠다는 조치였다.

사건은 일단락되었다. 이 일로 덕을 본 것은 우리 수사관들뿐이었다. 대공처장 이학봉 대령은 사태를 확인하고 나서 상경 전 수사관들에게 거금의 수사비를 뿌리고 갔던 것이다. 여순반란사건과는 다른 상황이었음을 개인적으로 긴급히 확인 보고한 나에게 이학봉은 은밀히 돈 1백 만원이 든 봉투로 치하를 대신했다.

후일 총무처는 의미 없이 숨져간 당시 공수부대원들에게 '폭도와 교전 중 장렬하게 전사'라는 공적 조서와 함께 전사자 9명 전원을 일계급 특진시키고 훈장을 추서했다. 웃지 못할 비극 중의 희극이라 아니할 수 없다.

빼앗긴 원고,
보안사에 납치 …
양심선언

은둔의 밤
전두환·
노태우에게
고하는 글

1988년 12월 6일 평민당사에서 '광주사태 사전 조작 및 발포
책임자는 전두환 당시 보안사령관'이라며 가해자로서 최초의
'양심선언'을 하고 있는 저자 허장환.

PART **3**

사격(발포) 명령은
누가 내렸는가?

─────────── 나는 이 글을 쓰기 전 마음속에 일고 있는 갈등과 수없이 싸웠다. 내용 자체가 가공인물이 등장하는 소설도 아니요, 그렇다고 수십 년 전에 발생했던 사건도 아니다. 아직도 그때의 상처로 인해 병원 침상에 누워 있는 사람도 있고 현장을 목격한 사람도 있다. 심지어 이 글에 등장하는 인물이 실존해 있기도 하다. 특히 그들 중 일부는 아직도 공직에 근무하고 있다.

이 글이 세상에 나오는 날, 그 중에는 나를 원망 내지는 명예훼손으로 고소하여 법정에서 만날지도 모르고 나 자신은 '공무 중 지득한 내용은 여하한 경우에도 발설치 않아야 하며 발설 시는 관계법에 의해 처벌도 감수해야 한다'는 것도 알고 있다. 더욱이 보안부대가 민간인 수사를 할 수 있는 유일한 명목이 그 무서운 '군기보호법'이란 것도 알고 있다. 그러나 나는 앞서도 말했듯이 진실된 것을 행하려는 그리고 영원히 진실 속에 살고 싶은 소명감에서 이 글을 쓰고 있음을 분명히 했다.

이 글을 쓴 후 나에게 어떤 불리한 환경이 주어지더라도 펜을 든 이상 그리고 민주주의를 갈망하는, 80년 사태를 지켜본 광주시민이 나를 지켜보는 한 사실 그대로를 기록하리라고 글을 쓰기 전 주님 앞에 기도했었다.

한편으로는 우리 민족사에 두 번 다시 이러한 오류가 재연되어서는 안 될 것이며, 특히 온 국민이 화합 단결하여 선진 민주조국 창조에 매진해도 시원치 않을 현 시점에서 광주문제에 대한 확실한 규명 없이는 계속적인 불신과 불화의 씨앗이 되겠기에 거듭 이 글의 정확성을 기하려고 했다.

우리는 지난 과오를 은닉하고 은폐하는 졸렬함보다는 과오를 반성하는 조용한 슬기로움을 택해야 할 것이다. 그런 뜻에서 뒷장에서 피력한 가시적 현상으로 광주민중항쟁을 결론 맺을 것이 아니라 가장 원초적인 '사전 조작의 필요성', 다시 말해 광주사태라는 민족의 비극사를 초래하면서까지 그러한 사건을 유발한 정치적 배경과 목적 등을 우리의 후손들에게 바르게 알려야 하겠다.

"세상에 까발려서 좋을 게 무엇이 있느냐?"

청문회에 나온 어느 여권 국회의원의 말도 일리 있는 표현이다. 하지만 이 세상에 자기 아빠와 엄마만큼 순결하고 근엄한 존경의 대상이 없다고 믿던 어린아이가, 어느 날 부부행위를 하는 부모를 봤다고 가정했을 때 그 아이의 실망은 말로 형언할 수 없을 것이다.

여기까지는 광주문제를 이쯤에서 덮어두자는 그 국회의원의 지론과 상치하는 현상이다. 그렇다고 해서 그 어린애가 성년이 되었을 때 부부의 행위를 모르고 일생을 마칠까 상상해보라? 더욱이 부모의 행위를 보고 자칫 비뚤어진 방향으로 성장할 수도 있는 것 아닌가. 올바른 성교육만이 이를 예방할 수 있을 것이다.

'죄는 한 번으로 족하다. 두 번 짓는 일은 없어야 하겠다'는 신념 하에 지난 1988년 12월 6일 평민당사에서 가진 나의 기자회견 전문을 이 대목에서 인용해보기로 하겠다. 우리 모두 영원한 진실과 접할 수 있는 역사의 증언이라고 판단하면서…….

1988년 12월 6일 평민당사에서 가진 기자회견 전문

저는 지난 1980년 5월 19일 광주사태 당시 계엄업무를 기획 조종 통제하는 실질적인 지휘본부였던 보안사 광주지구 제505보안부대 즉 계엄사 전남합동수사단 광주사태처리 수사국의 핵심부서인 특명반 수사관으로 재직한 바 있는 허장환입니다.

광주민주항쟁 당시 시민군 상황실장이었던 박남선 씨는 지난 1988년 9월 4일 저를 비롯한 전두환, 최세창 등 9명을 살인 및 살인미수죄로 광주지검에 제소한 바 있습니다.

오늘 제가 국민 앞에 광주사태의 실상을 공개하게 된 중요한 배경과 의미는 중학교 3학년에 다니는 제 아들이 앞서 말씀드린 고소내용이 보도된 신문을 보고난 후 당시 광주사태의 배경과 그 당시 아버지의 역할, 그리고 그에 대한 역사적 평가 등에 대해 물어왔습니다.

저는 상명하복만이 요구되었던 당시 저의 입장과 정의를 알려고 하는 아들의 아버지로서 평소 자식에게만은 역사적으로 죄인이 되지 않는 길을 택하려는 양면된 입장으로 그동안 고뇌와 번민을 거듭해왔습니다.

그러나 저는 광주민주화항쟁 당시 숨겨간 수많은 민주열사들의 영혼 앞에 조금이라도 사죄하고 더욱이 어린 아들의 세대에서마저 민족의 죄인이라는 오명을 남기지 않는 길은 오직 정권찬탈을 위해 수단과 방법을 가리지 않았던 전두환 보안사령관의 친위대원이었던 저 같은 사람이 모든 진실을 국민 앞에 공개하는 길밖에 없다는 판단을 하기에 이르렀습니다.

증언에 앞서 저는 먼저 5·18 광주민주화운동 당시 목숨보다 소중한 민주주의를 쟁취하기 위해 산화한 수많은 민주시민들과 의미 없이 숨겨간 공수대원들의 영령 앞에 조용히 옷깃을 여미고 그들의 명복을 빌고 그분들의 유가족과 아직도 그날의 고통에서 벗어나지 못하고 신음하는 광주시민들, 그리고 505보안부대에서 저를 비롯한 수사관들로부터 잔혹한 고문수사를 받은 분들에게 엎드려 사죄의 말씀을 드립니다.

그럼 지금부터 편의상 사태발발 전, 사태발발 후 그리고 평정 후 수사과정과 결론, 참고사항 순으로 세분하여 말씀드리겠습니다.

먼저 사태발발 전 사항으로 광주사태가 외부세력, 즉 김대중 씨가 조종하여 발생하였는가? 아니면 김대중 씨를 광주사태 배후조종 세력으로 조작하여 광주사태를 사전계획하고 이를 구체화시켜 실행한 것인가 하는 문제에 대해 말씀드리겠습니다.

㉮ 1980.5.17 국방부 기밀실에서 확대계엄을 위한 전군주요 지휘관 회의가 열리기 하루 전인 80.5.16 보안사령부에서 대공처장 이학봉 대령에 의해 긴급 소집된 전국보안부대 수사대공과장 회의에 참석하고 귀광歸光한 광주 505보안부대 대공과장 서의남 중령은 80.5.17 17:00경 광주보안부대 1층 대공과장실에서 저를 비롯한 수사관 8명에게 다음과 같은 요지의 사령부 지침을 하달한 바 있습니다.

1. '이번 확대계엄은 광주에 한한다고 해도 과언은 아니다' 라는 전제와 함께 1980년 5월 17일 0시를 기해

제주도를 비롯한 전국에 확대계엄을 실시한다.

2. 확대계엄을 실시하는 목적은 용공분자인 김대중 자신이 대통령이 되려고 여러 가지 방법을 모색하였지만 정상적인 방법으로는 불가함을 깨닫고 변칙수단을 강구하여 민중폭동으로 혁명을 꾀하려고 하기 때문이다.

3. 더욱이 문제학생들로 구성된 전국학생연맹 대학생들이 이화여대에 모여 22일을 기해 전국에 4·19와 같은 데모를 일으키려고 모의한 바 있다. 여기에 전남대학생들이 참석했으며 이들이 광주에 내려와 김대중의 지령대로 광주를 중점으로 폭동을 일으키려 하고 있다는 정보를 사령부에서 입수했다.

4. 김대중 씨는 이들에게 벌써 폭동에 필요한 자금도 주었다고 한다는 등의 내용이었습니다. 그리고 서의남 중령은 사령부에서 가지고온 예비검속자 명단을 보이면서 김대중 자택 방문자 기록 및 출입자의 사진도 입수하였다고 말하면서 검거대상자 전원을 계엄확대를 알리는 새벽방송이 나가기 전까지 체포할 것을 명령하였습니다.

🎯 서의남 중령은 사령부 지침을 하달하고 나서 목포지역에

장기간 근무하여 김대중 씨의 인적 자원에 대해 잘 알고 있는 저에게 목포, 여수, 순천 등 분견대에 지시하여 김대중 추종인물을 일망타진토록 하라고 지시하였습니다. 당시 목포 분견대에서는 박정희 대통령 집권 시부터 K·T 동향을 정기적으로 보고하였습니다.

이때 서의남 중령은 재야인사 및 학생 등 김대중 추종세력은 이번 기회에 씨를 말려야 한다는 말을 하며 505 수사병력만으로는 부족하니까 경찰도 동원해야 했다고 하며 전남도경을 비롯한 광주 및 서광주경찰서 등에서 기히 합수단에 파견근무하던 인원 외 각 10명씩 30여 명의 경찰 수사요원을 당일 밤 지원받은 바 있습니다.

그리고 나서 21:00경 서의남 중령은 검거자 명단을 수사관에게 할당하는 자리에서 제가 "그럼 김대중이도 오늘밤 체포되겠군요?"라고 말하자 서의남 중령은 "사령부에서 지금 이 시간쯤에 아마 검거했을 거야!"라고 대답하였는 바 서의남 중령의 무심코 뱉은 이 말이 후일 광주사태가 사전 조작이라는 중요한 단서가 되는 발언이었음을 당시 제 자신도 깨닫지 못했습니다.

그리고 나서 예비검속에 앞서 저는 서의남 중령으로부터 전남대와 조선대에 지금 이 시간에 주둔하고 있을 공수부대에 가서 공수부대를 담당하는 보안부대원을 찾아 명령보고 계통을 505로 하도록 지시한 후 대학 내 도서관 등에 있는 학생들을 공수부대와 협조, 체포하고 이들 중에 예비검속 대상자를 색출토록 하라는 지시를 받고 23:00경 조선대에 임해본즉 공수부대원들이 이동을 마치고 일부는 야영준비를 하고 있었으며 일부는 대학 내를 수색하고 있었습니다.

다 다음은 사태발발 후 과정에 대해 말씀드리겠습니다.

확대계엄이 실시된 1980년 5월 18일 오후에 보안사령부 대공과장 홍성률 중령이 자신들이 구상하고 실행했던 광주사태의 진행과정을 확인키 위해 사태감독관이란 직책으로 내려와 5월 20일 저녁에 상경한 바 있으며, 광주사태 투입병력의 최고지휘관인 정호용 특전사령관은 사태 진행 과정에서 서울과 광주를 수시로 왕래하면서 505보안부대장 및 최세창, 신우식, 최웅 준장 등 예하부대장과 빈번히 접촉하며 작전상황을 수시로 보고받고 지시한 적이 있던 중 5월 21일 서울에서 전두환 보안사령관이 직접 광주 K-57비행장에 도착, 상무대 전투병과 교육사령부에서 사태진행 과정에 대한 브리핑을 받은 후 헬기로

광주일원을 살펴보고 상경한 후 전교사 기밀실에서 제
505보안부대장 이재우 대령, CAC사령관 윤흥정 중장,
공수특전사령관 정호용 소장, 11공수여단장 최웅 준장,
7공수여단장 신우식 준장, 3공수여단장 최세창 준장, 전
교사 부사령관 김기석 소장, 전교사참모장 장사복 준장
등 계엄관계관 회의가 개최되었는 바 이 회의석상에서
특전사령관 정호용 소장을 비롯한 예하 3개 공수여단장
들이 한결같이 '무기사용 여부로 회의를 질질 끌 것이 아
니라, 군의 자구책으로 자위력을 행사하는 것 아닌가' 라
는 회의결정이 있고 그후 저는 이러한 회의결정을 505보
안부대에서 사령부로 종합동향 보고하는 T·T전문대에서
자위력 구사결정 사전조치 발포, 계엄군 시외곽 철수 등
으로 된 내용을 확인한 바 있습니다.

그리고 그날 수사회의 과정에서 상기 505 대공과장 서
의남 중령은 "오늘 사령관님께서 부대에 들르시진 않았
지만 광주를 다녀가셨고 전교사 회의결과 역시 자위력
구사를 최종 결정했으니 폭도들에게는 곧 사살명령이 내
려질 것이다. 지금부터 외근하는 수사관들은 사복근무를
하고 있기 때문에 폭도로 오인받을 수가 있다. 특히 허
수사관은 특수임무 수행상 시내에 자주 출입하므로 주의

하도록 하시오." 라고 하여 그때 저는 '아, 이것이 정식 발포명령이구나' 그리고 '정말 역사적인 순간이구나' 하는 생각과 함께 4·19의거 당시 발포문제로 시비가 있었던 점을 회상하고 "만일 최인규와 같은 꼴이 되는 것은 아니겠죠?" 라고 하자 서의남 중령은 "그때와는 사태가 다르다. 그리고 모든 문제는 사령관님이 책임진다" 라고 말한 바 있었습니다.

이러한 일련의 과정이 있고 나서 형식상 지휘계통인 이희성 계엄사령관의 자위력을 위한 자구책이 하달되었으며 이날 낮 1시경 계엄군이 퇴각을 시작하며 전면적인 발포가 있었습니다.

5월 22일 17:00경 서의남 중령은 계엄군이 철수한 광주 시내의 시민군 동태를 탐지하기 위해 저를 비롯한 수사관 4명을 침투시켜 그들의 배치상황, 병력, 화기소지, 특히 중화기소지 여부 등을 확인, 보고토록 한 바 있습니다.

그후 5월 23일 10:00경에는 저를 비롯한 수사관 6명이 헬기를 타고 광주교도소에 공수되어 계엄군이 철수작전 시 체포한 시민군 및 교도소 습격폭도 명목으로 체포수용 중인 178명에 대한 분류심사 작업을 한 바 있습니다.

실제로 이들은 연고지인 담양, 순천 방면으로 가려던 광주에서 취학하고 있던 학생들이 대부분이었으며 당시 제 직권으로 중학생 1명을 현지 석방조치 한 바도 있습니다.

라 5월 27일 평정과정을 말씀드리겠습니다.

27일 평정 기습작전을 앞두고 CAC공병대 폭약전문처리 군속이 전남도청 지하실에 은밀히 침투, 폭약뇌관 완전 제거 보고가 있고 나서 26일 저녁 9시 K-57비행장에 주둔하고 있던 공수부대원들에게 저를 비롯한 평소 도청의 내부구조를 잘 아는 정보과 도청담당 요원들로부터 내부 구조시설에 관한 브리핑이 있었고 익일 04:00 평정작전에 돌입했습니다.

저는 06:50경에 도청에 들어가 현지 수습처리 부대로 투입된 20사단 병력담당 보안부대원과 협조하여 일체 외부인 출입을 통제시키고(특히 국내외신 기자통제) 폭도들이 기록하였을지도 모를 모든 문서서류 일체를 확보하라는 지시를 받고 도청에 진입하여 상기 임무를 수행한 바 있습니다.

마 광주사태처리 수사국 편성

사태평정 후인 80년 5월 27일 광주외곽을 계엄군으로 신속히 차단하고 수사관 1명씩을 배치, 사태가담자를 색출 토록 하는 반면(이때 홍남순 변호사 일가족이 송정리 검문소에서 505보안부대 이종남 수사관에게 체포) 사태처리를 위한 수사국이 긴급 편성되었는 바, 편성요원들은 보안사, 안기부, 검찰, 범죄수사대 등에서 차출된 80여 명의 수사요원들이 80년 5월 27일 헬기로 505보안부대에 투입되었는 바,

1. 수사국 구성요원의 주요편성 직제를 보면 초대 수사국장에 보안사 기조처장 최예섭 준장, 부국장에 현 보안사 참모장 최경조 준장(당시 대령) (최예섭 장군에 이어 수사국장이 됨) 부국장에 505보안부대 대공과장 서의남 중령, 광주지검 공안검사 김사열 외 1명 등이 주축이 되고

2. 3개과 1개반으로 편성
   1과 재야담당팀장 전남도경 파견요원(경정)
   2과 학생담당팀장 안기부 파견요원(박정희 부이사관)
   3과 폭도담당팀장 보안사 파견요원(조동식 소령)
   그외 국보위 특명반이 있었습니다.

3. 이들은 처음 재야수괴를 정할 때 남동성당 김성용 신부로 했다가 김 신부가 미검상태였으므로 홍남순 변호사로 교체했으며 최고 수괴를 김대중 씨로 한 후,

재야수괴 – 홍남순

학생수괴 – 전남대 정동년

폭도수괴 – 김종배

극렬가담 불량배 – 박남선, 윤석루

등으로 수사체계를 작성하고 체포된 사람들을 이 체계도에 무조건 적당히 끼워맞추었습니다. 이러한 수사과정에서 김대중 씨와 범죄사실을 연계시키기 위해 피의자들에게 무수한 고문이 자행되는 조작수사가 이루어졌습니다.

그 예로

① 5월 29일 정동년이 숙박했다고 주장하는 알리바이를 없애기 위해 완도읍 모 여인숙의 숙박부를 찢어버리고 변조한 외

② 홍남순 씨를 고문과 설득 회유로 송치하였다가 홍 변호사가 검찰에서 진술을 번복해서 '도저히 공소유지가 어려워 기소할 수 없다'는 군검찰관의 요구가 있자 재차 신병을 보안부대에 인수, 잔혹하게 고문하여 수사관이 진술서를 쓰고 피의자격인 홍남순 씨가 이를 정서하여 기소한 사실

③ 22일 오후 4시 30분경 광주통합병원 근처에서 시민군

이 잡아 계엄군에 인계한 간첩용의자 전옥주를 서의남 중령이 저에게 "최대한 김대중이와 연계시키라"고 하였으며 (전옥주는 5월항쟁 기간 중 선두 방송을 한 사람임)

④ 전남도청에서 사태진행 과정 중 발생된 독침사건의 주범 장계범을 사태평정 후 보안부대에서 보호하였으며, 장계범이 분명히 사태 가담자였음에도 불구하고 형사처벌되지 않았으며 더욱이 서의남 중령은 당시 이들을 저에게 잘 보호하도록 지시까지 한 바 있습니다.

⑤ 송치된 인원들에 대한 군재판부의 공판이 진행되기도 전에 송치된 자의 형량을 505보안부대와 CAC군검찰 및 재판부가 사전에 형량 확정을 했으며, 그리고 공판일에는 피고인이 범죄사실을 인정하도록 수사관 전원이 법정 주변에서 대기하여 공소유지에 필요한 조치를 한 바 있습니다.

⑥ 그외 국보위 특명반에서는 전남대교수 전원을 체포하여 학생선동 교수를 골라내어 이들을 김대중 내란음모 간접가담자로 규정해 민준식 총장 및 김동원 교수, 명노근 교수, 이방기 교수 등 수십 명을 대상으로 사표를 강요, 사직토록 한 외, 권력형 부조리 수사를 하는 등 국보위 및 청와대 지시사항을 수행한 바 있습니다.

결론

5월 18일 광주만행은 5월 16일 보안사 대공과장 회의에서 이미 그 사전전모가 대공처장 이학봉 대령에 의해 지시되었고 상기 지시를 받은 505보안부대 서의남 중령은 이를 구체화시키고 실현하는 역할을 하였으며, 이러한 계획하에 계엄 확대 방송과 함께 도시외곽을 차단하고 시외전화 등 통신을 두절시켜 광주시민을 고립시킨 후 공수부대의 무자비한 살육 진압 작전이 시작되었으며 이에 병행하여 80년 5월 18일부터 보안사 대공과장 홍성률이 보안사령부가 구상하고 실행했던 광주사태의 진행과정을 독려하는 감독관으로 내왕하여 사태를 전두환 사령관에게 보고하였고 5월 19일부터 공수특전사령관 정호용 소장이 수시로 서울 광주를 왕래하며 작전상황을 지휘 및 보고하였으며 또한 전두환 보안사령관이 직접 광주를 다녀가는 등 일련의 과정을 감안컨대 광주사태 사전조작 및 발포책임자는 전두환 보안사령관이었음이 명백한 사실인 것입니다.

이들은 5월 18일 진행과정에서도 장계범 독침사건을 조작하는 등 흥분된 군중심리를 더욱 극대화시키는 조작을 하였고 수사과정에서도 김대중-홍남순 등 사전에 조작된 틀에 맞도록 모든 사람을 가혹한 고문으로 수사하여 이 틀에 꿰맞추었으며 체포된 자의 형량도 재판이 있기도 전에 이미 505 보안부대가 예상확정 조정하는 등 실로 경악할 일이 자행된 바 있습니다.

이들은 5월 28일 이후에도 특명반으로 하여금 교수 등 민주인사를 김대중 씨 추종세력으로 조작하여 그들을 자격 정지케 하여 수많은 가정을 경제적으로 파탄케 한 바 있습니다.

5월 18일 광주시민 학살은 이처럼 소수 정치군인들이 사전에 조작한 계획에 따라 진행된 민족의 비극사임을 만천하에 밝혀 드리는 바입니다.

참고사항

국보위 특명반에서는 권력형 부조리 척결이라는 미명하에 국보위 지시로 삼청교육 및 공무원 숙정작업과 병행하여 모 중견기업체 사장 및 조선대총장 박철웅 일가족 등을 잡아들여 이들을 위협 고문하고, 재산일부를 몰수하였으며 불교정화란 명목하에 전국적으로 실시된 사찰수색 및 승려체포 등 종교탄압을 하였고 특히 국보위에서는 전남도에 전모 대령을 파견하여 행정 전반을 지휘 감독하게 한 바 있습니다.

마지막으로 505보안부대는 광주사태를 최종 마무리하면서 민주항쟁 가담자 전원을 내란가담 및 동조 등 국사범으로

치안본부 컴퓨터에 입력시켜 이들을 영원히 범죄인으로 낙인
하였던 것입니다.

그리고 1981년 11대 국회의원에 입후보한 바 있던 현 평
민당 국회의원인 전 31사단장 정웅 장군을 청와대 지시에 의
해 납치, 강제로 사퇴케 한 장본인이 본인임을 이 자리에서
밝힙니다.

끝으로 당시 광주시는 도시 전체가 2차대전 당시 악명 높
았던 나치 독일의 아우슈비츠 유대인 도살장을 능가하는 잔
혹한 참상이었음을 여러분께 폭로합니다.

1988. 12. 2
허 장 환 작성

왜 평민당을 양심선언 창구로
이용했나?

———————— 양심선언을 마치고 기자들과 '인터뷰'를 할 때 "당신은 경상도 출신이면서 민주당을 택하지 않고 왜 평민당 창구를 통해 양심선언을 하느냐?"는 질문을 받는다.

나는 그때 그 기자에게 이렇게 답했다.

나는 일찍이 보안사라는 특수한 기관에 근무한 관계상 정치에 가장 가깝게 접근할 수 있는 분위기에 있었다. 하지만 한편으로 나는 정치라는 동전의 뒷면을 누구보다도 잘 안다. 그래서 나는 정치가 싫었고 정치가들을 멀리해 왔다. 다시 말해서 내가 평민당 창구를 통해 양심선언을 한 것은 특정 정당의 당리당략과는 무관한 것이다.

무명의 내가 신문사나 방송국 또는 '프레스센터'에 가서 양심선언을 하겠다고 뚱딴지 같은 말을 했을 때 여러분은 이상한 놈이라고 하지 않겠느냐? 그리고 그보다 내 신분은 그 즉시로 보장될 수 없는 처지가 되고 말 것이다. 나는 경상도 출신이지만 민주당을 택하지 않았다. 그 이유는 5·18사건이 호남에서 발생했고 평민당이 5·18의 사안을 밝히는 데 적극적이라 생각했기 때문이다.

그외 내가 경상도 사람임에도 김대중 씨를 택한 것은,

첫째, 나는 평소 호남인을 '유대인'시하는 지역감정에 의한 지역차별이 못마땅했기 때문이다.

둘째, 나는 김대중 씨 자신보다도 그를 더 잘 알기 때문이다.

나는 박 대통령 집권 시, 1972년 5월 8일부터 광주 505에 근무하며 81년 8월 30일 전역할 때까지 10여 년간의 복무기간 중 4년을 김대중 씨 출생지인 신안군 담당관(파견대장)으로 일한 바 있다. 그때 나의 업무 중 3분의 1이 김대중 씨에 관한 일이었다. K·T 및 K·T 추종세력 근원발굴 및 이들에 대한 동향감시 와해공작 등이 주임무였다. 심지어 김대중 씨가 태어난 직후 '태'를 버린 장소가 어딘가 하는 것까지 탐문했으니 가히 그 당시 위에서 김대중 씨에 대한 탄압이 어느 정도였던가 하는 문제는 여기에서 새삼 논할 필요가 없을 것이다. 아무튼 나는 이러한 임무를 수행하는 과정에서 그 누구보다도 김대중 씨에 대해서 잘 알게 되었다.

나는 젊은 시기를 대공전선에서 몸 바친 사람이다. 아마도 북괴 당국은 나를 악질반동으로 점찍어두고 있을 것이다. 당국이 발표한 대로 김대중 씨가 '용공분자'라면 아마도 내가 그를 용서치 않았을 것이다. 나같이 과격한 성격은 벌써 그의 이마에 총알을 박고도 남았으리라는 것을 내 주변인물들이 잘 알고 있다.

평생을 군사독재와 외로이 싸우며 조국의 민주화를 위해 투쟁하는 그분의 민주주의를 아끼고 갈망하는 마음을 일찍부터 알고 있었다. 그러하기에 나의 '양심의 소리'를 국민에게 바르게 전할 수 있는 창구로 그분을 택했던 것이다.

나의 양심선언으로 그분과 평민당이 외부로부터 '당략 운운'하는 소리를 듣고 있으니 한없이 안타까운 마음에 죄스러움만 더할 뿐이다.

고양이에게 물린
고양이

─────────── 1981년 8월 30일, 이날은 남들에겐 아무런 의미가 없는 날인지도 모른다. 하지만 나에게는 결코 잊을래야 잊을 수 없는 날이다. 10여 년의 군대생활, 그것도 특수기관원으로서 하늘을 우러러 한 점 부끄럼 없이 생활했다고 자부했던 나에게 불명예 전역명령이 떨어진 날이기 때문이다.

내가 군기관원으로서 첫발을 내딛었을 때 아버지는 몹시 걱정을 했다. 기관원으로 근무하다 보면 많은 진정서와 투서를 접하게 될 터인데 하고 말이다. 사실인지는 모르지만 그것의 약 6할 정도가 전라도에서 올라온다고 했다. 그만큼 그쪽 사람들이 외롭다는 말이기도 하지만, 한편으론 기관원들이 근무하기 어려운 곳이라는 반증이 되기도 했다.

타지방 출신들이 3개월을 버티기 어렵다는 특수기관! 뱃속에 구렁이가 99마리 들어 있어 한 마리만 채워지면 용이 된다는 구렁이 속의 이무기들! 내가 근무하는 기관에는 연고지를 배경으로 한 기라성 같은 선배들이 득실거렸다.

내가 이들 속에서 유일하게 타지방 출신으로 10여 년간 버틸 수 있었던 것은 오직 주어진 임무에 충실한 결과였다(이것은 누구에게는 이익이 되고 불이익이 될 수도 있다). 군인은 명령에 따라 죽고사는 조직체이므로 그 명령에 내 목숨과 청춘을 모두 바쳤다. 역사적 평가는 다만 뒷일에 지나지 않았다. 기관원으로서 오직 임무수행에 충실함을 내 목숨처럼 여겼다. 그해 5월도 그랬다.

"순순히 자백해!"

하지만 운명의 날은 시시각각 다가왔다. 결국, 내가 근무했던 광주지역 보안부대 지하실에 가족과 함께 연행되었다. 평소 나와 친하게 지냈던 선후배들도 끌려왔다. 당시 그들이 나에게 덮어씌운 죄는 다음과 같았다.

- 광주사태를 이용하여 거액을 치부하였으며
- 분산된 폭력배들을 규합, 조직화하여 군림하려 했고
- 삼청교육대 대상이었던 광주 무등극장 사장인 오권수를 교육대상에서 빼준 보답으로 컬러텔레비전 1대 외 거액의 현금을 수수했으며
- 모 신문사 사장인 심상우를 국회의원에 당선시키기 위해 라이벌인 퇴역장성 정웅을 납치하였고
- 국보위 지시대로 권력형 부조리 대상자인 조선대학교 총장

박철웅 및 그 일가족을 구속에서 빼준 대신에 거액을 편취했으며……

이상 등등의 수십 가지가 넘는 악의에 찬 무기명 투서로 인해 내가 근무했던 보안사 지하실에 일주일 동안 갇혀 수사를 받았다. 가족은 물론이고 평소 친하게 지내던 사람들이 모두 끌려왔다. 쥐를 잡던 고양이가 쥐가 아닌 고양이에게 물린 꼴이었다.

"솔직히 불어, 개쌔꺄!"

사령부 감찰실에서 파견 나온 조사관에게 갖은 욕설과 폭력을 당했다. 철야심문을 당했으나 투서내용이 일부 사실무근으로 드러났다. 그러나 군기관원으로서 투서대상이 된 자체만으로 자질부족이라는 애매모호한 사령부 징계위의 결정이 내려졌다. 결국 나는 감봉 1개월과 함께 타부대로 전출되었다.

시간이 흐를수록 나는 차츰차츰 촉기를 잃어가는 식물이 되었다. 어디에도 기관원이라는 날렵함이나 자부심은 존재하지 않았다. 기관원마저 희생의 대상이 된다는 사실에 경악할 따름이었다. 10여 년을 '충성'이라는 명분에 세뇌당한 나는 비로소 긴 잠에서 깨어나 중얼거렸다.

'그래, 살아야 해. 여기서 죽을 수는 없어' 하고.

이때부터 내 인생이 신군부라는 집단에 의해 원격조종되고 있다는 사실을 어렴풋이나마 알게 되었다. 그들은 나를 이용하고는 나를 버렸다. 하지만 이 글은 그것에 대한 복수차원이 아님을 알아주기 바란다. 수차례의 양심선언을 통해 5월의 실상을 밝히려 노력했고 책으로 출판하려 시도했다.

그러나 어찌된 일인지 출판을 약속했던 사람들이 등을 돌렸다. 물론 그들이 내게 그 이유를 말하지 않아도 너무나 잘 안다. 권력 앞에 무섭지 않은 사람이 몇이나 될 것인가. 더구나 한때 그 권력을 부려본 나로선 등을 돌린 출판인들이 오히려 가여웠다.

그해 그러니까 1981년 8월 30일, 내 목숨과 청춘을 바친 군에서 불명예 전역했다. 악의에 찬 누명을 덮어쓰고.

권력이라는 혁대는 허무했다. 무소불위의 신분으로 세상이 제것인 양 거들먹거렸던 나는 하루아침에 '이빨 빠진 호랑이'가 되었다. 그러나 부디 이 글이 그 시절 나에 대한 합리화나 한때 뜻을 같이했던 동료들에 대한 배신으로 각인되지 않기를 간절히 바란다. 역사는 개인의 아픔이나 과거보다 훨씬 크고 깊고 아름다운 것이어야 하기 때문이다.

광주사태 참극이 벌어진 지 18년이 지난 1998년 출간한 《비겁한 아버지는 될 수 없었다》는 가해자 측면에서 최초로 증언하는 고백록이면서 동시에 한 인간으로서의 아픈 고백록이다. 그동안 5·18에 대한 수많은 증언과 사실 확인이 있었지만 군기관원이 직접 증언한 기록은 없었다. 이 글은 5월의 진상에 가장 가까운 기록이며 또한 사실이다. 더구나 필자가 당시 서울이 아닌 광주에 있는 출판사를 택한 것도 이 글이 어느 특정단체에 이용되거나 상업적으로 이용되지 않기를 바라는 마음에서였다.

죄를 지으면
꿈을 자주 꾼다

──────── 눈이 내리고 있다. 펑펑 쏟아지는 함박눈도 아니고 가뭄에 콩 나듯 희끗거리는 싸락눈도 아니다. 머리 위에서 떨어지는 비듬 같은 눈이다. 왠지 모르게 기분 나쁜 눈이다. 간밤에 꾼 꿈 탓이다. 나는 요즈음 꿈을 자주 꾼다. 전체내용은 잘 생각나진 않지만 중간 중간 스치는 자막은 다른 일에 열중하고 있어도 순간순간 떠오르곤 한다.

나는 그 꿈을 잊어버리기 위해 몸서리를 치며 일에 열중한다. 하지만 꿈에서 본 그것들은 부지불식간에 나의 뇌리를 스치고 가슴에는 예리한 송곳이 박힌다. 일이 손에 잡히지 않는다. 꿈은 나로 하여금 불길한 생각을 자아내게 한다. 하루가 엉망이 되어버린다. 무엇 때문에 나는 꿈마저 두려워하는 것일까.

5월!

모두들 악몽 같은 그해 5월을 잊어버리려고 애쓴다. 한편에선 기억해야 한다고 하고, 다른 한편에선 잊어버리라고 말한다. 그러나 쉬이 떨쳐버릴 수 없는 악몽과 같이 순간순간 떠오르는 그날의 절규와 총성들! 그리고 쌓여진 시체더미! 이것을 지켜보는 수많은 군중들! 그들 군중 속에는 70이 넘은 노인의 분노하는 눈도 있었고, 공포에 질린 여덟 살배기 초등학교 1학년의 어린 사슴과 같은 때묻지 않은 눈도 있었다.

"공수부대 아저씨는 나쁜 아저씨!"

하느님마저도 눈을 감아버린 5월의 그날! 광주 장원초등학교 2학년 3반 글짓기 시간에 제출된 작문의 제목이었다.

본인의 조카사위였던 그 반의 담임교사 최덕산은 이 글을 읽고 인사불성 상태로 만취한 채 쓰러져 목포 행남사 옆 선산에서 경비원에게 발견되었다. 그후 지리산에서 정신수양을 한 뒤 지금은 서울 창동에서 채소장사를 하며 살아가고 있다. 제자의 말 한마디가 그의 인생을 바꾸어버린 것이다.

지금은 청년이 되었을 그 학생을 어디선가 만날 것 같아 두렵다고 최덕산은 자주 말하곤 했다. 그해 오월이 차라리 꿈이었으면 좋겠다고.

80년 5월을 몸소 겪은 광주시민들도 그해 오월이 꿈만 같을 것이다. 항쟁에 몸소 참여한 자신들마저도 그 사건이 왜 일어났으며 당국이 발표한 그대로가 진실인지 잘 알지 못한다.

나는 당시 그 사건을 계획하고 수사했던 한 사람으로서 주변 사람들에게 이런 질문을 자주 들었다.

- 관계당국이 발표한 사망자 수는 과연 정확한가?
- 발포명령은 도대체 누가 내렸는가?
- 정치군인들의 정권찬탈 음모가 결국 광주사태를 불러일으 킨 것은 아닌가?
- 보안사 및 안기부의 배후조종에 의해 광주 경제인단에서 사 태 당시 유가족에게 위로금 조로 1천만 원씩 지급되었다는 데, 그렇게 한다고 해서 과연 광주시민의 상처가 덮어지고 잊혀질 것인가?(그후 정부에서 점수 조사 후 차등분류하여 지급)
- 모든 문헌 및 자료는 물론 평소 대화에서도 '광주사태'라는 말 자체가 금기어로 규정되고 있다는데, 그 저의가 무엇인가?
- 5월항쟁을 의거로 보느냐, 아니면 내란폭동으로 보느냐?
- 김대중 씨가 과연 광주사태를 유발시킨 배후수괴인가?

이러한 질문은 지금 생각해보면 퍽 상식적이고 당연한 질문이 다. 하지만 당시로선 퍽 위험한(?) 질문이고 그러므로 그것에 대해 대답한다는 것 역시 위험한 일이었다.

나는 여러 사람으로부터 그런 갖가지 질문을 받고 생각했다. 이 들에게 악몽과 같은 오월을 잊게 하는 방법은 무엇인가(?) 하고.

당시 나는 계엄사령부 합동수사단의 수사관이었으며, 국보위 및 청와대에서 지시되는 주요 사건만을 취급한 '특명반'에 속해 있었다. 광주에 머물고 있는 보안대 수사관 중 유일한 경상도 출신이었던 것이다. 이것이 훗날 내가 역사의 한 증인으로 남을 수 있는 하나의 계기가 되었는지도 모르겠다. 그리하여 거짓 유포된 광주에 대한 인식을 바로잡아 보겠다는 일념으로 이 글을 쓰고 있다. 당시 산화한 모든 영령들에게 다시 한번 무릎을 꿇고 용서를 빈다. 세월이 흐르고 보니 우리 모두는 피해자였다.

나는 요즘도 자주 꿈을 꾼다.

누군가 말했다.

죄가 많은 사람은 꿈을 자주 꾼다고.

그 말은 결국 '죄가 많은 사람은 꿈속에서마저 자유로울 수 없다'는 말이 아닐까 하고 되새겨본다.

− 지금까지의 글은 필자가 1983년 보안사에 압수당한 〈무등산은 알고 있다〉의 원고 일부를 인용한 것이다.

은둔의
밤

─────────── 조선일보 칼럼니스트 김대중 씨는 1988년 10월 30일자 신문에서 '광주사태'가 발발한 지 8년 동안을 암흑시대로 명명하고 다음과 같이 말했다.

 - 우리는 지난 8년간 자아를 말살당한 채 용케도 견뎌왔다. 권력찬탈을 위해 수많은 사람이 죽었고 수많은 사람이 일자리를 박탈당했으며 엄청난 부정이 저질러졌고 무자비한 폭력이 자행됐다. 그 사실 앞에 국민들은 그저 암울한 느낌이고 망연자실할 따름이다. 한마디로 지난 8년간 전술 정권 밑에서 결단나지 않은 것은 거의 없다고 해도 과언이 아니다.

 사법부가 침묵했고 검찰과 경찰이 권력의 도구로 전락했으며, 언론이 마취를 당했다. 학원은 하루도 쉴 날이 없었고, 농업정책은 부재 상태였으며, 금융은 사私 기관화되었다. 야당도 입에 재갈

을 문 채 입도 벙긋 못했고, 어떤 경우에든 어용화되기는 마찬가지였다. 〈중략〉

나는 이 글을 읽고 참으로 씁쓸한 뒷맛을 느꼈다. '과연 이러한 표현이 이 시점에서 찬사를 받을 수 있을까' 하고. 나는 묻고 싶었다. 이렇게 적나라하게 지난 8년을 평가한 그가 왜 그동안 침묵했는지를!

나는 침묵할 수가 없었다. 여기저기 피해다니면서도 광주의 진실이 알려지길 소원했다. 전라북도에 있는 진안고원은 그런 곳 중의 하나다.

해발 6백미터 고지인 전라북도 진안고원의 초겨울 추위는 평지의 날씨와 사뭇 달랐다. 나라에서 주는 녹봉을 받지 않고 살아가는 야릇한 희열감을 느끼며 가족과 함께 은둔생활을 계속했다. 모든 서신왕래가 끊어진 고립된 생활이었다. 시골 특유의 배타성 역시 우리 가족을 괴롭혔다. 주민들에게 간첩으로 신고당해 관할 경찰서에서 조사까지 받은 일도 있었다.

몸살기가 있는 아내를 대신해 연탄불을 갈고 네 식구가 옆으로 누워야만 잘 수 있는 방으로 들어와 막 잠을 청하려 할 때였다. 방문 앞에서 나를 찾는 소리가 들려왔다. 죄가 많으면 모든 사물이 자신을 쳐다본다던가. 순간, 가슴이 덜컥 무너졌다. 다른 한편으론 반가운 구석도 있었다. 방문자들이 다름 아닌 보안대원 양성기관인 보안학교 동기생들이었다. 이들을 보자, 두려우면서도 무척 반가웠다.

나를 찾아온 두 사람은 1년 6개월의 교육기간 중 마음을 놓고 지냈던 전주보안부대 이윤O 대위와 윤태O 소령이었다.

"인근 장수면 상가에 갔다가 자네가 진안에 살고 있다는 소식을 듣고 그냥 지나칠 수가 있어야지."

이 대위가 말했다. 나는 그들의 우정에 코끝이 시큰해졌다. 우리들은 오랜만에 인근 술집으로 가 그동안의 회포를 풀었다. 우리는 자정이 넘도록 서로 술잔을 주고받았다.

"전주로 나가 한잔 더 하자!"

새삼 친구가 좋긴 좋구나 하고 생각할 때, 윤 소령이 말했다. 결국 그들의 요구를 거절하지 못하고 승용차에 올랐다. 그때였다.

"처음 뵙겠습니다. 선배님의 존함은 진즉부터 들어 알고 있었습니다. 이렇게 직접 뵈오니 반갑습니다."

앞좌석의 사내가 나에게 인사를 했다. 순간, 오랫동안 수사관을 했던 직감으로 그들의 요구를 거부해야 한다고 느꼈다. 무언가 올가미에 걸려들고 있는 느낌이었다.

"순순히 움직여!"

그때 나의 뒤통수에 싸늘한 감촉이 와닿았다. 45구경 권총이었다. 나는 머리를 흔들며 재빠르게 상황을 판단하려 했으나 머릿속으로 뿌연 안개 같은 것이 가득 흘렀다. 얼른 판단이 서지 않았다. 섣불리 행동했다간 어떻게 되는지 나 자신이 너무나 잘 알고 있었기 때문이다.

"좋소. 어디로 가는 거요?"

순순히 그들의 요구에 응했다. 그때까지만 해도 내 자신이 여전히, 전직 보안부대 요원이었다는 막연한 희망을 가지고 있었다. 네놈들이 설마 나를 어찌하겠는가 싶었다.

"만약에 네놈들이 보안부대 요원이 아닌 타 기관 요원들이거나 동기생들이 아니었더라면 이 자리에서 단매에 쳐 죽였을 것이다."

그렇게 내가 말하자 동기들이 씁쓸한 미소를 머금었다. '자신들도 명령에 따를 뿐 자네에겐 미안하다'는 표정이 역력했다. 하긴 군인은 명령에 따라 죽고사니까 그들을 탓할 수도 없었다.

이 상황을 받아들이고, 그들을 이해하려고 노력했다. 하지만 그들은 이미 내 편이 아니었다. 권력의 하수인에 지나지 않았다. 나는 15년 만에 만난 동기생들의 구역질 나는 인간성에 절망했다. 동기를 죽여 출세라도 하고 싶었던 것일까. 아니, 왜? 무엇 때문에 나는 그들에 의해 양손에 수갑이 채워져야 했을까.

나는 곧 서울로 압송됐다.

"어서 오십시오."

마중 나온 대원 역시 후배 수사관이었다. 내가 현직에 있다면 내 앞에서 담배도 못 피울 새까만 후배 수사관이었다. 하지만 나는 이미 '이빨 빠진 호랑이' 신세가 아닌가. 녀석은 나를 화장실까지 따라다녔다.

나를 태운 승용차가 잠실 올림픽타운 앞으로 과속 질주할 때, 경찰 순찰차의 제지를 받았으나 운전병의 태도는 그야말로 안하

무인격이었다.

악명 높은 '보안사 수사분실'. 과거에는 '빙고호텔'로 통했으나 청사를 이전하고부터는 그 명성이 드높아졌다. 낯익은 얼굴들. 그러나 그들의 표정은 한결같이 굳어 있었다. 누구도 나에게 말을 거는 일도 없었고, 내가 그들에게 말을 걸 수도 없었다. 험악한 분위기였다.

아아, 무엇이 우리를 이렇게 만들어버렸을까. 10여 년간 같은 구호 아래 한솥밥을 먹은 우리가 아닌가. 하지만 최소한의 인간적인 면까지 거세되어야 하는 현실이 안타까울 따름이었다. 어쩌면 그 작은 공간에도 '분단'은 숨 쉬고 있었는지 모른다. 경계와 분열…… 슬픈 현실이었다.

"이것으로 갈아입어. 잠시 후 신체검사가 있을 거야."

대원이 나에게 허름한 군복을 내밀었다. 잠시 후 의사가 청진기를 들고 안으로 들어왔다. 언뜻 보면 무슨 배려 같지만 사실 의사가 온 이유는 간단했다. 내가 고문에 버틸 수 있는 체력이 있는가 하는 것을 검진하는 것에 지나지 않았으니까. 말하자면 고문대비용 신체검사인 셈이었다.

- 혈압 정상
- 폐활량 정상
- 심장 맥박 정상

평소에 들으면 기분 좋을 말이 왠지 두려웠다. 정상이란 말에 오히려 공포를 느끼는 무서운 공간에 갇혀 있었다.

"건강한데?"

군의관이 나의 입 안을 살펴보더니 기분 나쁜 웃음을 흘렸다. 당신은 고문에도 견딜 수 있는 체질이라는 표정이었다. 곧이어 사진을 찍고 지문이 채취되었다.

두 시간 동안 아무런 소식이 없었다. 나로 하여금 고립감을 주어 순순히 자기 편이 되도록 만드는 고도의 전술이었다. 어찌 내가 그것을 모르랴. 속말로 '해본 장난'인데 말이다.

긴장한 탓일까. 소변이 마려웠다. 나는 방 안에 있는 화장실로 들어갔다. 폐쇄회로로 나를 감시하고 있던 대원이 들이닥쳤다.

"왜 허락도 없이 의자에서 일어나 멋대로 행동하지?"

대원이 발길질을 하며 나의 뺨을 후려갈겼다. 순간 내 몸속에서 피가 역류하는 소리를 들었다. 나는 이미 그들의 소모품에 지나지 않았다. 전에 내가 그랬듯이. 이것이 인과응보란 것일까. 그들이 나를 연행한 이유는 명백했다. 보안사 출신답게 입이 무거워지라는 것, 조용히 지내라는 것. 그러니까 그들은 나를 한편으론 두려워하고 있었던 것이다.

"이 친구, 술좌석에서 전두환이란 이름만 들어도 부동자세를 취했습니다."

나를 강제 전역시키기 위해 철야심문하던 사령부 감찰실 요원에게 참고인으로 소환된 광주 'OO상사' 대표인 오광O 사장이 말했다. 그랬다. 보안부대 요원들에게 사령관이라는 존재는 절대적이었다. 감히 넘볼 수 없는 신적인 존재, 보안사 요원들에게 사령관 외에는 충성의 대상이 없었다. 사령관이 죽으라면 죽는 시늉까지 내야 했다. 대원들은 그런 맹목적인 사상과 사고방식으로 점철되어 있었다.

보안대가 탄생한 배경은 이랬다. 이승만 정권이 붕괴되고 민주당 정권이 등장하면서 과거의 이미지를 개선한다는 취지에서 특무대를 방첩대로 개칭하고 잠시 그 기능이 약화되었으나, 60년대 말기부터 박정희 권력보위 수단이 되기 위해 68년도부터 보안사 육사생이라 불리는 요원 양성소가 생겼다. 엄격한 선발기준에 의해 요원이 된 나는 그때부터 조직적이고 체계적인 교육을 받았다. 지금 생각해보면 훗날 '광주 5월'에 써먹을 수 있는 교육인 것 같다. 비극이 아닐 수 없었다. 그때부터 나의 운명은 삐거덕거리기 시작했는지 모른다.

한 인간이 인생의 황금기를 바쳐 충성한 곳으로부터 배신당했을 때의 참담한 심정은, 당해보지 않은 사람은 터져버릴 것 같은 통분의 심정을 헤아릴 수 없을 것이다. 어버이에게, 아니 고향에게 버림받은 기분이랄까. 아무튼 나는 천 길 낭떠러지로 곤두박질치는 기분이었다.

1981년 8월 30일, 나는 약 11년간 몸담아온 보안사 생활을 접고 강제 전역되었다. 그날 인천 월미도로 달려가 밤새 밤바다를 바라보며 소주를 마셨다. 가슴이 터져버릴 것 같았다.

제2의 고향인 광주가 눈에 선했다. 자식을 낳아 기르던 광주, 이제 그곳을 떠나 은둔생활을 해야 했다. 눈보라가 몰아치는 그해 겨울, 나는 어린 딸을 가슴에 안고 전북 진안 모래재를 넘었다. 긴 은둔생활이 시작되었다.

이빨 빠진
호랑이가 되어

———————— 전역 후 그러니까 1983년 3월에 나는 견디기 힘든 만남을 가져야 했다. 보안사 예비군 동원훈련이 시작된 것이다. 그 자리에서 다시는 만나지 않으리라 다짐했던 보안사 요원들과 만났다. 정말 견디기 힘든 공간이었고 시간이었다.

그 역겨운 시간을 달래기 위해, 동원 훈련용으로 지급된 수첩에 그동안 겪은 광주의 5월에 대해 한 자씩 기록하기 시작했다. 그 기록은 계속되었다. 무직 상태였으므로 뭔가 쓰는 일만이 유일한 낙이었다.

당시 원고지 빈 칸을 메우는 작업을 하며 내가 남기고자 하는 이 기록이 훗날 하나의 역사로 남길 바랐다. 그리하여 자식들에게 부끄러운 아버지라는 소리는 듣고 싶지 않았다. 광주의 실상을 바르게 알리는 것이 내가 할 수 있는 마지막 정의로운 일이었다. 한 장 한 장 쓰다 보니 어느덧 200자 원고지 500매 정도가 되었다.

"뭐, 뭐야?"

'광주 5월'에 관심이 많은 김갑수란 후배에게 원고가 넘어갔으나 그의 부주의로 원고가 송두리째 안기부로 넘어갔다는 소식이 들려왔다. 나는 절망했다. 그 원고는 나중에 당시 안기부장이던 장세동 씨의 결재를 받아 보안사로 이첩되었다.

"불순유인물 제작배포 혐의로 너를 구속한다!"

그때서야 내 행동 하나하나가 요원들에 의해 체크되었다는 사실을 실감했다.

"여기가 어디야? 나를 집으로 보내라!"

버럭 악을 썼다. 하지만 아무리 발버둥쳐본들 나는 이미 '이빨 빠진 호랑이'에 지나지 않았다. 광주시민을 폭도로 몰아 잔혹하게 고문한 죄로 전북 진안군 진안읍 군상리에 있는 단칸방에서 유배나 다름없는 생활을 하고 있던 나는 보안사 요원들에 의해 납치되었다.

"야, 허장환! 너 여기가 어딘지 잘 알지? 그리고 네놈이 무슨 죄로 여기에 온 지도 알고 있지?"

요원이 물었다.

"나는 모른다."

"몰라? 이거 왜 이러시나. 협조하지 않고."

"나는 두 번 죽을 수 없다."

"언제 죽었었소?"

"당신 가슴팍에 박혀 있는 신분증이 나를 한 번 죽였다."

"두 번째는?"

요원이 씨익, 웃으며 나를 바라보았다.

"말로는 안 되겠구만?"

"그럼 나, 나를……?"

"짜샤, 니 죄를 니가 알아야지!"

요원이 나의 옆구리를 걷어찼다. 문득 영화의 한 장면이 떠올랐다.

조선왕조를 배경으로 하는 사극영화를 보면 죄인을 심문하는 장면을 심심찮게 볼 수 있다. 오랏줄에 꽁꽁 묶인 양민이 동헌 뜰에서 오들오들 떨고 있고, 그 옆에는 고문기구인 곤장 틀이 마련된다. 이때 동헌마루 드높은 의자에 앉은 사또의 추상 같은 심문 일성이 우렁차게 들려온다.

'네 이노옴! 네가 네 죄를 알렸다아!' 이 소리와 '니 죄를 니가 알아야지!' 하는 말과 무엇이 다른가.

20세기 후반이지만 죄인을 다루는 방법은 여전한 것 아닐까. 더구나 그것이 억지로 짜맞춘 죄라면 더더욱! 인권탄압과 정보정치의 대명사였던 보안사. 전두환 독재정치의 친위부대인 보안사 요원의 심문일성에 코웃음이 절로 나왔다.

물론 나는 알고 있다.

내가 진 죄를.

오직 광주만이 벌할 수 있고 광주만이 용서할 수 있는 죄!

감히 네놈들이 나를 벌하려 하다니……! 순간 분노가 솟구쳤다.

"이 새끼 이거, 눈알이 또록또록한 걸 보니 저승길 몇 번 더듬어야 분위기가 바뀌겠구만?"

요원이 빈정거렸다.

"새파란 후배놈이……!"

"후배? 내가? 하하하. 그래도 왕년은 찾는군?"

"말을 올려라."

"그래 왜 이따위 글을 써서 후배들을 괴롭힙니까?"

요원이 발악하듯 악을 썼다.

"이따위 글이라니? 그건 내 유일한 희망이야. 우리는 인간이야. 짐승이 아니라구."

"내가 짐승이나 된단 말이요!"

요원이 두 손으로 가슴을 쥐어뜯었다. 내심으론 선배요원을 심문하는 것이 못 견디게 괴로운 모양이었다.

그 후의 이야기는 이만 접기로 한다. 내 자신이 한때 보안사에 몸담았던 사람으로서 이 글을 읽는 독자들에게 부끄럽기 때문이다. 제 어미 속살을 파는 심정이 이럴까.

수신 : 보안사령관

발신 : 안전기획부장

제목 : 불순유인물에 관한 사항

1. 내용: 첨부한 광주사태에 관한 유인물을 당부에서 입수, 내용
   을 검안컨대 귀 부처에서 전역한 요원이 불순사상을 포지코자
   동 내용을 기록한 것으로 판단되는 바, 엄중처리 후 결과를 통
   보 바랍니다.

2. 요망사항
   (가) 원고 기술자 허장환의 출신성분 및 배후관계
   (나) 광주사태 당시 직책 및 역할
   (다) 원고 기술과정 및 동기
   (라) 배후인물 중 김대중 연계 여부
   (마) 허장환이 인식하고 있는 광주사태 범위
   (바) 동 책자 배포선

3. 참고사항 : 수사결과 신병처리 방침

*** 동 사건은 청와대에 보고된 건임을 명심할 것

이상은 당시 안기부가 보안사로 이첩한 내용이었다.

요원이 물었다. 당신은 무엇 때문에 어려운 길을 가려 하느냐고. 편하고 안락한 길도 있는데 왜 그 길을 가려 하느냐고. 나는 그 말에 대답하지 않았다. 이빨 빠진 호랑이가 무슨 말을 하겠느냐고 쓸쓸하게 웃으며……

"자네도 언젠가 이빨 빠진 호랑이가 될 걸세."

내가 요원에게 말하자 그의 얼굴이 붉어졌다. 비록 같은 부서는 아니지만 비슷한 일을 했던 나로선 그 후배요원이 오히려 가엾게 느껴졌다.

"우리에겐 오직 오늘이 있을 뿐입니다."

요원이 말했다.

"미래는 없단 말인가?"

"우리들에게 미래는 바로 오늘 여기 이 자리입니다."

"언젠가 후회할 거야."

"후회할 일은 하지도 않습니다."

"하긴, 나도 한때는 그랬지."

"사적인 얘기는 그만하십시오."

"그러지, 뭘 알고 싶은가?"

내가 요원을 바라보자 그는 잠시 망설이더니 물었다.

"김대중과 어떤 사이입니까?"

"누, 누구? 김대중이라 했나?"

"다음 수사관은 그 부분에 베테랑입니다."

요원이 그 말을 남기고 밖으로 나갔다. 그렇다면 수사는 이제부터구나, 하고 혼잣말로 중얼거렸다. 저들의 저의가 드러난 순간이었다. 저들은 나를 용공조작으로 엮으려 한 것이 분명했다.

"지금 대통령 각하께서는 광주사태란 말을 모든 문헌에서 삭제하고, 광주사태란 말 자체를 금기어로 여기고 있다는 사실을 알고 있나?"

수사가 끝나갈 무렵에 수사관이 물었다.

"더구나 한 번 더 연임하려 하고 있는 이 마당에, 네가 쓴 광주사태에 관한 글이 어떠한 파문을 일으킬지 생각해본 적이 있어?"

수사관이 그 말을 남기고 밖으로 나갔다. 내가 전직 보안대원으로서 국가에 도움이 되기는커녕 해를 주고 있다는 표정이었다. 그들은 나를 구속시키느냐 석방시키느냐를 두고 고민했다. 며칠 후 결과가 나왔다. 애써 반체제인사 한 명을 더 만드느니 석방하자는 결론. 나는 저들의 자애심(?)에 코웃음을 쳤다.

"여보!"

"아빠!"

내가 감금된 지 19일 만에 그곳을 나서자 가족들이 나를 반겼다. 그래도 믿을 사람은 아내와 아이들뿐이었다. 이 세상에 나를 기다리고 있는 사람들은 가족밖에 없었다. 문득 시 한 편이 떠올랐다.

말문 막혀

억장 무너져

넋 놓고 주질러앉은 그대 마음을

쓰다듬어 주고 싶은 내 손

너무 작아 가랑잎 하나보다

초라한 내 손

호주머니 속에 감추고

다시 보이지 않는 얼굴

얼굴 만나러

아무 거리나 헤매다가 문득

고개 들 적마다 거기

그의 얼굴로 항상 있는 그대

엎드려 얼굴 묻고

어깨만 출렁이는 그대

— 김창완의 〈무등산에게〉 전문

우두커니 서서 나를 바라보는 가족들의 모습과 멀리서 간혹 보곤 했던 무등산이 왜 같아 보였는지 지금도 알 수 없다. 핍박받은 자들의 모습은 모두 비슷한 것일까. 가슴과 가슴 속으로 같은 빛의 강물이 흐르는 것일까.

"여보, 아이들아."

나는 오랜 꿈에서 깨어나듯 가족들에게 달려갔다.

5월의 시작
12·12

━━━━━━━━ 그럼 여기서 잠깐 시선을 돌려 전두환을 비롯한 보안사가 그토록 공개하기를 꺼려 했던 10·26 이후 12·12로 이어지는 정권찬탈의 과정과 그 목적을 달성하는 데 필연적 수단이었던 확대계엄, 국보위 탄생과 그 내막 등에 대해서 점검해보기로 하자. 그리고 '사회정화'란 미명하에 자행되는 언론탄압 및 삼청교육대의 실상, 전두환정권의 뿌리와 가지를 더듬어봄으로써 후세들이 오늘을 파악하는 데 타산지석이 되기를 바란다. 또한 필자가 몸을 담았던 보안사의 어제와 오늘을 점검해보기로 하자.

1979년 12월 12일 자행된 이른바 12·12사태는 국가원수 시해 공동정범을 수사한다는 대의명분을 내세웠지만 그것은 엄격히 쿠데타요, 하극상이었다.

1961년 5월의 쿠데타가 군사혁명임을 떳떳하게 내세우고 그들

자신이 혁명군임을 자처하면서 비상계엄을 선포한 가운데 행정권을 접수하고 국회와 정당을 해산하는 등 민주당 정부에 대한 전면 공격을 한 정공법이었던 데 반해, 12·12사태는 그 과정이나 의도가 명백한 쿠데타임이 분명하다. 군인을 등장시켜 정부를 전복시킨 점은 둘이 닮았다. 다만 전자는 무혈인 반면 후자는 궁정동의 유혈이 있었고, 이후 계속 피를 불렀다는 점에서 다르다. 전자는 그 내막이 어느 정도 공개된 반면 후자는 청문회가 있었음에도 불구하고 아직까지 그 베일이 다 벗겨지지 않았다. 그 점은 '광주 5월'도 마찬가지다. 당사자들이 입을 굳게 다물고 있다. 그들을 심판할 수 있는 방법은 역사밖에 없다.

건국 후 지금까지 발생한 무수한 정치적 사건 중에서 12·12사태만큼 오랫동안 그 진상과 의미가 베일 속에 가려진 사건은 흔치 않을 것이다. 12·12는 10·26 이후 국민 모두가 기대했던 '봄'을 철저히 짓밟아버린 불행한 사건이었다. 아니 따지고 보면 그 뿌리는 5·16에 있었고 그 비극이 결국 5·18을 낳은 것일지도 모른다. 역사의 수레바퀴는 절대 멈추지 않는다. 어느 하나가 삐거덕거려도 굴러가는 것이 역사의 수레바퀴다.

12·12사태는 아직도 은폐되어 진상이 왜곡되고 사건 당사자들은 여전히 그 정당성을 부르짖고 있다. 한심할 뿐이다. 필자는 당시 보안사 요원으로서 그때의 상황을 나름대로 판단해볼 필요가 있다고 여겼다. 물론 나의 글이 모든 것을 다 말할 수는 없다. 당시 나의 직급과 계급으로선 그 진상을 다 파헤치기에는 어느 정도

한계가 있기 때문이다. 다만 보안사 요원으로서 그러니까 5·18 가해자 측면에서 최초로 증언하는 데 비중을 더 두고 싶다.

언젠가 누가 해야 할 몫을 지금 내가 하고 있다면 망설일 이유가 없다. 나의 눈으로 본 12·12사태는 이러하다.

1979년 12월 12일 오후 4시경 보안사령부

대공처장 이학봉 중령은 김재규 수사를 마무리하는 과정에서 육군참모총장 정승화를 공동정범으로 등장시킴으로써 얻어지는 여러 가지 의미를 수차에 걸쳐 전두환에게 역설했다.

오전에 전두환 사령관이 정승화 참모총장을 방문한 자리에서 급히 보고할 일이 있다며 정보처장의 방문을 자연스럽게 해둔 바 있다. 이때 이학봉은 당시 보안사 정보처장이던 권정달 대령보다 하나회 출신인 인사처장 허삼수가 정승화를 체포하게 하도록 전두환에게 건의했다. 왜냐하면 이학봉 자신이 허삼수와 함께 같은 대공처 산하의 수사, 공작과장으로 재임할 당시부터 선임격인 허삼수가 공작과장에 머물러 있는 것이 못내 송구스러웠기 때문이다.

이학봉은 권정달이 평소 덜렁거리는 성격과 말을 더듬는 사실, 더구나 그가 하나회 출신이 아니라는 것을 전두환 사령관에게 상기시킴으로써 자연스레 정승화 체포문제는 허삼수가 맡도록 유도했던 것이다.

또한 정승화 연행과정에서 총상을 입어 하반신불구가 된 우경

윤 헌병대령은 만약의 경우 실패했을 때 책임분산과 당시 총장공관에 있던 수경사 소속 경비헌병을 제압하는 목적과 비협조적인 장태완 수경사령관으로부터 최소한 수경사 헌병단만이라도 분리하려고 노력했다.

외부에서 만약의 사태발생 시 이를 제압하는 임무는 보안사 서빙고분실에서 평소 업무와는 동떨어진 특수임무를 전담하던 신동기 준위가 담당했다.

그럼 여기서 당시 정승화 총장을 연행하는 과정에서 빚어진 우스운 일화 하나를 소개한다.

앞에서 잠깐 소개한 신동기 준위는 전남 목포앞 섬이 고향으로 지금도 그곳에 가면 '고춧가루 서 말을 먹고 물밑 30리를 헤엄친 놈'이란 말을 듣는 악착스럽고 생활력이 강한 사람이었다.

그는 전주에서 고등학교를 졸업한 후 장기 하사관으로 군에 복무하게 된다. 중사로 진급하면서 방첩부대로 전입되었고, 1974년 계엄 당시 서울지구 506보안부대에 근무, 깡패소탕 요원으로 활동하면서 그들의 대부로 군림하게 된다.

김병진의 《보안사》라는 책에서 보면 그는 '무능하기 짝이 없고 전혀 일을 할 줄 모르는 사람으로, 매일 운전수가 딸린 자가용으로 출근했으며 차가 2대나 더 있다'고 폄하하고 있다.

아침에는 사무실에 잠깐 얼굴을 내밀고 밤에는 무대에 서서 노래를 불렀다. 그는 레코드 취입까지 한 일류가수였고 차에 있는

전화로 돈을 마련하는 사업가였다. 내가 느낀 바로는 한국 연예계의 숨은 보스인 것 같았다. 〈중략〉

간첩검거의 포상으로 두 개의 그룹으로 나뉘어 미국과 일본을 일주일 정도 시찰하고 돌아온 수사관 중에 그가 있었다. 외화반출이 제한되어 있는 국내 사정에도 불구하고 모두 암달러를 준비해서 떠난 여행이었다.

사무실은 여행에서 돌아온 동료들의 선물이야기로 매일 웃음꽃이 피었다. 그 중에서 단 한 사람, 모 준위 그만이 안면이 창백해져 평소에 자주 웃기던 익살도 부리지 않았다.

그는 처장의 호출을 기다리고 있었다. 왜냐하면 미국 로스앤젤레스에서 중대한 실수를 저질렀기 때문이다. 그 실수란 이러했다.

재미한국인이 밀집해 있는 로스앤젤레스에서 그는 동향 사람들과 접촉하면서 "김대중 같은 놈은 내가 권총으로 쏴죽이고 말거야!"라고 소리를 쳤던 것이다.

당시 미국에 있던 김대중 씨도 그와 같은 목포 출신인데, 그의 말이 김대중 씨 귀에까지 들어가자 문제가 커졌다. 급기야 보안사령부가 김대중을 암살하려 하고 있다고 판단한 김대중 씨 측근은 미국정부에 신병보호를 요청했다. 미국정부는 정식 루트를 통해 그의 이름까지 들어가면서 한국정부에 항의서한을 보냈다(당시 김대중 씨 측근 및 미국정부는 보안사 요원들이 김대중 씨 암살목적으로 미국에 입국한 것으로 판단했다).

이처럼 그는 엉뚱한 데가 많은 인물이었다. 1978년 10월경 그는 자신이 취입한 노래 테이프 2만 개를 광주지역 보안부대원들에게 내달라는 부탁을 서슴지 않았다. 특히 내가 목포지역에서 근무할 때 그의 보디가드로 있다가 그로부터 배신을 당한 유모 조직 폭력배 두목이 복수를 위해 칼을 소지한 채 목포 밀물다방에 그의 부하들과 함께 포진한 사건이 벌어졌다.

현지로 출동한 내가 유모 씨를 만나 설득하고 둘을 화해시키기까지 했다. 그러나 얼마 후, 유모 씨는 목포 보성장 여관에서 취침 중 정체불명의 괴한으로부터 피습을 당했고, 불구자가 되어 고향 진도로 낙향했다.

이러한 이력이 있는 그, 즉 모 준위가 정승화 총장 연행에 참여한 것은 보안사의 생리상 당연한 조치였다. 아무튼 그런 중요한 임무를 맡은 모 준위는 허삼수와 우경윤을 자신의 슈퍼살롱 차에 태우고 육참총장 공관으로 향했다.

허삼수와 우경윤이 총장 공관으로 들어가고, 자신은 자동차의 시동을 끄지 않은 채 대기하고 있던 중 안에서 총성이 들려왔다. 그는 작전이 무사히 전개되기는 틀렸다고 판단하고, 트렁크 안에 준비해둔 M-16소총 7정을 꺼내 공관 경비요원들을 향해 난사했다. 그 사건이 있은 후 동료들이 그에게 물었다.

"어이, 자네는 왜 그때 소총을 일곱 정이나 가지고 다녔어?"

그러자 그가 역사적인(?) 대답을 했다.

"나는 예나 지금이나 M-16소총 조작법을 몰라. 그래서 사병들한테 일곱 정 모두에 실탄을 장전해 두라고 한 거여. 그래야 안전장치만 풀면 즉각 사격이 가능하잖남?"

웃음도 나오지 않는 일이었다. 보안사 수사요원이 M-16소총을 조작할 줄 모르다니! 나 역시 그 말을 믿고 싶지 않았다. 그만큼 그는 별난(?) 존재였다. 하긴 어느 시대, 어느 장소인들 그런 귀인(?)이 없으랴!

우스운 것은 그때 그가 M-16소총을 난사하자 공관을 경비하던 해병대 및 일부 헌병들이 큰 부대가 들어온 것으로 착각하고 혼비백산하는 바람에 일행은 무사히 정승화 총장을 연행하여 공관에서 나올 수 있었다고 한다.

이러한 공로가 인정되어 모 준위는 일약 장군급에 해당하는 부이사관급 수사관으로 승진하여 모 처에서 없어서는 안 될 인물로 부상하고 있다고 알고 있다. 역사의 아이러니가 아닐 수 없다. '암흑가의 보스'는 승승장구하고 임무에 충실한 나는 강제 전역되다니!

하긴 세상에 억울한 사람이 어디 나뿐일 것인가. 지금 이 순간에도 이를 갈며 주먹을 부르르 떨고 있을 이 땅의 사내들이 어디 한둘이겠는가 말이다.

다시 정 총장 연행과정으로 돌아가보자.

이학봉의 구도 아래 정승화 총장을 연행하기 위해 1979년 12월 12일 19:00경 서울 한남동에 있는 총장공관에 요원들이 들이닥쳤다. 때마침 외출하려던 정승화 계엄사령관 겸 육군참모총장을 요원들이 가로막으며 "김재규 재판과 관련하여 확인할 것이 있으니 같이 갑시다." 라고 말했다.

정승화 총장은 이미 몇 차례에 걸쳐 박 대통령 시해사건으로 조사를 받은 적이 있었다. 10·26 당시 김재규의 초대를 받고 범행현장에서 불과 30미터 떨어진 지점에서 정보부차장과 저녁식사를 하고 있었다는 사실과, 범행 후 김재규의 질문을 받고 병력동원에 관해 긍정적으로 대답했다는 점 등이 혐의가 되어 정승화 총장은 이미 보안사 소속 수사관으로부터 수사를 받은 바 있었다.

그런데 또다시 합수부 소속 두 대령으로부터 동행해줄 것을 요구받은 정 총장은 이를 거부하며 말했다.

"조사할 것이 있으면 이 자리에서 하라."

그러자 허삼수가 말했다.

"확인해야 할 새로운 사실이 있어 녹음을 해야 되니 같이 가시죠."

"대통령의 재가는 받고 왔느냐?"

순간 정 총장은 이들의 무례함에 치를 떨면서 되받아쳤다.

박 대통령 시절 보안사는 대학교수나 언론기관 주필 이상을 연행할 때는 사전에 청와대의 재가를 받았다. 정 총장은 아마도 그 점을 상기시킨 모양이었다.

"각하의 재가를 받았습니다."

허삼수가 대답했다.

"그래? 그렇다면 정말인지 확인해봐야겠군."

정 총장이 전속부관을 불러 전화하도록 지시했다. 하지만 허삼수는 이것이 외부병력을 동원하기 위한 술수라고 판단했다. 이때 공관 경비병과 앞에서 말한 모 준위 사이에 총격전이 벌어졌다. 그 사건으로 우경윤이 중상을 입었다. 쌍방간에 부상자가 속출했다. 이러한 와중에 정 총장은 허삼수와 모 준위가 겨누는 총구 앞에 이끌려 대기해둔 모 준위의 슈퍼살롱에 태워져 서빙고 수사분실로 연행되었다.

사태는 총장연행과 총장공관 주변의 총격전만으로 일단락된 것은 아니었다. 정 총장이 연행된 다음 총장부인과 전속부관에 의해 육군본부 상황실에 '총장납치 급보'가 통보되고 전군에 경계비상이 하달되었다.

사태는 급박하게 돌아갔다. 정 총장 측 병력인 수도경비사령관 장태완 소장이 수경사 병력을 이끌고 보안사령부를 포위했다. 특전사령관 정병주 소장도 이에 합세하여 출동태세를 갖추었다.

수경사와 공수특전사가 합수부 측의 참모총장 연행에 대해 강하게 반발하자 전두환 장군은 자신의 계획을 다소 수정하여 자신의 지지세력인 박준병의 20사단과 노태우의 9사단을 동원했다. 이들 양개 병력이 서울의 밤을 공포의 도가니로 만들어놓고 말았다.

한남동과 삼각지 삼청동에서 밤새 요란한 총성이 교차되며 권력찬탈의 피비린내를 내뿜었다(이 사건의 공로로 우경윤 헌병대령은 '휠체어'에서 장군으로 진급되었으며 퇴원 후 국방부산하 군인공제회 덕평골프장

사장으로 취임된 바 있다).

당시 정승화 총장을 구출하고 전두환 보안사령관을 제어하기 위해 병력출동을 지시한 정부군(?)은 문홍구 합참본부장, 이건영 3군사령관, 장태완 수도경비사령관, 정병주 공수특전사령관 등 이었다.

이 작전을 위해 당시 전두환을 맹종하는 사람들(보안사에 몸담았던 정치군인들)은 사전에 치밀한 계획을 짜 전두환에게 조언을 했다. 사전 전화도청에 의한 적정분석과 디데이 당일 수도권에서 일어나는 위급상황에 즉각 병력을 동원할 수 있는 정예부대 즉, 수도경비사령부 장태완 사령관과 특전사의 정병주 사령관을 회식장소로 유인했다. 그것이 결국 작전의 성공을 가져오게 했다. 말하자면 모든 거사(?)는 사전에 치밀하게 모의되었던 것이다. 어두운 80년대의 서막이 시작된 셈이었다.

정승화 참모총장의 충성스런 부하였던 두 사령관은 서글프게도 직속부하들에 의해 체포되었다. 장태완 수경사사령관은 총격을 가하며 들어온 부하 헌병단들에 의해 사령관실에서 체포되었고, 정병주 특전사령관은 직속 예하병력인 최세창의 공수대원에 의해 체포되었다. 특히 정병주 사령관은 체포과정에서 자신이 크게 다쳤을 뿐만 아니라, 그를 보호하려던 사령관비서 김오랑 소령은 동료에게 피습당해 숨을 거두었다.

그뒤 김오랑 전속부관의 부인은 남편의 죽음에 한을 품고 눈까지 멀었다고 한다. 권력 앞에는 동료도 없고 지위 고하도 없었다.

그것이 모든 쿠데타의 속성이었다.

　세상에는 상관을 위해 자신의 목숨을 바친 김오랑 소령 같은 군인이 있는가 하면, 실세를 찾아 동료와 직속상관을 버리는 군인도 있다. 만약 당신이 군인이었다면 어떻게 행동했을까?

　여기서 최인수라는 인물을 여러분에게 소개하고자 한다.

　12·12사태 당시 정승화 총장이 합수본부 수사관에 의해 연행되었을 때, 비서실장 최인수는 마침 개인적인 일로 공관을 비웠다. 그림자처럼 총장을 수행해야 할 그가 정 총장이 연행되는 시간에 공관이 아닌 다른 곳에 있었다는 것은 누가 봐도 의심 가는 일이 아닐 수 없다.

　최인수 준장은 육사출신도 아니고 전두환과는 같은 계열도 아닌 포병장교 출신이다. 그러나 그후 전두환은 최인수를 중앙정보부에 근무케 하고 별 하나를 더 달게 하여 예편시켰으며 두 번에 걸쳐 군인공제 회장직을 내주었다. 왜 그랬을까? 12·12사태로 강제 예편된 정승화 총장에 대해 다소 미안한 감정을 표하는 전두환의 의사를 그가 원활하게 수행해준 반대급부라는 얘기가 심심찮게 나돌았는데 그게 사실일까. 그렇다면 상관을 팔아 출세한 것 아닌가? 하지만 지금도 당사자들이 입을 다물고 있으니 어느 것이 진실인지는 역사가 밝혀줄 것이다.

　어쨌든 군부 내에서 '한은총재'라 불리는 군인공제회장 최인수는 변신술의 천재이며, 여간해서는 죽지 않는 불사조 같은 존재였다. 국정감사에서 '국방부 내 비리의 온상은 군인공제회'라는 말이 공공연하게 나돌았으나 그는 건재하니 말이다.

군인공제회 산하 골프장을 비롯한 9개 사업체의 변칙경영과 상계동 군인아파트 부지매입 과정에서 부정의혹들이 한겨레신문에 보도된 이후에도 최인수가 건재한 것을 보면 그를 밀어주는 전두환의 약효를 짐작하고도 남는다 할 것이다.

다시 1979년 12월 13일 아침으로 거슬러 가보자.

김재규에 관한 수사를 마무리하기 위해 정승화 총장을 연행한 전두환은 본래의 명분과는 거리가 먼 행동을 취했다. 국방부, 육군본부, 수경사 등 국방 중추부를 모두 장악한 전두환은 각 언론사마저 손아귀에 넣고 그 모든 기관을 12·12 주도병력으로 통제했다.

12·12 주도세력은 야전군 산하 제9사단의 1개 연대를 포함하여 약 6천 명이었다. 그런 막강한 병력으로 8시간 정도의 작전 끝에 모든 군 중추부를 장악해버렸던 것이다. 이른바 거사에 성공한 세력들은 국방관계의 주요 자리를 지체없이 자파 세력으로 개편했다.

12월 13일자로 육군참모총장 겸 계엄사령관에 이희성을 임명했고, 수도경비사령관에는 죽마고우 노태우를, 특전사령관에는 역시 죽마고우인 정호용 소장을 임명했다. 군 요직을 친정체제로 바꾼 것이다. 그밖에 유병현을 합참의장에, 황영시 중장을 육군참모차장에, 김복동을 육사교장에, 유학성 중장을 3군사령관에, 박준병 소장을 육본인사참모부장을 거쳐 국군보안사령관으로 임명했다. 정권을 손아귀에 넣기 위한 수순이 착착 진행되었던 것이다. '광주 5월'이 그때 이미 머리를 들고 있었는지도 모른다.

한편 체포된 정승화, 이건영, 장태완, 정병주 장군 등은 이듬해인 1980년 1월 20일자로 모두 예편되었다. 정승화 총장은 체포된 후 내란방조죄로 기소되어 1980년 3월 13일 육군보통군법회의에서 징역 10년을 선고받았다. 추후 7년으로 감형받았으나 정 총장은 항소를 포기하여 전두환의 신경을 더 이상 자극하지 않았다. 그후 복역 중 형집행정지를 받아 9개월 만에 석방되었다.

흔히 12·12사태는 10·26 대통령 시해사건 수사과정에서 우연히 촉발된 것으로 알려져 있으나 사실은 박정희 대통령의 18년 독재가 가져다준 산물이었다는 게 나의 생각이다. 무릇 역사는 순환하는 것이지 역행하는 것은 아니다. 우리는 지난 사건을 거울삼아 오늘을 보는 지혜를 가져야 한다.

그런 의미에서 1998년 헌정사상 처음으로 여야 정권이 교체되고 '국민의 정부'로 출범한 김대중 정권은 그 의의가 매우 크다 하겠다. 김대중 현 대통령 역시 5월의 희생자요, 피로 얼룩진 현대사를 '지팡이'로 버텨온 장본인 아닌가!

나중에 따로 말할 기회가 있겠지만 역대 정권이 김대중을 선거 때마다 용공으로 몰아붙인 것은 그가 누구보다 위대한 이 나라의 정치라는 반증이 아니고 무엇이겠는가. 전직 보안사 요원으로서 내가 이 말을 자랑스럽게 할 수 있다는 것이 어쩌면 이 나라의 희망인지도 모른다.

전두환은 과연
국난극복의 영웅인가?

─────────── 필자와 같은 성씨인 허문도 씨는 언론통폐합 과정을 질의하는 국회 5공특위청문회에 증인으로 출석하여 한 야당 국회의원으로부터 질문을 받았다.

"전두환 씨를 어떻게 생각합니까?"

이에 허문도가 대답했다.

"전두환 씨는 국가위란을 극복한 한 시대의 위대한 정치가지요."

나는 텔레비전을 통해 그 말을 듣고 분개하면서도 그 일부는 받아들였다. 전두환 씨의 어느 부분, 어디까지를 놓고 보느냐에 따라 그 평가는 달라진다. 물론 여기서 그를 미화할 어떤 의도도 없다.

독자들은 조선왕조 오백 년 역사 속에 단종의 왕위를 찬탈한 세조를 기억할 것이다. 수백 년이 지난 지금, 그 수양대군 세조를 국난극복의 영웅으로 칭송할 수 있을까. 그 점은 전두환에 대한 평가와 일맥상통한다. 그에게 비록 알려지지 않은 인간적인 면이 있다고는 하지만, 그를 영웅으로 말하는 허문도의 저의는 과연 군벌정신의 발로인가, 아니면 그의 뇌리에 박힌 역사의식에서 나온 것인가 묻지 않을 수 없다.

인류역사상 어떤 독재자인들 인간적인 면이 전혀 없겠는가. 하지만 한 인간의 평가는 그런 에피소드로 이루어지는 것이 아니다. 더구나 무력으로 정권을 찬탈한 세력에게라니! 그럼에도 불구하고 나는 전두환의 과거와 현재를 더듬어보려 한다. 무엇이든 상대에 대해서 잘 알아야 그에 대한 평가도 달라지는 법이니까.

솔직한 심정으로 나는 당시만 해도 전두환에 대해 연민의 정을 가지고 있었다. 그것은 존경과는 성격이 다르다.

전두환은 1979년 10월 27일 아침까지는 절대 권력자도 아니었고, 자신이 독재자로 군림하기 위한 욕심도 없었다고 본다. 그때까지만 해도 그는 계엄사령부 합동수사단 최고책임자로서 국가원수를 시해한 김재규를 단죄하려는 일념뿐이었다고 생각한다.

그후 정승화 총장을 연행하는 과정에서 정 총장이 순순히 응하기만 했어도 전두환은 다른 방법으로 대권에 응했을 것이라는 게 나의 생각이다. 물론 이 판단은 옳지 않을지도 모른다. 다만 여러 정황을 참작해보면 나의 생각에도 일리가 있지 않을까. 물론 이것도 앞서 말한 것처럼 그를 미화하거나 존경의 뜻에서 나온 것은 아니다. 역사는 결코 돌이킬 수 없다는 사실에 대한 나의 안타까

움의 발로인지도 모른다.

아무튼 전두환은 12·12사태의 성공으로 한층 자신감을 갖게 되었고, 동조세력들은 하루아침에 군부의 최고 명령권자로 군림하게 되었다. 제5공화국의 '여명'이 시작된 것이다.

그렇다면 '국보위'는 왜 탄생했고 그 명분은 무엇인가?

여기서 잠깐 우리는 월간 《신동아》에 실렸던 '전두환 정권은 태어나선 안 될 정권이었다'라는 제하의 한신대 안병무 교수의 글을 되새겨보자.

「전두환 시대에서 이어진 엄청난 구조악의 연출은 전형적인 범죄영화를 연상케 한다. 무대에서 화려한 쇼가 펼쳐지며 코미디와 익살이 속출하여 관객들의 환희와 폭소를 자아내게 하는데, 그 무대 뒤에는 무시무시한 살인사건이 진행되고 있는 그런 범죄영화 말이다. …… 〈중략〉」

박정희가 시해되자 그 대권을 가로채려는 음모의 주역들은 엄청난 폭압체제를 갖추기 위한 작전에 돌입했다. 그들은 정권을 찬탈하기 위해 상임자들을 숙청하면서 드라마를 꾸미고 그것을 폭력으로 진행했다.

12·12사태를 성공적으로 이끈 전두환은 '국보위' 설치의 필요성을 느끼고 마음속으로는 대권을 잡아야겠다는 '음모'를 키웠다.

그 증거로 독자들도 알다시피 국보위의 현판식이 이루어진 것은 1980년 6월 5일이지만, 국보위가 국무회의의 의결을 거쳐 가결된 것은 공교롭게도 그해 5월 27일이다. 광주사태(당시는 그렇게 불렀으므로 편의상)가 해결된 날과 같은 날로 일정이 맞추어진 데 대한 해답을 구해보자.

5·18 계엄확대 조치가 있기 전인 5월 17일 국방부 회의실에서 열린 국보위 탄생의 초석이 될 계엄확대에 필요한 요식 절차였던 '비상 전군 주요지휘관 회의'에 초점을 맞춰야 한다.

당시는 최규하 대통령이 시국에 걸맞지 않게 중동지역 순방이란 명목으로 외유 중인 국가원수 부재의 공백 기간이었다. 당시 절박한 국내사정에 비추어 국가원수가 과연 '원유수급'이라는 명목으로 중동을 방문해야 했는가 하는 점은 차치하고, 국가적인 중대사를 국가원수 부재하에 꼭 결정해야 했느냐는 문제에 우리는 더욱 관심을 두어야 한다.

이날 주영복 국방부장관 주재로 개최된 회의가 바로 제5공화국 출범의 결정적 발상이 된 국보위 탄생을 이끈 계엄확대 회의였음을 당시 국민들은 까맣게 모르고 있었다. 그런데 이처럼 중요한 회의에 국보위 상임위원장으로 선출된 전두환이 참석하지 않았다는 것을 우리는 간과해서는 안 된다.

한편, 그 회의에는 한 용감한(?) 장군이 있었다. 군수기지 사령관이었던 안종훈 장군은 그때 "이건 마치 시나리오를 짜고 있는 것 같군! 국민들이 승복할까?"라고 반발했던 것이다.

그 일로 용감한 장군은 국방부 보안부대장 백제기 준장에 의해 연행되었다. 사회 어느 구석이건 그런 돌연변이는 있는 법일까. 어쩌면 역사는 그런 양심적인 사람들에 의해 보존되고 지켜지는 것이 아닐까? 풍전등화의 나라를 구하기 위한 광주시민들처럼 말이다.

다시 회의로 돌아가보자.

회의는 약 40분 늦게 개최되었다. 전두환 합동수사단장의 불참이 그 이유 중 하나였으나, 회의개최 전 간담회 형식의 좌담에서 명목상 군부의 최선임자인 합참의장 유병현 장군의 논박도 이유가 되었다.

"만약 우리 군부가 그런 비상기구 설치를 결의하더라도 합법적으로 해야 한다. 지금은 최규하 대통령이 부재 중 아닌가? 국가원수 부재 중에 국무회의에서 가결된 사항을 법제화한다는 것은 국민들을 납득시킬 수 없다."

유병현 합참의장의 이 말에 주영복 국방장관은 불편한 심기를 드러내며 말했다.

"글쎄, 지금 열리는 회의는 우선 확대계엄에 관한 것이고 지금 보안사령관 전두환 장군과 전화를 연결 중이오. 전두환 사령관의 말을 들어본 후 그 문제는 결정합시다."

당시 주영복 장관의 이러한 변명 아닌 변명으로 보아, 우리는 전두환 보안사령관이 사실은 국방부장관과 계엄사령관을 허수아

비로 앉혀 놓고 원격 조종했다는 것을 미루어 짐작할 수 있다.

유병현 합참의장의 반론제기와 군수기지 사령관의 시나리오 조작발언으로 설왕설래하는 가운데 늦게나마 개최된 회의에서 주영복 국방장관은 합참본부 제2정보국장인 최성택 장군에게 현 국가적 위기상황과 북괴동향을 비롯한 제반 국내외 정세에 대해 브리핑하도록 지시했다.

최성택 장군은 12·12사태 당시 모든 군사정보를 조정하고 통제하는 위치에 있었고, 내무부 치안국으로부터 국내 정보도 동시에 보고받는 막강한 임무를 수행하고 있었다. 더구나 김재규의 검거로 기능이 마비된 중앙정보부의 업무를 합참본부 제2국이 병행 수행하고 있었으므로 그의 실세는 실로 가공할 정도였다. 상급자인 유병현 합참의장의 반론은 단순한 의견으로 묵살되었다.

브리핑을 마친 최성택 제2국장이 말했다.

"따라서 국가의 안위를 위해서는 현 시점에서 사전에 철저한 대비책을 강구하지 않으면 안 됩니다."

그러자 국방장관 주영복이 유도성 질문을 했다.

"우리는 지금 경찰의 힘만으론 도저히 수습이 불가능한 현재의 사회적 혼란을 효과적으로 대처하지 않으면 안 될 시점에 직면해 있습니다. 그러한 점을 감안하여 이 자리에 참석한 지휘관들께서는 좋은 의견이 있으시면 말씀해보십시오."

그러나 당시 회의 참석자들은 주도세력의 눈치를 보면서 선뜻 의견을 제시하지 못했다. 그러자 공군참모총장 출신인 주영복 국방장관이 공군사관학교 교장을 지명하며 발언하도록 했다. 만만한 게 자기와 인연이 있는 공군이었다. 지명을 받은 공군사관학교 교장은 우물쭈물하다가 "확실히 지금은 국가적 위기상황입니다." 라는 알맹이 없는 발언을 했다.

한동안 회의실에 공허한 바람이 불었다. 터진 풍선에서 바람이 빠지는 소리 같은. 그나마 회의실의 맨 끝에 앉아 있던 공사 교장의 희미한 발언이 계기가 되어 참석자들이 하나둘 의견을 개진했다. 그들의 발언을 종합하면 다음과 같다.

"현 국내 정세는 심각한 위기상황에 봉착되었다. 이 상태로 가다가는 인도지나반도의 재판이 되고 만다. 따라서 이에 대처하는 국가비상대책기구가 우리 군부에서 먼저 제안되어야 할 시점이다. 우리 군부가 아니고서는 도저히 이 난국을 타개할 힘도 조직도 없지 않은가?"

역사적인(?) 국보위 탄생의 서막이었던 셈이다. 그때 정호용 특전사령관의 다소 무거운 발언이 있었다. 전두환과 죽마고우인 그가 소위 '뒷심'을 실어준 것이었다. 속된 말로 '지들끼리 북 치고 장구 치고' 했던 것이다. 말하자면 모든 것이 시나리오대로 착착 진행되어갔다. 주연 전두환, 조연 노태우, 정호용…… 등등 실로 엄청난 드라마가 제작되고 있었다. 그 드라마의 배우들은 국민들을 엑스트라쯤으로 생각하고 있었을 것이다. 역대정권이 그랬듯이…….

하지만 역사가 어찌 몇몇 위정자 편이겠는가. 역사는 언제나 국민들 편이었고 또 그래야만 나라의 존재가치가 있지 않겠는가. 이승만은 유배되고 박정희는 총맞아 죽고 전두환과 노태우는 감옥에 가고, 믿었던 문민정부는 나라를 거덜내고……. 하지만 그 와중에도 허리띠를 졸라매고 나라 살리자고 금을 모으는 저 백의민족 조선사람들! 누가 그들의 눈물을 닦아줄 것인가! 국민정부 김대중 정부에 거는 기대가 그래서 여느 때보다 더 크다.

그때 정호용이 했던 발언을 되새겨보자.

"이대로 가다가는 큰일이 난다는 사실엔 여러 지휘관들의 의견이 일치되는 것 같습니다. 따라서 본인은 대통령 직속하에 대통령을 자문하고 보좌하는 비상기구를 마련하는 것이 급선무라고 생각합니다. 기왕에 모였으니 이 자리에서 국회기능을 대신할 수 있는 '국가보위비상대책위원회'를 설치하는 데 의견의 일치를 보도록 합시다."

정호용이 마치 암기라도 했던 듯 술술 문장을 토해내며 순식간에 분위기를 잡았다. 말하자면 국보위 설치의 당위성에 바람을 잡은 것이다.

그렇게 정호용이 분위기를 만들자 참석자들은 이제야 비로소 주도세력의 의중을 간파한 듯, 이후 회의는 속전속결로 진행되었다. '대권'이라는 거대한 물줄기가 '샛강'들을 휩쓸고 가버린 형세였다. 하긴 같은 배에 탄 그들이 그 와중에 어떤 반론을 내세울 수 있었겠는가. 더러 작용했을 양심도 국가관도 '대세'에는 어쩔 수 없었던 것이다. 그것이 '정치군인'들의 생리인지도 모른다. 동조하면 '떡고물'이라도 생기지만, 거역하면 그 말로는 뻔했기 때문에(?) 말이다.

언젠가 어느 건방진 외국인이 우리나라 사람들의 국민성을 '들쥐'에 비유한 적이 있었다. 떼거리로 몰려다니는 들쥐! 회의에 참석한 전군 주요지휘관들이 '떼거리'로 건의서 형식의 보고서에 서명을 했다.

출범 당시부터 폭압체제를 예고하는 제5공화국이 넘어야 할 첫 번째 고개인 '국보위' 탄생을 위한 작업 중 하나! 확대계엄을 결의한 것이었다. 이는 박정희가 주도한 '국가재건최고회의'를 그대로 모방하고 있다. 과연 부전자전이란 말은 만고의 진리인 것일까?

'그렇다면 국보위 설립 골격은 누가 만들었을까?'

전군 주요지휘관 회의가 끝난 즉시 '국보위설치요망결의서'를 건네받은 전두환 보안사령관은 자신이 가장 신뢰하는 이학봉 보안사 대공처장에게 국보위를 설치하는 데 필요한 골격을 다듬도록 지시했다.

"이 처장, 누가 봐도 손색이 없는 골격을 만들어봐."

전두환의 지시를 받은 이학봉은 골격을 짜는 데 많은 시간을 필요로 하지 않았다. 이미 구상된 내용을 명문화하고 브리핑할 자료를 만드는 정도였다. 이것만 보아도 모든 게 시나리오대로 진행되었다는 것을 능히 짐작할 수 있다.

즉각 전국 보안부대 대공과장 회의가 소집되었다. 그리하여 우리 민족사에 영원한 상처로 남을 '광주 5월'이 모의되었다. 그 시나리오가 광주지구 제505보안부대 서 과장에게 하달되었고, 필자가 소속된 보안부대였다. 나의 운명은 여기서부터 비틀어지기 시작했다. 그 얘기는 차츰 하겠지만 나는 지금도 전두환이 구국의 일념으로 국보위를 설치하고 결국 대권을 잡은 것이 옳은 일인가에 대해서는 의문이 간다. 어떤 미화된 권력창출도 그 정당성, 합법성, 정통성이 결여되면 언젠가는 심판을 받는다는 생각을 필자는 그때 이미 하고 있었다.

전두환은 과연 국난극복의 영웅인가? 어쩌면 그는 국난을 가중시킨 장본인인지도 모른다. 피로 물든 광주가 그렇고, 재임기간 중 발생한 수많은 분신과 투옥이 그것을 잘 말해주고 있다.

이학봉은
누구인가?

———————— 그럼 여기서 잠시 시선을 돌려 당시 보안사 대공처장 겸 계엄사 합동수사단 수사국장이었으며 후일 청와대 민정수석 비서관을 거쳐 안기부 제2차장, 민정당 지역구의원으로 금배지를 달았던 이학봉을 소개하겠다.

이학봉은 지금은 부산으로 편입된 경남 김해군 명지면에서 태어났다. 1957년 경남고를 졸업하고 58년 7월 육사에 제18기로 입교했다. 원래는 17기에 응시했으나 낙방하고 이듬해 다시 도전해 합격했던 것이다.

이러한 인연으로 이학봉에게는 육사 17기생 친구들이 많았고 결혼도 이OO(17기. 육군본부 정책기획관을 역임한 소장)의 동생과 했다.

이학봉이 육사 4학년 재학 중인 1961년 5·16이 일어났다. 당시 육사 18기생들은 자신들의 입교 당시 교장이던 이한림李翰林 1군사령관의 체포 때문에 5·16을 놓고 찬반이 분분했으나, 결국 5월

18일에 '혁명지지' 시가행진에 나섰다. 졸업식은 1962년 2월 26일에 있었는데 윤보선 대통령은 그 이틀 후 대통령직을 사임했다.

이학봉은 원래 병과가 보병이었다. 그는 보병학교에서 6개월간의 교육을 마치고 62년 9월부터 OO사단에서 근무했다. 그후 OO연대 소대장, 대대 작전장교, 수색중대장을 거쳐 65년 방첩부대로 전입되었다. 이때 이학봉은 '하나회'에 가입한 것으로 알려졌다. 이후 방첩부대본부 방첩과 방첩계장을 지내다 70년초 방첩대가 보안사령부로 승격 개편되면서 대공처 수사과 수사계장을 지냈다. 10·26 당시 그가 심문했던 김재규가 보안부대 사령부 초대 사령관이었으니 기묘한 인연, 혹은 악연인 셈이었다.

이학봉이 전두환을 만난 것은 대략 이 무렵이었다. 전두환은 당시 중령으로 수도경비사 30대 대장, 육군참모총장 수석부관을 지내 보안사와도 업무연락이 잦았다. 두 사람은 71년 초 월남에서 함께 근무하기도 했다. 전두환은 70년 말부터 1년간 백마사단 29연대장으로 파월되었으며, 이학봉은 71년 3월부터 주월 백마 보안부대에 근무했다.

평소 이학봉은 천재적인 방첩 전문가에다 수사심문 기술이 탁월한 수사관으로, 68년 11월 울진삼척지구 무장공비 침투사건 때 적의 규모를 제일 먼저 파악한 것으로 유명하다. 당시 무장공비의 기습을 받은 단위 부대장은 책임이 두려워 적의 규모를 부풀려 상부에 보고하는 등 초동단계에서 수사에 혼선을 빚었다. 이때 그는 대원들과 함께 적을 탐문하여 그 규모가 120명 가량이라 짐작하고, 군의 작전규모를 조절토록 했다. 또한 그는 납북되었다가 귀환한 어부들 중에서 간첩교육을 받은 사람을 체포하기도 했다.

60년대 중반, 이학봉은 피랍어부들이 귀환하는 인천항으로 나가 북한 체류 중 15일 이상 일행과 떨어진 자는 무조건 보고하도록 지시했다. 그렇게 10여 명의 대상자를 수사한 끝에 한 명으로부터 자백을 받았다. 이때 그는 간첩교육을 받으려면 최소한 15일 이상이 소요된다는 것에 착안했던 것이다.

이학봉은 또한 장마로 흘러내려온 유류품만 보고도 군산에 무장공비가 침투했다는 감을 잡고 그들을 검거하는 노련함을 보였다. 이와 같이 이학봉은 자타가 공인하는 대공맨이었다.

이러한 과정을 거친 이학봉은 1975년경에 전방 20사단 보안부대장으로 발령을 받는다. 그러나 이학봉이 20사단의 임기를 마치고 당시 비하나회 출신인 강창성 사령관 주변의 보안사 실세들에게 밀려 광주 505보안부대 대공과장으로 전보될 즈음, 그의 인생을 좌우하는 미묘한 사건이 발생했다.

이학봉은 20사단 보안부대장으로 부임했을 때, 부대시설이 너무 낡은 것을 보고 20사단을 상대로 군납을 하고 있던 몇몇 군납업자들에게 부대 보수비를 거두었다. 이것이 나중에 사령부 감찰실에 적발되어 사령부 징계위원회에 회부되었다. 그 징계위 회의 결과 이학봉은 현 보직에서 대기발령을 받고 광주보안대에서 맥빠진 생활을 하게 되었다.

장교의 경우 보직대기란 전역준비를 하라는 말과 다름 아니라는 것을 이학봉은 잘 알고 있었다. 그는 업무시간만 끝나면 광주 시내에 위치한 장병휴게소인 상무관 내 '바'에서 인사불성이 되도록 술을 마셨다. 담배도 하루에 5갑을 피웠다.

원래 애연가였던 그는 자신의 괴로운 심정을 술과 담배로 달랬다. 후일 그가 청와대 민정수석 비서관이 되었을 때 무슨 이유에서인지 자신에게 텔레비전 카메라를 못 비추게 했다. 그 연유는 여기서 생략하기로 하자.

대기발령을 받고 우울한 나날을 보내던 이학봉에게 획기적인 일이 발생했다. 당시 연세대학에 유학중이던 재일교포 류柳영수(당시 28세, 일본명 야나기)가 광주포병학교 교장 조카와 대화를 나누던 중 이를 수상히 여긴 교장이 이학봉에게 제보를 하여, 이학봉이 교포간첩인 그를 체포했던 것이다.

하지만 그 유학생을 수사하던 수사관들은 이학봉이 당시 보직대기 중이었고, 연일 심문으로 지쳐 있어 범죄사실을 입증하기 힘들어지자, 유학생은 간첩이 아니라고 판단하고 수사를 종결하려 했다.

내일 훈계 방면토록 방침을 세운 그날 밤, 당시만 해도 항시 선배수사관의 그늘에 가려 보조수사관 역할밖에 하지 못했던 필자는 마침 당직근무 중이었다. 그때 나는 혹시나 하는 마음에서 지하구치소로 내려가 그동안 배운 수사실력을 총동원하여 용의자인 재일교포를 집중 심문했다.

새벽 무렵 비로소 그가 입을 열었다. 자신이 재일조총련이며 북한에서 밀파된 공작원으로부터 교육을 받았다는 것, 학생으로 위장하여 국내로 침투해 거점을 확보하라는 지령을 받았다는 것, 그동안 3회에 걸쳐 국내 학원 및 군사정보를 입수하여 북한에 보고했으며, 이번엔 군 장성을 포섭하라는 지령을 받고 포병학교 교장 조카에게 접근했다는 것 등등, 포섭이 불가능할 때는 암살하려 했다는 것까지…….

"알아냈습니다."

"허 수사관, 그게 정말이야?"

우울한 나날을 보내고 있던 이학봉 중령이 나의 보고를 받고 들뜬 목소리로 물었다.

"틀림없습니다. 제가 심문을 했습니다."

"오, 그래?"

그후 이학봉 중령이 재일교포 학생을 집중 심문한 결과 그로부터 당중 번호와 서울에도 포섭된 일당이 있다는 자백을 받아냈다.

"네! 그렇습니다."

사령부에 보고하는 이학봉은 흥분되어 있었다. 자신이 일어설수 있는 절호의 기회가 온 것이었다.

"이학봉 대공과장이 직접 사령부로 그를 압송하라!"

사령부의 명령이 떨어졌다.

"이거 얼마 안 됩니다만……."

내가 새벽 고속버스터미널 구내 식당에서 곰탕 한 그릇을 대접하며 얼마의 돈을 호주머니에 넣어주자, 이학봉은 오래도록 고맙다는 미소를 머금었다. 그 미소는 지금도 나의 뇌리에 남아 있다.

그 일로 이학봉은 파격적으로 보안사 대공처 수사과장으로 발령을 받았다. 더구나 전두환 소장이 보안사령관으로 전보되자 하나회였던 이학봉은 가히 '용이 물을 만난 격'이었다. 사람 팔자는 알 수 없는 노릇이었다. 호사다마, 새옹지마? 후에 그 인연이 '광주 5월'로 이어지니 말이다.

그후 10·26이 발생, 이학봉은 옛 상관이던 김재규를 심문하면서 전두환과 계속 관계를 맺었다. 전두환이 이학봉에게 추후 국보위 골격을 만들라고 명령한 것은 당연한 일이었다.

후일 이학봉에 대한 내막을 비교적 소상히 알고 있는 나를 제거하라고 명령한 사람이 바로 이학봉 자신이었으니, 인간관계란 참으로 알 수 없는 것이다. 권력을 위해서는 부하도 상관도 동료도 없는 세계가 바로 정치군인들의 세계였다. 지금도 그 악순환은 계속되고 있다.

이용하고 배신하고 다시 끌어당기고 버리고 병 주고 약 주고…… 한 길 사람 속은 알 수 없는 것이다. 역사가 이어지는 한!

'광주 5월'이 일단락된 후 이학봉은 당시 보안사령관 비서실장인 허화평 대령, 인사처장 허삼수 대령과 함께 머리를 맞대고 국보위 설치준비를 하며 전두환에게 '걸작품'을 브리핑했다. 이때 전두환 옆에는 12·12사태 이후 한시도 곁을 떠나지 않은 노태우가 있었다. 이른바 '광주 5월'의 핵심 멤버들이었다.

"음, 아주 훌륭해."

국보위 설치에 대한 브리핑을 받은 전두환은 만족했다. 그날 오후 전두환은 최규하 대통령으로부터 국보위 설치에 관한 재가를 받아냈다. 정권찬탈의 수순이 착착 진행되고 있었던 것이다.

그 무렵 '종이호랑이'라 불리던 최규하 대통령을 동정에 가까운 눈으로 바라보아야 했다. 그는 굳게 입을 다물고 역사의 진실을 외면하고 있었으니 참으로 안타까운 일이 아닐 수 없었다. 최규하 전대통령이 당시의 진실에 대해 입만 열었어도 현대사는 조금 밝아지지 않았을까.

나는 지금도 나로 인해 우울한 나날로부터 벗어난 이학봉이 후에 나를 제거하려 했다는 사실을 삶의 지침으로 삼고 있다.

우리 삶에는 영원한 적도 영원한 아군도 없다는 사실!

권력이라는 단맛은 그것이 끝나면 반드시 쓴맛이 찾아온다는 사실!

지금 강원도 산야에 묻혀 지난 과오를 반성하며 유배적인 삶을 자초하며 살고 있는 나는 두 발 뻗고 잘 수 있지만 그들은 어떠한가? 무릇 역사는 정의 편이리니······.

태극무공훈장은
망월동 민주묘역에……

백담사 생활에서 벗어나는 길은
망월동 묘역에 향을 피우는 길 외에 없다

―――――――――― 1987년 노태우가 대통령으로 당선되고, 여소야대의 상황에서 '5공 청문회'가 진행되면서 전두환은 결국 1988년 11월 23일 '대국민 사과문'을 발표한 뒤 부인 이순자 씨와 백담사로 들어갔다. 이를 접하며 당시 필자는 전두환에게 고하는 글을 남겼다.

백담사에서 수많은 경호원들을 고생시키며 매서운 추위와 싸우고 계시는 전두환 사령관님!
'욕심이 죄를 낳고 죄는 곧 죽음이나니'라는 성경구절을 왜 일찍이 보시지 못했는지 안타깝기만 하군요. 저는 당신이 나의 옛 상관이었다는 사실을 지난 8년 동안 정말 부끄럽게 여기며 제 자신이 보안부대원이었다는 것 자체를 숨기고 살아왔습니다.

당신은 대구공고 학창시절 한때는 옆좌석의 짝궁이기도 했던 허장원이란 동기동창을 기억하실 겁니다. 자취를 하던 어려웠던 학창시절에는 그의 집에서 며칠씩 기숙하기도 했고, 영관장교 시절 월남 백마부대에서 연대장으로 재임 시, 백마사단 사령부 감찰참모로 재직하며 당신과의 우정을 이어나간 허장원이 바로 "광주사태 발포책임자는 전두환 씨가 명백하다"고 하며 당신의 죄상을 온 국민에게 고발한 당신의 부하였던 허장환의 형이라는 사실에 당신의 감회는 어떠합니까?

당신과는 남다른 우정을 나누었던, 그리고 6·25사변 당시부터 함께 학도병으로 입대하여 군인의 길을 당신과 함께 걸었던 나의 친형 허장원은 당신이 대통령에 취임하는 것을 보고 '기뻐해야 할지 우려해야 될지 모르겠다'고 하며 박정희의 군부독재 18년의 '바턴'을 또다시 이어받아 군인이 정치에 관여하는 것을 개탄한 바 있습니다.

그리고 그는 일찍이 오늘날 백담사로 은둔까지 해야 하는 당신의 말로를 예상이나 한 듯 면종복배하는 들쥐떼가 당신 주변에 몰려들 때 당신과의 우정을 결별하고 부산 군수기지 사령부 연구발전부장이란 직책을 마지막으로 30년의 군생활을 청산한 후 당신의 시야를 벗어나 지금은 당신이 은둔한 백담사와 멀지 않은 곳에서 자신의 군생활을 반추하며 속세를 등지고 그저 평범한 일개 촌부로 인생을 정리하고 있습니다.

지난 11월 23일 당신의 평소 오만하리만큼 자신만만하던 그 특유의 몸짓은 간 데 없고 더욱이 지난 7년간 이 나라의 주인인 양 군림할 때의 황제의 음성은 간 곳 없고 기어드는 음성으로 때로는 울먹이는 듯한 표정으로 읽어나간 사과방송을 보고 나는 분노했습니다.

저렇게도 나약한 분을 왜 단군 이래 유례가 없던 폭군으로 만들었으며, 왜 그따위 사과문이나 읽게 하고 백담사로 쫓겨가게 하느냐고 말입니다. 그 무수한 들쥐떼들 속에 쓸 만한 놈이 한 마리도 없었단 말입니까?

적어도 쓸 만한 인재 하나라도 당신 주변에 있었다면 아직도 국민을 바지저고리로 여기는 그따위 감정에 호소하는 졸작 사과문보다는 이성에 호소하는 사과문을 발표하게 한 후, 백담사로 직행할 것이 아니라 당신이 받은 국가 최고훈장인 태극무공훈장 등 훈장보따리를 안고 광주 망월동 민주묘역을 찾게 했을 것입니다. 설령 군중들의 노한 돌팔매에 당신이 맞아 죽는 한이 있더라도 말입니다.

한때 술좌석에서 술을 먹다가도 전두환이란 이름 석 자만 나와도 부동자세를 취했던 당신의 충성된 옛 부하가 충심으로 간하노니 지금에라도 모든 것을 해탈하시고 백담사에서의 한시적인 생활을 청산하시고 광주 망월동 묘역을 방문하시와 경건한 마음으로 그들 영혼 앞에 사과하십시오. 그것만이 당신이 마지막으로 이 나라를 혼란과 갈등에서 구하는 길입니다.

그런 후에 향리로 돌아가신다면 당신의 생가를 불태우는 사건의 재현을 국민들은 용서치 않을 것입니다. 그렇게 착한 민족이 우리 한민족임을 귀하는 누구보다도 잘 아실 줄 믿습니다. 거듭 당부하노니 아니, 엎드려 간청하노니 이러한 제 뜻을 수렴하시어 조속하게 결행하옵시길 전 국민의 이름으로 앙망하옵니다.

갈등의 시대에서
화합의 시대로

노태우 대통령에게 고하는
초등학교 5학년이 바라는 참 민주주의!

─────── 1987년 1월 14일 남영동 대공분실에서 물고문
으로 인한 박종철 학생의 죽음과 6월 9일 연세대학교에서 시위 도
중 최루탄에 맞고 쓰러진 이한열 학생의 죽음은 전국적인 시위를
도출하는 6·10항쟁으로 이어졌다. 당시 민정당 총재인 노태우는
5년 단임의 대통령 직선제를 골자로 하는 '6·29선언'을 발표했다.
그리고 같은 해 12월 새 헌법에 준한 제13대 대통령선거에서 노
태우는 승리했다.

필자는 노태우 대통령을 끝으로, 이제 더이상 군이 정치에 관여
하는 일이 없기를, 단임만 하기를 간절히 원하는 마음에서 노태우
대통령에게 고하는 글을 남겼다.

존경하는 노태우 대통령 각하!

대통령께서는 취임 초부터 이승만 대통령 시절부터 대통령으로 호칭되던 '각하'라는 존칭을 사양하셨습니다. '탈' 권위주의를 내세우시며 보통사람의 시대를 요구하셨습니다.

그런데 얼마 전(1988년 12월 8일) 민정당 대표위원으로 선출된 박준규 씨는 정국(전국?)을 주도하겠다는 아리송한 표현을 쓰고 있습니다. 그 말의 어원상의 뜻이 무엇이라는 것도 알고 있습니다.

하지만 지금 우리나라의 국민정치 수준은 국민 위에 그 누구도 군림하는 것을 또 군림하려는 것을 용납지 않는다는 사실을, 지난 6·29선언을 내놓을 수밖에 없었던 사실에서 일찍이 통감하셨을 줄 믿습니다.

정국을 주도하던지! 전국을 주도한다는 개념인지? 하는 아무렇지도 않게 생각되는 만화 같은 부분까지도 신경쓰는 것이 국민들이 나라를 민주주의로 지키려고 하는 마음입니다.

이렇게 곤두선 촉각 속에 아직도 국민의 뜻을 역행하는 무리가 있다는 사실을 대통령께서는 모르고 계시지 않나 하고 생각합니다. 아직도 대통령께서는 지난날의 더러운 구석을 청소하고 세탁하시는 과정이라고 생각하기 때문에 말입니다. 하루속히 세탁된 깨끗한 빨래가 햇볕에 말려지는 순간을 저를 비롯한 모든 국민들은 바라고 있습니다. 세탁하시는 시간이 다소 더디더라도 말입니다. 그리고 세탁시간의 단축을 위해서 더러운 부분을 한 곳만 알려드릴까 합니다.

"그 새끼 죽고 싶어 환장했어!"
"너희 애비 장례 치를 준비나 빨리 해!"
이 말은 제가 지난 1988년 12월 6일 11시경 광주사태에 관한 기자회견을 가진 후 정확하게 2시간 40분이 지난 뒤 초등학교 5학년인 제 딸아이가 받은 협박전화 내용입니다. 지금 이 전화를 받았던 제 딸아이는 심장병이 걸릴 정도로 공포에 질려 밖에 나가는 것조차 두려워하고 있습니다.
그 뒤부터 이런 유類의 공갈협박 전화가 끊일 새 없이 걸려오는 것은 물론이고, 형사를 자처하는 정체불명의 사내들이 청주 군산 등 제 주변인물을 대상으로 저의 소재를 탐문하여 신원 및 평소 언동, 접촉인물(특히 김대중 씨) 등을 탐문확인하며 '잡히기만 하면 죽인다'는 등의 폭언을 하여 제 주변인들을 공포에 떨게 하고 있습니다.
저는 진정한 민주정치의 구현을 토착화하시려는 대통령의 참뜻을 의심 없이 받아들이는 사람 중의 한 사람입니다. 그랬기 때문에 지난 대통령선거 때는 수원역전에서 대통령 후보의 존영이 담긴 선거유인물이 길바닥에 떨어져 지나는 행인의 흙발에 짓밟히는 것을 보고 200여 매의 그 유인물을 주워 등기우편으로 심명보 당시 비서실장에게 우송한 바도 있으며, 또 300여 명의 유권자를 민정당원으로 입당시켜 그 입당원서를 직장상사인 예비역 대령 문OO(군인공제회 근무) 씨로 하여금 중앙당에 전달케 하였고 대통령에 당선된 날 아침에는 당선축전도 보낸 바 있습니다.

1988년 12월 8일 《뿌리깊은 나무》 및 《주부생활》 잡지사 김주일 기자와의 인터뷰에서는 김대중 씨보다는 노태우 씨가 대통령이 된 것이 낫다는 말도 한 적이 있습니다. 단 노태우 대통령이 임기동안 일부 정치군인들의 오판을 자제시켜 군이 정치에 관여하는 일이 없도록 하는 제도를 토착화시키고 단임만 실현한다면 군이 언제 나설지도 모를 위험부담 속에 김대중 씨가 대권을 잡는 불안요소는 국민들이 원치 않을 것이라는 단서와 함께 말입니다.

그 당시 모든 국민들은 이와 같은 마음이었으며 지금에 와서도 그런 마음에는 변함이 없을 겁니다. 그러나 저를 비롯한 모든 국민들을 각하의 치적 위에 차기 대통령은 순수한 민간정치인이 국민을 위해 심부름해주기를 바라고 있습니다. 그렇게 됨으로써 노태우 대통령의 치적이 초등학교 교과서에서 영원히 지워지지 않도록 국민들은 두고두고 칭송할 것입니다.

대통령이 바라는 참다운 민주주의가 무엇인지 그 의도를 읽지 못하는 들쥐떼의 접근을 사전에 '원천봉쇄'하시도록 간언 드리오니 부디 초등학교 5학년의 어린 가슴에 못을 박는 슬픈 정치사가 되지 않기를 거듭 당부 드립니다.

'5·18민주화운동'에 가담한
광주시민은 폭도가 아니다

────────── 한반도 남쪽에 자그마하게 자생하려는 민주주의를 말살했던 박정희의 유신정권이 궁정동의 총성으로 그 막을 내린 후 조국의 민주화를 갈망하는 목마른 국민들의 민주화를 향한 의지는 활화산같이 타올랐다.

12·12사태로 군부를 장악한 전두환 등 정치군인들은 군을 재편성하고, 전국적으로 열기를 더해가는 학생과 노동자, 재야인사 등의 민주화 여망興望을 필자가 앞서 서술한 양심선언에서 밝힌 대로 치밀한 계획하에 조직적으로 말살했던 것이다.

이른바 '화려한 휴가'라는 작전의 이름으로 명명된 살육행위 앞에 80년 5월의 광주항쟁은 결론적으로 공수부대가 자구책으로 자위력自衛力을 구사하기 위해 발포함으로써 군을 지킨 것이 아니라, 맨주먹인 시민들이 살아남기 위한 자구책으로 자위력을 구사하기 위해 총을 들 수밖에 없었던 것이며, 공수부대는 시민들을 사냥하는 기분으로 총기를 사용했던 것이다.

평화적 시위를 하던 택시기사들의 무언의 항거에 헬기를 동원하라고 지시했다는 당시 31사단장 정웅 장군의 주장과, 그런 일이 없었다고 주장하며 정웅 장군을 고소한 국방부장관의 싸움에 국민들은 애써 삭히려는 8년 전의 감정을 자극받고 있다.

헬기를 동원하라고 했느냐 안 했느냐는 증거 불충분으로 어느 한쪽이 지는 것은 뻔한 이치라 하더라도, 그리고 화염방사기를 소지한 것은 가담자 식별을 위한 물감살포 목적이었다는 변명을 들어주더라도, 진압을 위해 투입된 공수부대원이 개인화기 외 수류탄을 소지한 목적이 무엇이었느냐는 질문에는 누구라도 답을 해주었으면 한다. 그것을 사용했건 안 했건 수류탄이 웬 말인가?

그래도 할 말이 있으면 우리는 이들과 입을 섞어 대화하지 말아야 한다.

민주주의에서 극히 최대한의 의사표시인 데모를 진압하는 군인이 수류탄을 소지했다는 것은 외국인이 알까봐 부끄러운 일이다. 이러한 상황에서 광주시민은 자신의 목숨을 지키기 위해 총을 들었고, 8년이 지난 오늘 우리는 그들의 정당성을 인정하지 않을 수 없다.

그럼에도 불구하고 아직도 이들의 항거를 폭동 또는 내란으로 규정하고 민주열사들을 폭도 및 내란종사자로 기록에 남겨두는 것은 고사하고, 광주항쟁 자체의 성격을 내란으로 고수하고자 몸부림치며 자신들의 주장을 굽히지 않는 조직이 있으니 한심한 노릇이라 아니할 수 없다.

1980년 5월 30일!

서 과장의 명령에 의해 우리 수사관들에게 내란의 정의에 대해 법적 자문을 하던 광주지검에서 사태처리 수사국에 파견근무를 하고 있던 김사열 검사 및 임 모(성명 미상) 검사의 육성이 8년이 지난 오늘도 내 귀에 생생하게 남아 있다.

"삼일운동을 우리는 '운동'이라는 이름으로 부르고 있지만 당시 일본 최고재판소는 이를 '내란'으로 정의했다."

"무장한 폭도가 아니더라도 국가 공공건물 및 시설을, 국헌을 문란케 하고 국가를 참칭할 목적으로 다중을 이루어 기습 파괴하는 행위는 내란으로 간주되며 그에 가세하고 가담한 자는 폭도가 아닌 내란종사자이다."

"그래서 유관순은 폭도수괴로 재판받은 것이 아니라 당시 일본 최고재판소는 내란종사 및 수괴로 규정했다."

"고로 광주사태는 단순 폭동이 아닌 무기를 탈취한 다중이 국가 공공기관을 습격하여 파괴하고 종사자를 살해했으며 국헌 자체를 부정하고 국가를 참칭했으므로 이는 누가 뭐라 해도, 그리고 아무리 정치적 변화가 와도 내란이다. 그리고 가담자 역시 내란 가담 또는 종사자이며 폭동과 폭도의 차원을 능가한다"라고 역설한 후

"수사관 여러분도 송치서류 작성시 이제부터는 폭도라는 표현을 쓸 것이 아니라 내란종사자로 표기해주기 바란다."

라고 한 바 있다. 얼마 전까지 광주항쟁 가담자를 '폭도'라고 명

명한 것은 그래도 격을 높여 호칭한 것임을 확인해둔다.

그러나 나는 광주항쟁의 정의를 이렇게 내리고 싶다. 5·18민주화운동은 1980년대 한국의 모든 정치적 사건들의 기폭제가 되었고, 드디어는 6·29민주화선언의 한 줄기가 되었으며 국외로는 필리핀의 아키노 정부를 탄생시키는 귀감이 되었으며 우리의 민주화운동에 하나의 준거가 될 것이고 민주주의의 활력을 재생산하는 동인이라 하고 싶다.

행동하는
양심만이
진정한 양심

5·18민주화
운동에 희생된
영령 앞에
사죄하련다

아직 죽음을 알지 못하는 소년에게는 슬픔보다 호기심이
앞선다. 진압군 철수 이후, 시신을 인수해 망월동에서 장례
를 치르고 있다. ⓒ나경택

PART 4

무소불위의 보안사
그 정체는?

─────────── 지난 8년간 전두환의 독재에 항거하다 죽어간 원한의 넋들을 진정으로 달래고, 다시는 이 땅에서 억압의 사슬이 재현되지 않고 군부독재라는 망령이 되살아나지 않도록 하기 위해 보안사와 전두환의 정체를 확인하고 폭로하여 그들이 저지른 죄상을 열거함으로써 결코 어느 개인적인 문제가 아닌 우리 국민 모두의 죽은 자와 살아 있는 자의 권리를 확인해보도록 하자. 이렇게 함으로써 그간 병들었던 보안사에 대한 외과 및 내과적인 수술이 되어 국민들이 아끼고 사랑하는 내일의 보안사가 탄생되지 않을까 생각한다.

보안사를 해부하기 전에 우선 독자들의 이해를 돕기 위해 과연 보안사가 무엇을 하는 곳이며 어떤 일을 하고 그 정체는 무엇인지 알아보기로 하자.

왜 보안사는 이승만 자유당정권 때부터 박정희에 이은 군사독재에 지렛대 겸 초석을 놓아왔으며 국보위를 탄생시켰고 언론을 처형했으며 광주사태를 유발시키는 등 엄청난 사건만 일으켰고, 전두환 등 그 대에 걸쳐 대통령을 배출하는 위대성을 보일 수 있었나? 그러면 과연 보안사를 움직이는 실세들은 누구이며 이를 지탱하는 힘은 무엇인가?

이러한 관점에서 세간에 널리 퍼진 과장된 부분을 다소 수정하여 10여 년간 보안사에 몸담았던 나의 체험을 통해 독자들에게 내보일 필요성이 있을 것 같다.

(1) 보안사의 연혁

울던 아이의 울음도 그치게 한다는 특무부대는 보안부대의 모체로 김재규 시절 그 명성이 최고조에 달했던 중앙정보부(안전기획부)와는 달리 엄청날 정도로 긴 연륜을 가진 전통 있는 부대다.

1945년 조국광복과 함께 국방사령부가 미군정 법령 제28조에 의거하여 설치되면서 오늘날 국군보안사의 효시가 되는 정보과가 생기고, 1947년 다시 국방경비대 안에 정보처로 승격되어 대북괴 첩보활동 및 남로당을 비롯한 당시 남한에 준동하던 좌익분자들에 대한 색출 및 검거 등 특수공작 임무를 수행한다.

그러던 것이 1948년 정부수립과 함께 국군창설과 병행하여 국방부 편제에 의거 정보국으로 개편되고, 전쟁 중인 1950년 10월 21일 육직부대(육군본부 직할부대)인 특무대로 그 명칭을 새롭게 하여 1960년 이승만의 독재권력이 무너질 때까지 권력보위의 도구로 이용된다.

이처럼 권력의 도구로 이용된 데에는 당시 부대장이던 김창룡이 이승만의 신임을 얻기 위해 대통령 암살조작극을 펼치는 등, 일제시대 군이 정치에 관여하는 속성을 이용한, 김창룡 개인의 출세욕 등에서 비롯된 것으로 판단된다.

자신에게 반하는 인물은 무조건 빨갱이로 몰아 잡아넣고 고문하며 죽였던 김창룡의 만행은 드디어 1956년 1월 30일 허태영 대령에 의해 종식되고 얼마 동안 본연의 임무를 수행하는 데만 전념한다.

그러나 4·19혁명으로 어부지리 정권을 맡은 민주당 정권은 지난날 야당시절 특무대에 서린 원한을 풀고자, 하지만 없앨 수는 없는 필요불가결한 기관이므로 그 기능에 제한을 두고자 1960년 7월 민주당의 제2공화국 출범과 동시에 그 기능을 축소시켜 대공업무만 수행하도록 하는 한편, 그 명칭마저도 특무대에서 방첩업무만 하는 부대라는 고유영역 속에 국한시키기 위해 방첩대로 개칭했다.

이때까지는 군 내부에 육·해·공군 별도로 방첩부대가 있었으며 그 중 대표적이고 독보적인 기관이 육군 방첩대였음은 두말 할 나위가 없다. 그러나 이 방첩대가 대공업무, 즉 고유업무에만 매진하길 기대했던 민주당 정권의 바람은 5·16쿠데타와 함께 무산되고, 박정권은 방첩대의 기능을 강화시키는 외 정보정치의 극을 이루게 된다.

방첩대와 정보부는 피차 고유한 영역이 있었으나 국내 정치 공작에 있어서는 경쟁적으로 정보활동 및 공작을 하거나 역할분담을 하여 독재권력을 유지하는 초석이 되었다.

그리고 1968년 무렵 북괴 무장공비 31명이 청와대를 기습, 이들이 청와대까지 접근하는 과정에서 방첩대원임을 자처하므로 군경의 경계초소를 무난히 통과한 사실이 밝혀지자 이에 재발 방지를 위해 부대명칭을 긴급히 보안부대로 개칭한다.

이러한 우여곡절이 있었음에도 불구하고 보안사는 70년대에 들어서도 이를 필요로 하는 위정자들에 의해 쉴 틈 없이 정보부와 경쟁적으로 남산과 서빙고 호텔에 다투어 고객(?)을 유치한다.

박정희의 유신헌법이 강행되고 그와 비례하여 정권이 위험수위에 달하자 정보업무의 독주는 당연히 가일층되었다. 3군으로 분산된 각 부대를 통합하여 보다 강력한 체제로 운영할 필요성을 구체화하고 1977년 9월 26일 3군 보안부대를 통합한 국군보안사령부가 새롭게 그 막강함을 과시한다. 대통령령 제8704호가 이를 뒷받침했던 것이다.

그러나 기구가 막강하게 비대해진 반면 김재규는 자신이 보안사령관을 역임한 경험에 비추어 보안사가 자신의 정보부를 능가하는 걸 용납지 않았다. 그리하여 일반 대민 정보수집을 규제하다가 종래에는 정보처 자체를 아예 없애버린다. 한마디로 그 시절의 보안사는 김재규의 정보부에 의해 완전히 날갯죽지가 절단된 상태였다.

그러나 궁정동의 총성이 정보부를 바람 빠진 고무풍선으로 만들면서 정보부장 김재규를 체포한 보안사는 축제적(?) 분위기에 휩싸인다. 명실공히 제5공화국 악의 씨앗을 파종하는 보안사의 시대가 개진된 것이다.

(2) 독주하는 보안사! 개국공신들의 역할

보안사가 주도하여 연출한 첫 번째 작품이 12·12사건이었다. 이 작품에 결정적 공헌을 한 소위 7공자 중 육사 15기의 권정달 대령(정보처장), 17기 허삼수 대령(인사처장), 역시 17기의 허화평 대령(사령관 비서실장), 18기의 이학봉 중령(대공처장) 등 4명이 보안사 소속 영관장교들이었던 것은 당시의 상황으로 당연한 일이었다.

이들 4명을 중심으로 이상재 준위, 신동기 준위(부이사관급 보안사 수사관), 정소영 준장(보안처장), 최예섭 준장(기획조정처장), 이상연 대령(사령관 특별보좌관), 한용원 중령(방산과장), 변규수 준장(육본보안부대장), 남웅종 준장(참모장) 등 보안사의 간부장교들 거의 모두가 망라되어 일사분란하게 역할을 분담하여 이루어낸 작품이 12·12사태와 그로부터 시작된 80년의 '정권만들기' 작업이었다.

(3) 5공화국 초석, 보안사!

이 '정권만들기' 작업에서 12·12의 중심세력이던 보안사의 주체 인사들이 여전히 중심세력으로 활약할 수밖에 없었던 것이 비록 '필연'이었다고 하지만, 80년 초 '서울의 봄'을 무참히 짓밟고 한국의 민주주의를 100년이나 후퇴시킨 무수한 반민주적 사건을 일으킨 화근이 된 것이다.

이미 12·12사태에 대해서도 국민 대부분은 납득보다는 의혹과 거부감으로 받아들였으며 5·17조치에 의한 광주의 유혈참상이 이를 증명하고 이어진 삼청교육, 언론 통폐합이 군인들의 정치한계를 보인 것이라 하겠다. 이를 인정하는 전두환 씨의 백담사 은둔 고별사에서 우리는 그것을 읽을 수 있다.

"……아무 준비가 안 된 상태에서 정권을 잡아……"

실책의 연속이었음을 솔직히 시인하거니와 중령, 대령급 젊은 장교들이 의욕은 넘치나 정치에 대해 전혀 몰랐고 하물며 속에 든 역사의식과 철학은 고사하고 최소한의 윤리관마저 정립되지 못한 처지에서 국운을 요리하였으니 그 결과는 불문가지不問可知였다.

80년 정권창출 드라마의 진행과정을 보면 5공화국이 '보안사 공화국'임을 확실히 느끼게 해준다. 집권 초기만이 아닌 7년간의 전두환 정권은 보안사가 사실상의 핵이었으며 전두환이 집권하는 동안 권력유지와 방위의 전위기구인 친위대 역할을 했음을 부인할 수가 없다.

그 역할 중에서도 보안사의 정치군인에 의해 이루어진 광주민중 학살은, 그리고 일생을 조국의 민주화를 위해 몸 바친 김대중 씨 같은 분을 용공분자로 몰아 민주주의를 이 땅에서 말살하려고 했던 과오를 내일의 보안사는 깊이 반성해야 할 것이다.

(4) 국민의 따가운 눈초리를 느껴야 하는 보안사의 진로

80년대 한국사회에서 인권탄압과 정보정치의 대명사로 전두환 폭압정권의 친위대였던 무소불위無所不爲의 군부보안사는 이제 국민으로부터 새로운 변신을 강하게 요구받고 있다. 내가 보안사 출신이라 두둔하는 말로 들릴지는 모르나 그동안 보안사가 다소나마 일부 정치목적을 가진 사람들의 과장된 표현에 의해 그 기관 자체를 필요없는, 없애버려도 무방한 기관으로 노출된 바도 없지 않다.

그러나 보안사는 절대 없어서는 안 될 기관임을 확실히 해둔다. 본래 보안사가 가진 그리고 행해야 하는 그 부대 고유의 업무는 전쟁이 종식되지 않는 한 반공국가인 우리에겐 없어서는 안 될 기관이다.

합리적이고 정치성 없는 사람이 사령관이 되어 그 기관을 이끌어나간다면 우수한 보안사 요원들은 평소 자신들에게 부여된 임무를 하나 하나 성실히 수행함으로써 국민과 국가에 충성을 바칠 것으로 믿는다.

지난 국정감사에서 보안사 책임자는 보안사의 '새 위상'을 정립한 내용을 이렇게 피력했다고 한다.

"그 어느 때보다도 민주화로 성숙된 새 시대를 맞아 저희 부대도 새 시대에 부응할 수 있는 군 정보기관이 되기 위해 다시 태어난다는 각오로 조직의 개편과 합리적이고 내실 있는 부대위상을 정립해 국민의 사랑과 신뢰를 받는 부대가 되도록 최대의 노력을 경주하고 있습니다."

우리 모두 이 말에 다시 한번 기대하는 관용을 베풀었으면 한다. 다시는 어느 개인에 의해 그 우수한 조직이 이용되는 일 없이 오로지 국민을 위하고 민주주의를 지키는 보안사의 내일을 기대한다.

보안사에 있어서는 안 될 인물

내가 쓰는 이 글에서 독자들이 무수히 대하는 505보안부대 서 과장이라는 인물이 있다. 그는 국민을 위하고 민주주의를 위하는 보안사 본래의 방향감각을 상실케 하여 국민을 탄압하고 민주주의를 역행하도록 한 보안사에 몸담았던, 보안사에 있어서는 안 될 수많은 인물 중 한 사람이다.

독자들이 그의 인물됨을 알아두는 것도 이 글을 읽는 데, 특히 광주사태가 사전 조작이라는 판단에 도움이 되겠기에 잠시 서 과장을 소개하는 지면을 할애할까 한다.

육군중령 서의남!

국군보안사 제505 보안부대 대공과장!

전남북 계엄분소 합동수사단 광주사태 처리수사국 수사부국장!

이상 어마어마한 직함이 당시 서 과장의 공식 직함이었다.

일찍이 한 개인의 무능과 아집, 그리고 망동에 의한 출세욕이 역사의 수레바퀴를 비틀어 달리게 한 사실은 비일비재했다고 하지만, 최근 우리 민족사에 씻을 수 없는 5·18민주화운동 당시의 오점을 찍게 한 인물을 추천(?)하라면 나는 서슴없이 서 과장이라 말하고 싶다.

이 글을 읽는 혹자는 이렇게 말할 것이다. "아무렇기로서니 그렇게 엄청난 사건이 부분적이라 하더라도 한 사람의 무능과 출세욕에 의한 오판에 기인될 수 있느냐?"라고.

하지만 이것은 부인할 수 없는 엄연한 사실이다. 그런 뜻에서 나는 지금 이 순간 어느 특정인에 대한 감정대립이나 중상모략으로 이 글을 쓰고 있지 않음을 명백히 해둔다.

우선 서 과장에 대한 개인적인 이력을 잠시 소개하여 그의 인품과 자질 그리고 성격형성의 단면을 조명함으로써 이러한 인물들에 의해 80년대 보안사가 움직여졌고 광주사태가 전개된 데 대한 전직 보안부대원으로서 부끄러움을 느끼며 이 글을 쓴다.

그는 전라북도 부안의 가난한 빈농의 아들로 어릴 때부터 작달막하고 허약한 체구에 머리만은 여느 사람의 그것보다 훨씬 큰 기형적인 체형의 소유자이다. 흡사 어린애들이 즐겨보는 만화에 그려진 화성인의 형상과 닮았으며 얼굴 생김새는 일본의 영웅 도요토미 히데요시豊臣秀吉를 닮은 흔히 천재형의 꾀 많고 교활한 느낌을 주는 인물이다.

그는 어려운 가세에도 불구하고 고등학교를 겨우 졸업한 뒤 청운의 뜻을 품고 고학으로나마 대학에 진학하기 위해 상경하던 도중, 열차에서 입학원서와 약간의 돈이 든 가방을 잃어버리고 홧김에 군대나 가야겠다는 생각으로 육군간부 후보생을 지망하여 군무에 발을 내딛은 자이다.

그의 말을 빌리면 당시 자신의 체격으로는 보병이나 다른 병과에서 두각을 나타내긴 힘들 것이라는 판단과 제대 후에는 조그마한 전파상이라도 하나 가져야겠기에 군생활 시작은 기술분야인 통신 주특기를 받아 통신장교로 임관하였다고 한다.

그 무렵 서 과장의 인생에 갈림길이 된 사건이 자신도 모르게 자신의 인생항로를 정하게 된다. 통신장교로 복무하던 중 육군 보안사령부가 방첩업무 중의 필수적인 통신감청부대를 신설하여 흡수한 것이 바로 그것이다. 이때 그는 보안부대로 전입되었으며 신규 보안부대 전입요원들에게 행해지는 보안교육대 교육과정에서 우수한 성적을 보여 통신이 주특기였지만 전례 없이 파격적으로 정보·수사 업무에도 종사할 수 있는 명실공히 정식 보안부대원이 되었던 것이다.

1970년 대위진급과 동시에 전남지역 보안부대 대공수사 장교로 보직되었으나 보안교육대에서 배운 이론은 실무와는 동떨어진 감이 있다는 것을 인정하지 않고 실무에는 대선배격인 하사관들에게 이론적인 업무의 충족을 요구하다 보니 항시 부하직원들로부터 이방인 취급을 받고 도외시되었다. 심지어 자신이 데리고 일하는 어느 서무병과 업무적으로 마찰을 일으켜 화가 난 그 병사로부터 당신은 정말 구제불능의 고집 센 '쪼다'라는 말을 듣게 되자 '그래, 나는 쪼다다. 그리고 네놈은 그 쪼다의 명령을 받아야 되는 놈이고……' 라고 자신의 입으로 이를 수긍함으로써 드디어는 서 대위가 아닌 '서쪼다'로 호칭되는 자였다.

그후 어떤 연유인지는 알 수 없으나 그는 탁월한 이론전개를 바탕으로 보안교육대 대공업무 교관요원으로 차출되어 소령진급 시까지 동 직책에 근무하다가 79년 3월 중령진급과 동시에 OO지역 OOO 보안부대 대공과장으로 희망 부임한 자이다.

서 과장이 얼마나 고집이 센 사람인가에 대한 이러한 일화가 있다. 우리 수사요원들은 수사과정에서 용의자를 무혐의로 훈계 방면해야 할 필요성을 느낄 때는 주무과장인 서 과장에게는 지금까지의 심문내용을 '브리핑'한 후 "혐의사실은 없으나 절대 신병을 방면해서는 안 되며 계속 수사함이 가하다고 사료됩니다."라고 해야 훈방(신병석방)조치를 하라고 명했다고 한다.

만약 수사관이 먼저 훈방하자는 의견을 제시하면 그 수사관은 무능력한 것으로 인정되고, 무혐의 피의자는 교체된 수사관에 의해 며칠씩 반복심문으로 곤욕을 치르는 등 항상 자기 외에는 불신하는 이상성격을 가진 자였다. 평소 이러한 성격으로 인해 주변에는 늘 친구가 없었으며 명령에 의해 움직이는 군생활만이 자신의 이상성격이 은폐되었고 그런 생활에 만족하는 자였다.

흔히 이러한 성격의 소유자들이 지니는, 강자에는 약하고 약자에는 한없이 강한 성격을 서 과장 또한 예외 없이 지니고 있었다. 심지어 어느 수사관이 공개수사 재가를 받기 위해 대공용의자에 대한 수사체계도를 작성하여 부대장에서 브리핑할 때도 체계도 상에는 없는 엉뚱한 말을 횡설수설하여 동석한 담당수사관을 당황하게 함은 물론, 브리핑을 받는 부대장의 결심까지 흐리게 하는 등 높은 사람 앞에 가면 눈에 초점을 잃어버리고 당황해하며 주눅이 들었다가도 일단 하급자 앞에 서면 자신의 주장이 틀렸다는 것을 자각하고도 끝까지 옳다고 주장하여 실행시킴으로써 부하로 하여금 실책을 범하게 하는 일이 비일비재한 자였다.

필자는 이러한 우유부단하고 글로써 표현하기 힘든 이상 성격의 소유자인 서 과장에 대해 좀더 면밀히 분석할 필요가 있었다. 당시 그는 임기가 만료되어 보직변경을 기다리는 입장에서 무사안일하고도 책임회피적인 근무태도로 일관하다가 역전의 기회가 오자, 자신의 위치를 인정받고 출세의 호기로 삼겠다는 야욕에 불타오르는 출세지향적인 인물로 보였다. 이러한 망종된 생각에서 비롯된 필요 이상의 과잉 행동이 자신을 역사의 패륜아로 만들어 버린다는 사실도 망각한 채 그는 광주사태를 극한 상황으로 몰고 가는 비열한 인간으로 전락하고 만다. 서의남 과장은 한마디로 전두환의 '세파트 개' 역할을 충실히 이행한 대표적 케이스였다고 말하고 싶다. 그 외에도 서 과장의 만용은 계속된다.

1981년 1월 광주근무를 끝내고 서울 사령부 OOO 공작과장으로 영전된 후 서 과장은 이제 광주사태로 인정은 받았으나 이에 자만하지 않고 더욱 심기일전한다. 전두환에게 인정받는 길은 무엇일까 골똘히 생각하던 중 당시 전두환이 문제학생들 처리로 고민하고 있던 의중을 간파하고 이에 착상하여 마침 보안사를 방문한 전두환 대통령에게 해결방법을 제안한다. 운동권 학생들은 '제적과 구속', '지도와 휴학'이 능사가 아니며 이들을 외곽에서 차단하고 강제징집과 순화교육을 시행함으로써, 야기되고 있는 문제점을 약화시키는 한편 적절히 이용까지 할 수 있다는 이른바 녹화사업계획을 '브리핑'하여 명실공히 광주사태 처리수완에 이어 전두환의 신임을 재확인하게 된다.

훗날 대학생들의 원성의 대상이 된 녹화사업의 창안 실시자가 바로 간교하기 짝이 없는 서 과장이며, 그의 천재적인 발상에서 기인된 것임을 독자들은 상상도 못했을 줄 믿는다.

국방부는 최근 이 문제와 관련하여 국회에 제출한 자료에서 '보안사는 지난 82년 9월부터 84년 11월까지 강제징집된 학생 4백 47명을 정훈교육 대상자로 분류 관리해왔으며 이 중 2백 65명에 대해서는 이른바 녹화사업을 실시했'고 밝혔다.

'보안사는 82년경부터 녹화사업을 전담하는 심사과를 신설하여 순화교육과 프락치 공작사업을 병행토록 했으며 이 목적을 위해 정규대학 출신의 중위급 단기장교를 선발하여, 특수학적 변동자들이 복무하던 전방 일부사단에 배치, 녹화사업을 담당케 한 것으로 알려져 있다.'

국방부는 지난 10월 10일 국정감사에서 녹화사업에 들어간 비용이 12억 원이라고 밝혔다. 서 과장의 가히 천재적 두뇌에서 개발되고 전두환의 승인에 의해 시행된 녹화사업은 학생운동에 대한 정보입수와 탄압을 위한 보안사의 순화 및 공작사업을 총칭하는 것으로 '특수학적변동자(특변자)'로 처리된 강제징집 학생들을 관리하는 보안대가 반정부 반체제 의식에 물든 이들 운동권 학생들을 일단 좌경 용공분자로 규정하고 그들의 '붉은 색깔에 가까운 의식을 푸르게 녹화시킨다'는 것이 소위 녹화사업의 기본취지인 것이다.

대통령 전두환을 감복시키고 동료들의 선망의 눈길을 받은 서 과장이 신설된 녹화사업 담당 심사과장으로 의기양양한 것과는 대조적으로 83년 당시 강제징집된 녹화대상 학생 중에서 6명이나 죽고 그 가운데 자살 2명이라는 불상사가 생기자, 혹시 전두환으로부터 재평가를 받게 되지 않을까 전전긍긍하던 서 과장은 또다시 엄청난 아이디어를 창출해낸다.

그 부분은 보안에 관계되므로 여기서 소개하는 것은 생략하겠으나 아무튼 자신이 출세가도에서 조금이라도 이탈되었다고 느끼면 이를 만회하기 위해 전무후무하고 경악할 일도 서슴지 않는, 민족의 이름으로 단죄받아야 마땅할 서 과장과 유사한 사고방식이 정립되지 않은 군인이 있는 보안사의 내일이 되어서는 안될 것이다.

국방부 및 보안사가 밝힌
서 과장의 녹화사업 전모

―――――――――― 그럼 여기서 서 과장이 구상하고 전두환 대통령에 의해 실현된 '녹화사업'이 얼마나 무모한 계획이었는지를 국방부 및 보안사 당국이 스스로 발표한 내용을 보며 그들의 변명을 들어보도록 하자.

〈국방부가 밝힌 강제징집 변사變死 사건〉
▶ 기간 : 1982년 11월 – 84년 11월

일명 '녹화사업'은 병역법 제19조(지원), 시행령 94조(학적 변동)에 의거, 학원소요관련 학사징계로 81년 11월부터 83년 11월간 원대조치된 자 4백 47명에 대한 정훈교육 계획으로 82년 9월부터 시작되어 84년 11월 폐지 시까지 보안사에서 교육대상자로 분류, 관리한 인원은 4백 29명이며 교육을 실시한 인원은 2백 65명이었음.

입대자와 교육대상자 간 차이가 나는 18명은 사안이 경미하여 분류과정에서 제외시킨 인원이다. 당시 군관련 사항을 감안시 문제학생의 급격한 입대증가 추세로 좌경의식의 군내 유입증가는 물론, 일부 문제사병들은 군내 의식화조직 구성획책 및 학원소요에 가담하는 등, 확고한 국가관과 이념무장으로 적과 싸워 이겨야 할 군의 입장에서 볼 때 심각한 안보위협이 되었다.

따라서 군조직의 특수성을 감안, 이념을 달리하는 자에 대해 조사 차원이 아닌 순화 차원에서의 교육이 절실히 필요하게 되었다.

이에 따라 보안사에서는 일명 '녹화사업' 계획을 수립하여 82년 5월에서 84년 11월간 2백 65명에 대해 정훈교육을 실시하여 개인별 의식정도를 관찰하기도 하였으나 많은 의식화 오염자들에게 올바른 시각을 갖게 하였고 일부 인원은 스스로 학원소요에 무분별하게 부화뇌동한 것을 참회하는 반성문까지 제출하기도 하였다.

이와 같은 업무수행 중 군의 각종 안전 및 자재사고에 학변자(특수학적변동자)들도 포함됨으로써 사고로 인한 오해와 정치문제로 비화됨에 따라 84년도에 동 업무와 전담부서를 폐지하였고, 관련 자료들은 국방부 행정규정집(11. 정부공문서 분류 및 보존기간 3년)에 실린 책정기준표(930정훈 및 군교육) 및 보안사 문서관리 내규 제8절 문서 보존관리 제81조에 의거, 파기되었다. 따라서 자료제출이 불가능한 실정이다.

군복무 중 사망한 학생명단

소속	계급	입영일자	성명	사망일	학교
22사단 55연	이병	83. 3. 18	김두황	83. 6. 8	고려대
7사단 8연	이병	83. 4. 22	한영현	83. 7. 2	한양대
15사단 39연	이병	83. 3. 29	최온순	83. 8. 14	동국대
5사단 36연	일병	81. 11. 28	정성희	82. 7. 23	연세대
5사단 27연	일병	82. 11. 26	이윤성	83. 5. 4	성균관대

※ 일병 한희철(특수학적변동자 아님)

※ 김용전(사망자 명단에 없음) : 확인불가

녹화사업 및 군수사 과정에서 사망한 한영현, 김두황, 정성희, 김용권, 한희철, 최온순, 이윤성, 최우혁 등을 조사한 군수사기관의 기록에 의하면 조사 중 사망한 자는 이윤성이며, 조사종료 2일 후 사망한 자는 한희철이고, 기타 인원은 본사업과 무관한 안전 및 정신질환에 의한 자재사고였다.

조사기간 중 사망한 이윤성은 학원소요와 관련된 조사에 의한 것이 아니고 83년 4월 19일 소속대 인근에서 북괴의 〈안전보장증〉, 〈월북만이 참된 삶을 찾는 길〉 등 북괴전단 2매를 습득, 본인의 철학개론 책자에 보관타 83년 4월 30일 13:00경 소속대대 보안담당관 중사 유○○(25)이 사고자 관물함에서 적발했다. 83년 5월 3일 지역 보안부대 대공계장 상사 박○○이 월북용의성 및 불온

전단 휴대경위 등을 확인하고 취침시켜 놓은 5월 4일 02:30경 용변본다고 밖으로 나가 부대정구장 심판대(높이 3.25미터)에 군화끈 및 요대를 이용, 목을 매어 자살하였으며 가족 입회하 부검을 실시한 바 구타 등의 타살 흔적은 발견된 바 없다.

조사종료 2일 후 사망한 한희철은 강제징집과는 무관한 자진입대자로서 83년 12월 5일에서 12월 9일간 소요관련 도피자용 주민등록증 위조혐의로 보안사에서 소환조사 후 훈방되어 원대복귀한 자로서 83년 12월 11일 04:00~05:30간 보초근무 중 가정생활 불우비관(모 김인련 가출, 매 한영안 정신질환), 주민등록증 위조관련 처벌우려 등으로 자신의 경계호에서 M-16소총으로 자살하였으며 가족입회하 사체를 처리한 바 있다.

한영현은 83년 7월 2일 02:00~04:00간 불침번 근무 중 분대장의 탄입대에서 실탄 1발을 절취한 후 불우한 가정환경을 비관 M-16소총으로 자살했다. 부父 한지초는 자신이 사우디 취업 시 모母 박경아가 부동산 투기에 가담타 실패, 가산을 탕진하자 가정불화 끝에 박경아를 토막살해한 후 시체를 유기하여 경찰에 검거, 무기징역을 선고받고 청주교도소에 복역 중이었다. 형 한강현은 폐결핵 2기로 동국대 4년 재학 중 학업중단으로 주소지에서 요양타 가출, 행방불명 됐으며 동생 2명은 주소지에서 영세민에게 배급되는 쌀을 받아 생계유지하던 가정이었음.

김두황은 83년 6월 18일 23:45 소속대 매복근무 중 용변을 위하여 근무지를 이탈후 M-16 소총으로 목 관통 염세 자살하였다.

김용권은 보안사 정훈교육과 무관한 사망자로 87년 2월 20일 평소 정신질환(우울증) 증세를 비관해오다가 목을 매어 자살하였다.

최온순은 83년 8월 14일 04:00 소속대 고참병 김두원과 철책 보초 중 상호 시비타 M-16 소총에 의해 피살되었다.

최근 병사들의 교육수준이 60%가 대학 진학 및 졸업 후 입대한 고학력자들로 구성되었기 때문에 군에서 발생되는 각종 사고에 상기와 같은 대학에 학적을 둔 입대자들도 다수 포함됨을 첨언함.

이상은 보안사 및 국방부 자체 발표에 의한 것을 인용한 것인 바 녹화사업내용 자체를 전면 부정할 수만은 없는 것이라는 점을 강조했고 사망자들의 사망원인이 녹화사업과는 무관함을 강조한 것이라 하겠다.

상기와 같은 보안사 및 국방부의 주장에 반해 '의문사유가족대책협의회'는 지난 88년 10월 19일 '억울하게 숨져간 우리 아이들의 죽음의 진상은 철저히 밝혀져야 한다'며 아래와 같은 결의문을 발표한 바 있다.

「우리는 제5공화국 이후 정치권력에 의해 의문의 죽음을 당한 피해자들의 유가족들입니다. 그동안 진상규명을 위한 혼신의 노력을 다했지만 역부족으로 뜻을 이루지 못하던 중 지난 10월 17일 보다 조직적이고 적극적인 활동을 위해 의문사유가족대책협의회를 발족하고 이번 국정감사 기간 중에 명백한 진상을 규명할 수 있도록 혼신의 노력을 다하기로 하였습니다.

　최근 제5공화국의 비리가 전 국민 앞에 낱낱이 파헤쳐지면서도 아직까지 강제 징집되어 의문 사망한 사람, 삼청교육대에서 학살된 사람, 산속 동굴에서, 바닷가에서, 어느 후미진 곳에서 의문의 죽음을 당한 사람 등의 진상이 은폐되어 있음에 경악을 금치 못하는 바입니다.

　또한 국민의 온갖 기대를 한 몸에 안고 있는 야당이 국정감사 활동 속에서 5공화국의 비리를 파헤치는 데 최선을 다하고 있음을 알지만 그 어떤 비리보다도 인간의 생명을 무참히 죽인 제반 의문사를 철저히 파헤쳐 그 진상을 규명하고 책임자를 처벌하는 것이 가장 중요한 것이라고 생각합니다. 아울러 노태우정권 역시 스스로 5공화국과 단절된 독자적인 정권이고 민주화를 실현하겠다는 일말의 생각이라도 있다면 이러한 제반 의문사의 진상을 규명하는 것만이 5공화국과는 다른 또한 민주화 실현의 의지가 있음을 입증할 수 있는 길이라는 것을 명심하고 즉각 진상규명에 나서야 할 것입니다.

　이에 우리 의문사유가족대책협의회는 이번 국정감사 기간 중에 국회 내에서 5공화국 이후 의문사한 사람들의 진상을 밝혀낼 것을 강력히 촉구하는 바이며, 만약 진상규명 없이 국정감사를 끝마친다면 이것은 곧 노태우정권이 더 이상 민주화의 의지가 없다는 것을 반증하는 것이므로 우리 아이들의 영혼을 모아 목숨을 바쳐 군부독재정권을 끝장내기 위해 싸울 것입니다. 또한 야당도 역시 더

이상 국민의 대표임을 자인할 수 없으며 스스로 권력의 하수인이라는 비난을 면치 못할 것입니다.

우리는 결코 물러서지 않을 것입니다.

우리 아이들의 죽음 앞에 두려울 게 무엇이며 어떤 미련이 있겠습니까? 지금도 눈앞에는 고통에 죽어간 아이들의 모습이 보이고 귓가에는 이 어미, 아비를 부르는 소리가 들리는 듯합니다.

기필코 진상은 규명되어야 합니다. 반드시 책임자는 처벌되어야 합니다. 우리의 온 힘을 다하여 반드시 진상을 밝히고야 말 것입니다. 이상과 같은 결의문을 채택한 의문사유가족대책협의회는

1. 의문사 규명 없이 국정감사 못 끝낸다.
1. 우리 아이 죽인 놈들 천벌을 받으리라.
1. 죽은 아들 영혼 모아 군부독재 끝장내자.

라고 주장하였으며 사망자 한영현, 김두황, 정성희, 김용권, 한희철, 최온순, 이윤성, 최우혁 등 8명에 대한 사인주장을 일일이 나열하며 타살이라고 주장하고 있다.

그럼 여기에서 1983년 3월 18일 고려대 경제학과 4학년에 재학 중 강제입영된 김두황(당시 23세) 군이 83년 6월 18일 밤 11시 30분 경계군무 중 사망하였는 바, 군수사기관이 발표한 김 군의 야전잠바 우측 상단 호주머니에서 발견된 청색 만년필 글씨의 유

서라는 '시詩'를 소개한다.

기다림밖엔
그 무엇도 남김 없는 세월이여
끝없는 끝들이여
밑없는 가없는 모습도 없는
수렁 깊이 두 발을 묻고 하늘이여
하늘이여
외쳐 부르는 이 기나긴 소리의 끝
연꽃으로도 피어 못 날 이 서투른 몸부림의
끝
못 밑을 돌덩이나마 하나
죽기 전에 디뎌보마
죽기 전에
끝없는 네 하얀 살결이나마 기어이
불길한 꿈 하나는 남기고 가마
바람도 소리도 빛도 없는 세월이여 기다림밖엔
남김 없는 죽음에서 일어서는
외침의 칼날을 기다림밖엔
끝없는 끝들이여

한 인간이 자신의 한恨 많은 생生을 청산하는 절박한 순간 그 남

김의 흔적을 시로 표현하지 말라는 법도 없다 하겠지만 나의 오랜 직업이었던 수사관으로서의 직관력에 의하면 김 군의 경우 자살이라는 인위적 수단까지 구사하며 자신의 목숨을 단축하지 않으면 안 될 암울한 처지에서 유서를 시로 표현할 여유와 멋이 과연 그 당시 그에게서 생겼을까 의문을 아니 가질 수 없다.

하여간 오늘을 사는 젊은이들을 슬프게 만든 것이 녹화사업이었음을 부인하여서는 아니 될 것이다.

전두환은
누구인가?

전두환은 보안사 사령관으로
오지 말았어야 했다!

——————— "내가 사령관으로 재임하는 동안 거짓말하는 부대원과 민폐, 관폐를 끼치는 부대원은 용서치 않겠다. 보안부대원의 본연의 임무는 간첩을 잡는 데 있다. 내가 사령관으로 부임한 후 간첩검거를 한 첫 공로자는 일계급 특진에 보상금 외 별도로 3천만 원에 상당하는 아파트를 한 채 사주겠다."

이상은 전두환이 1979년 3월 보안사령관으로 부임한 후 부대원들에게 일성으로 한 말이다. 지극히 당연하면서도 원색적인 말이다. 부하의 업무를 독려하기 위해 3천만 원의 아파트를 미끼로 거는 보안사령관!

당시 나는 이런 말을 소문으로만 듣던 중 79년 보수교육을 받기 위해 보안교육대에 입교하여 사령관 훈시를 들으며 당사자인 전두환으로부터 직접 이 말을 듣고는 정말 내 자신이 치사하다고 느꼈으며 사령관이라는 존재가 평소의 그것과는 다르다고 생각했다.

그러나 1시간 40여 분에 걸쳐 계속되는 훈시를 다 듣고 악수를
나눌 때는 그의 소탈한 인격과 친화력에 감동하여 무한한 충성을
다짐하는 마음이 스스로 우러나오는 나 자신에 놀라지 않을 수 없
었다. 그만큼 그는 인간심리를 적절히 이용할 줄 아는 달변가였
다. 그리고 체계적인 이론가라고도 할 수 있다. 그의 말은 투박하
면서도 정감이 있고 감정에 호소하는 듯한 어투였다. 다시 말해서
전두환은 평소 개인의 능률이나 기능보다는 인정과 의리 중심으
로 개인을 평가하는 사람이다.

조선시대 현군으로 꼽히는 정조 시절 '화성 능지기'라는 말이 있
다. 정조의 생부인 사도세자의 능이 있는 경기도 화성군 태안읍의
능지기를 지칭한 일화를 독자들도 익히 알고 있으리라 생각한다.

효자로 소문난 정조가 몹시 비가 오는 날 자신의 부친인 사도세
자의 묘가 유실될까 걱정되어 급히 행차해보니 임금의 행차를 예
상한 능지기가 억수같이 퍼붓는 폭우 속에서도 묘를 관리하고 있
었다. 그의 충직스러움에 감복한 정조는 이후 수시로 그를 가까이
불러 접촉하는 과정에서 나중에는 능지기란 상대의 직위도 잊은
채 국정까지 논하는 지경에 이른다. 가히 능지기의 세도가 하늘을
찌르는 것은 물론이고 능지기 자신의 한마디가 즉각 국정에 반영
되는 단계에 이르자 이에 아부하려는 고관대작들의 발길이 능지
기집 대문 앞에 그칠 줄 몰랐더라는 일화가 바로 '화성 능지기'란

말을 후세에 전하게 된 내력이다.

앞에서도 말했듯이 전두환은 인정과 의리 중심의 인물에서 흔히 볼 수 있는 귀가 얇아 남의 말을 잘 듣고 한 번 신임한 사람은 끝까지 믿는 성격의 소유자이다. 그로 인해 항상 냉정한 판단력이 떨어지는 취약성을 지니고 있었다.

서 과장이라는 일개 영관장교의 경솔한 말을 듣고 '녹화사업'을 시행토록 한 일이라든지 생면부지의 허문도를 4시간 접촉하고 그가 설파하는 이론의 당위성을 인정하고 그에 매료되어 중정부장 서리 비서실장이라는 막중한 감투를 아무런 재고 없이 선뜻 씌워준 일 외에도, 부인인 이순자의 베갯밑 송사에 못 이겨 장영자의 비리에 단호한 철퇴를 가하도록 요구하는 허화평, 허삼수의 충언을 외면하고 도리어 개국공신인 이들을 배척하는 행위 등에서 우리는 전두환의 인물됨을 읽을 수 있다. 지극히 단순하고 순진한 무골 기질의 대표적인 인물임을 알 수 있을 것이다.

이러한 전두환의 성격 때문에 5공화국의 권력은 남용되고 만다. 남용된 권력은 한 번 무너지면 모래성과도 같다. 권력은 안에서 보면 무상한 것이고, 밖에서 보면 허망한 것이라 했다.

그러나 순리만 따르면 무상과 허망은 있을 수가 없다고 2천 년 전 탄생한 예수 이전의 인물인 중국의 공자는 권력에 대한 정의를 내린 바 있다. 과분한 권력은 반드시 큰탈을 낸다. 역사의 법칙이며 교훈이다.

대통령을 만든
'하나회'

건국 이후 계속되어온 자유당의 이승만 독재와 18년간 이어온 박정희의 군부독재에 시달리는 과정에서 민주주의가 얼마나 소중한 것인가를 국민들은 절실히 실감하고 있는데도, 전두환의 5공화국은 새로운 '비전'을 제시하지 못한 채 선배인 박정희의 3공화국을 답습하다 보니 지속적인 정권유지 방법은 국민의 입에 재갈을 물리는 원초적인 통치에 의지해야만 했다. 그런 와중에 5공화국의 권력은 경직되고 부패할 수밖에 없었다. 이른바 5·17 이후 언론 통폐합, 삼청교육 등이 이러한 경직된 권력구현에서 비롯된 것이라 할 수 있다.

전두환 씨가 대통령이 되는 데 결정적 역할을 한 것은 흔히들 국군보안사령부라 알고 있으나 나는 보안사가 아니라 당시 보안사라는 특수기관에 기생하던 일부 '정치군인들 집단'이라 표현하고 싶다. 다시 말해서 '하나회'라는 군내 사조직이 제일 큰 요소로 작용한 것이다. 이 '하나회' 회원이던 노태우 씨가 또 대통령이 됨으로써 이 조직은 두 사람의 대통령을 배출했고 세 번째 대통령을 만들어낼 가능성도 배제할 수 없다.

그외 전두환에게 충성을 다짐한 '하나회' 소속 소장파로 구성된 육사 17기 중심의 청백회가 30여 명의 회원을 자랑하며 '하나회' 회원인 전두환이 대통령이 된 마당에 '하나회'의 존재는 외람됨을 지칭하며 발돋움했으나 전두환의 몰락과 함께 분산 직전인 반면 또다시 '청백회'는 빛을 발하고 있는 현실을 우리는 간과하지 말아야 할 것이다.

'하나회'가 세상에 노출된 것은 1973년 봄 육군보안사령부가 윤필용 당시 수도경비사령관을 제거하려는 수사를 하면서부터다.

미 육군은 사관학교에 입교한 장교 지망생도들에게 기초단계에서부터 장교로서의 자질과 유형을 비교하면서 장교입문의 기초를 다져주므로 군이 정치에 관여함을 용납지 않는다고 한다. 그 교육 과정에 인용되는 장교의 유형은 크게 필드 오피서(Field Officer, 야전 장교)와 폴리티컬 오피서(Political Officer, 정치 장교) 2가지로 분류되는데 전자는 어떻게 하면 전투에서 이길 것인가, 어떻게 하면 자신의 부대를 발전시킬 것인가를 생각하는 장교이고, 후자는 자신의 보직에만 신경을 쓰는 장교로 구분하고 있다.

'하나회' 장교들은 후자에 속한다고 볼 수 있으며 그런 이유로 이들은 대개 보안사 수경사 특전사 경호실 혹은 서부전선 등 남다른 보직을 차지하게 된 것이다.

73년의 윤필용 사건은 '하나회'에 대한 '비하나회' 출신의 반감이 노출된 데서 비롯된 사건이라 할 수 있다. 당시 보안사는 수사과정에서 '하나회' 소속으로 밝혀진 장교들에 대해서는 수도권에서 멀리 떨어진 부대로 전보시켰는데, 이들의 생리가 물이 얕은 곳으로 고이는 것처럼 10·26사태가 벌어질 무렵에는 권력의 중심부에 접근해 있었다. 73년 당시 보안사령관 강창성 씨가 이들의 뿌리를 완전히 제거만 했더라도 12·12사태는 발생하지 않았을 것이고 오늘의 현대사도 다시 조명되었을 것이다.

미국은 '5·18민주화운동'에 대해
노코멘트로 일관하지 않았다

──────────── "이 멍청한 새끼들아! 일들을 어떻게 하고 있는 거야?"

광주 시내가 평정되고 안정을 찾을 즈음 어느 날 오후였다. 505 보안부대 보안과장 이상의 중령이 예하 상무대 보안반장 김 소령에게 전화에 대고 업무의 실수를 노골적이고 원색적인 표현으로 힐책하고 있었다. 내막인즉 보병학교 교장인 오명(明) 장군이 며칠째 행방불명이라는 반장의 보고에 화가 나서 내지르는 소리였다. 장군이 며칠째 행방불명인데도 모르고 있었다니, 사찰업무가 주를 이루는 보안과의 업무성격상 있을 수 없는 일이다.

평소 각 장군마다 개인명칭을 부여하여 예를 들면 무등산이란 명칭이 부여된 장군의 경우 평상시에는 일일동정으로, 그리고 대상자가 출타 또는 특별한 언동이나 주요인물을 접촉했을 때는 '무등산 1호는'으로 시작되는 특이동정이 보안부대 텔렉스실에서 보안사령부로 긴급 전언, 보고되는 것이 상례이다.

그럼에도 불구하고 그 대상자가 소재불명이며 출타지는 고사하고 없어진 시간도 모른다는 것은 보통 문제가 아닌 것이다. 이 사실을 사령부에서 알면 담당자는 물론이고 보안과장은 좌천 내지 모종의 처벌을 감수해야 할 지경이다. 그렇다고 사령부에 그 사실을 보고하지 않을 수도 없다. 보안과장의 원색적인 힐책이 당연한 것이다. 급히 사령부로 보고한 보안반장은 은밀히 출타지를 탐문했다. 사령부로부터 십중팔구 불호령이 내릴 것을 각오하고 있던 중, 엉뚱한 대답이 나왔다.

"오 장군의 행방을 비밀로 하라."

극히 간단하고 내용이 느껴지지 않는 지시였다. 그후 한참 만에 밝혀진 내용에 의하면 당시 오 장군은 보안사 전두환 사령관의 은밀한 호출을 받고 미국 측에 광주사태에 대한 배경설명 임무를 수행하고 귀대하였다고 한다. 평소 오 장군의 능숙한 영어실력으로 인해 그 임무가 주어졌던 것이다.

그럼 여기서 당시 내가 보안대원으로서 알고 있던 여러 가지 비공개 자료를 보고 지득한 '5·17에 대한 미국의 태도'에 대해 기술해보겠다.

5·17조치에 대한 미국의 태도는 극히 조심스럽고 신중한 것이었다. 이같은 소극적인 반응은 과거 '카터 정부'가 한국정부의 국내 인권탄압 정책에 대해 즉각적이고도 강경한 반응을 보였던 것과는 퍽 대조적이었다.

그 까닭은 당시 '카터 정부'가 처해 있던 국내외적인 사정 때문이었던 것으로 이해될 수도 있다. 인권주의와 도덕정치를 표방한 '지미 카터'의 외교정책은 세계 도처에서 멍들고 있었다. 거듭되는 좌절 속에 80년 4월 24일 이란 '호메이니'에게 인질로 억류된 미국인을 구출하는 특공작전을 시도했으나 결과는 특공대원 8명이 사망하는 실패작으로 끝나고 만다.

한국에서 5·17조치가 있을 때 미국은 이란 실패의 악몽에서 채 깨어나지 못하고 있었다. 카터는 국내적으로 임기 마지막 해를 맞고 있었고, '에드워드 케네디'로부터 대통령 후보지명을 놓고 골치 아픈 순간을 맞고 있었던 것이다.

'워싱턴' 정가가 선거 때문에 외국으로 눈을 줄 틈이 없을 때 광주에서 5·18은 야기된 것이다. 물론 그 당시 신군부 세력이 카터가 '자신의 눈물을 걱정하느라 남의 집 눈물 걱정은 하지 않으리라'는 계산에서 5·18의 '액션타임'을 정한 것은 당연한 일이라 생각된다.

이를 뒷받침하는 외신기자들의 논조는 "한국의 장군들이 미국은 한국의 안보를 희생하면서까지 강경하게 나오지 못하리라는 점을 알고서 마음놓고 일을 저질렀다."(타임誌)고 보도한 바 있다.

미국은 당시 자국의 이익과
안보만을 중시했다

─────────── 광주항쟁에 대하여 미국이 공식적인 반응을 보인 것은 사태가 시작된 지 4일 만의 일이었다. 22일 낮(워싱턴 시간) 국무성의 '호딩 카터' 대변인은 '일일브리핑' 시간에 다음과 같은 내용의 성명을 발표한 바 있다.

"미국은 우방 한국의 남쪽에 위치한 광주에서 발생한 민간인 투쟁에 대하여 깊이 우려하고 있다. 우리는 이 사태와 관련되는 모든 당사자에게 최대한의 자제와 대화를 통해서 평화적인 사태수습 방안을 모색하도록 촉구하는 바이다.

불안사태가 계속되어 폭력사태가 가열된다면 외부세력이 위태로운 오판을 할 위험성이 있다. 평온이 되찾아지면 우리는 모든 당사자들이 최규하 대통령이 밝힌 대로 정치발전 일정을 다시 시작하는 길을 찾도록 촉구할 것이다. 미국정부는 현재의 한국사태를 이용하려는 어떠한 외부의 기도에 대해서도 한·미 상호방위조

약 의무에 의거, 강력히 대처할 것임을 강조하는 바이다."

이같은 성명을 발표한 몇 시간 후 미국은 백악관에서 고위 정책 조종회의(PRC)를 열어 한국사태에 대한 종합대책을 검토했다. 이 회의는 머스키 국무장관 주재 아래 브레진스키 대통령안보담당특보, 브라운 국방장관, 터너 CIA국장, 홀브루크 국무성차관보, 아마코스트 국무성부차관보, 플랜트 국방성부차관보 등 한반도 정책결정과 관련 있는 미행정부의 주요관리들이 참석하여 약 1시간 20분 정도 회의를 했다. 여기서 한국의 불안을 틈타 북한이 무력도발을 할 경우 한국의 안전을 보장하기 위해 조기 경보기 파견으로 감시기능을 강화하는 것과 병행하여 필리핀 '수빅' 만에 정박 중인 5만 톤급 항공모함 '코럴시' 호를 한국해역으로 급파하는 한편 일본 '요코스카'에 있던 항공모함 '미드웨이'에 경계태세 등을 내렸으며 글라이스틴 주한미대사는 본국의 훈령에 의해 북한 측에 외교경로를 통해 오판을 예고하는 경고를 보내는 등 한국의 안보를 중시하는 조치를 취했다고 당시 외지를 인용한 국내 일간지는 보도한 바 있다.

광주항쟁이 벌어졌을 때 미국은 이처럼 한국의 안보를 맨 먼저 떠올리면서 여기에 대비했다. 수많은 광주시민과 학생이 민주화를 부르짖다가 무참히 쓰러져간 사태를 접하고서도, 그토록 인권과 민주화를 외치던 미국은 한국의 강자인 신군부의 무자비한 반민주적 탄압행위에 대해 이렇다 할 제동은 고사하고 규탄의 말 한마디를 던진 바 없었다. 물론 광주지역에 거주하던 자국민은 유사시 본국으로 수송하기 위해 광주외곽 미군 비행장으로 피신 조치를 취한 후의 일이다.

당시 나는 광주시 동명동 소재 광주미문화원 원장 사택에 대해 특별비밀경호 임무도 수행했는데, 그때 광주 K-57비행장에 숙소를 두고 군부동정 및 한국 대민동정까지 파악하고 있던 광주지구 미 CIC요원 AGA 그린이 '자국민 위험지구 완전철수'를 자신들의 지휘계통에 보고하는 것을 목격한 바 있다. 이처럼 용의주도한 미국은 광주항쟁에 있어 시민 편이라기보다는 명백히 신군부 편이었다.

광주항쟁이 단순한 민주화 요구의 차원을 뛰어넘어 그 충격이 한국의 안보에까지 영향을 미쳐, 미국의 전략적인 이해에 타격을 줄 가능성이 있는 것으로 판단했기 때문이었다. 이러한 사태 인식 아래 미국은 그들이 추진하는 대한정책의 두 기둥인 민주화와 반공안보화 가운데서 당면 정책의 중점을 후자에 집중했던 것이다.

이같은 정책중심의 변화는 따지고 보면 미국의 대한정책의 특징이라고 할 수 있다. 미국이 내세우는 인권이나 민주화 요구는 그것이 안보를 저해하지 않는 범위 내에서의 일이며, 일단 안보가 우려되는 상황이 벌어지면 그때는 어김없이 안보 앞에 인권이나 민주화는 뒷전으로 밀려나기 마련이다. 예컨대 광주항쟁 때 미국이 취한 태도가 그 좋은 예라 할 수 있다.

이같은 당시 미국의 소극적인 태도와 묵인 내지는 지지에 의해 결과적으로 제5공화국이 탄생하게 된 데 대한 평가는 보는 사람의 시각과 입장에 따라 다를 수 있다. 항쟁에 가담했던 민주시민들을 폭도 또는 내란종사자로 규정했던 당시 전두환 계열은 우방인 미국이 당연히 해야 할 일을 했다고 평가할 것이고, 당시 안보가 우선이었다고 판단하여 그러한 태도를 보인 미국 측은 최소한 불가피했음을 이유로 자신들이 취한 행동을 정당하다고 할 것이다.

그러나 민주화와 문민정부를 수립하고자 했던 광주시민들의 입장에서는 그같은 미국의 태도에 대해 배신감을 느낄 일이다. 이러한 맥락에서 항쟁 이후 싹튼 반미감정은 광주, 부산, 대구, 서울의 미문화원 방화와 점거 사건으로 이어지면서 한·미 관계의 재조명을 요구하고 있는 것이다.

진실을 진실되게 알고 진실을 바르게 행하는 자만이
진실 속에 영원히 머문다

－석가세존의 법구경에서

———————— 5·18민주화운동을 가시적인 현상으로 귀결하려는 행위는 민족 앞에 두 번 죄를 범하는 것과 같다. 어떠한 현상에 대한 판단은 다각도로 분석되어야 결론에 도달할 수 있다. 원인과 결과를 놓고 분석할 수도 있고 단순히 가시적 현상을 놓고 판단할 수도 있으리라.

「당시 광주사태는 극히 일부의 불순사상을 가진 몇몇 선동적인 학생과 이를 부추기는 종교인 및 구정치인들의 정권획득을 목적으로 한 무책임한 발언이 군중심리에 부합되고 해금된 사회구조의 해방된 심리 속에 폭발하고자 하는 충동적 욕구로 충만된 가운데 이들의 기대를 꺾는 특정 정치인의 구속이 자극되어 일어난 사건으로, 특히 꾸밈없고 직선적인 그러면서도 적극적인 광주시민 성향이 데모진압을 위해 출동한 공수부대원들의 과잉저지를 묵과하지 않은 데서 발생된 것이다. 어느 누가 자신의 아들과 동생이 곤봉에 얻어맞고 개 끌듯 끌려 연행되는데 방관만 할 수 있겠는가. 제 정신으로는 볼 수 없는 광경들이다.」

　적어도 역사란 유명을 달리한 죽은 자들에 대한 기록이므로 진실 그대로를 써야 한다. 석가세존의 말씀 중에 '진실을 진실로 알고 진실되게 행하는 자만이 진실 속에 영원히 머문다'라는 말이 암시하듯 우리는 후세에 교훈을 남기는 차원에서도 진실된 역사를 전해야 하지 않을까 생각한다.

　진실을 바르게 행하지 않을 때는 영원히 진실 속에 머물 수 없다, 라는 무서운 경고를 일찍이 깨달은 우리 선조들은 사기를 기록하는 사관제도를 행했으며 사관들은 목숨을 걸고 그 무서운 왕조체제에서도 심지어 왕의 규방생활까지 사기에 기록하지 않았던가. 임금 자신이 기록을 열람하는 것은 죄악시까지 했으니 실로 선인들의 슬기로움이 아쉽기만 하다.

　청문회에 임하는 여권 국회의원은 물론 채택된 증인과 우리 모두는 죽은 자의 기록을 남겨야 하는 역사를 정리하는 사명감을 다시 한번 인식하고 교과서까지 왜곡하는 이웃 일본의 역사관을 모방하지는 말아야 할 것이다.

'5·18민주화운동' 대단원의 막은 내리고
이땅에 암흑은 깊어만 간다

———————— 조국의 민주화를 앞당기기 위해 죽음으로써 군부독재와 항거한 광주시민들을 내란국사범으로 낙인하여 형무소로 보낸 후 이들의 범죄사실을 영구히 보존하기 위해 컴퓨터에 입력하는 것을 마지막으로 80년 8월 29일 광주사태 처리수사국은 공식 해체되었다.

전국에서 뽑힌 각 수사 정보기관의 베테랑급 수사관이었던 이들은 사태 초기, 80여 명이던 것이 수사 마지막 단계에서는 일부가 원대복귀하여 수사국 해체식이 거행될 즈음에는 40여 명만이 남게 된다. 이들의 몰골은 말이 아니었다. 하지만 지긋지긋한 광주사태의 뒤처리를 마무리했다는 홀가분한 마음보다는 가족들 옆으로 한시라도 빨리 돌아가고 싶은 심정이었다.

최경조 사태처리 수사국장의 '그간의 노고를 치하한다'는 말이 있었고 전남 합동수사단장이며 505보안부대장인 박동준 대령의 수사관들에게 전달하는 기념접시(남농 허건 제작, 노송이 새겨진 그림) 증정식도 있었다. 석별의 정을 아쉬워하는 성대한 가든파티가 화기애애한 분위기 속에 열렸다. 동족을 살상하고 그들 가족의 가슴에 피맺힌 원한을 심어준 대가로 5공화국의 기반이 튼튼해진 것이다. 이를 자축하는 파티였다.

최경조 사태처리 수사국장의 제청에 의해 잔을 높이 든 수사관들의 '위하여'로 광주사태 대단원의 막은 내리고 이 땅에 암흑은 깊어만 간다.

「그후 사태처리 공적 조사가 실시되고 국난극복 기장이 수여되었으며, 각종 포상이 이루어졌다. 당시 필자는 당초 훈장추서 대상이었으나 수사과정에서 항명 사건(최근 당사 항명과정을 목격한 홍남순 변호사의 증언이 본 책자 말미에 수록되어 있다)으로 인해 내무장관 표창으로 격하 수여된다.」

암흑은 깊어만 가고
5공화국의 여명은 밝았다

──────── 80년 6월 5일 현판식을 갖고 민民을 탄압하여 군부독재 기반을 다진 국보위는 광주사태 처리수사국이 해체된 다음날 만 75일 동안 한반도 전역을 뒤흔들었던 그 무시무시한 간판을 내리고 그간의 공적을 공개한다.

국보위의 1차적 사업으로 사회정화 사업의 일환이던 권력형 부정축재자를 색출 검거함으로써 이들이 자진 헌납했다는 돈이 도합 8백 53억 1천 54만 원이라고 발표했다.

2차적 사업으로 사회안정을 저해하고 학원가나 노조를 배후 조종함으로써 사회불안 요소의 핵이었던 김대중 씨 및 그 추종세력과 관련 혐의자를 검거했다고 하며, 이들은 불순용공 세력과 내통한 사실이 있고 더욱이 민주회복을 위하여 사회혼란을 야기시킨 폭력적인 인물들로 민중봉기를 획책했으며, 비합법적 투쟁으로 정권을 탈취하려 했던 자들이라 매도함으로써 국보위의 합법성과 자신들의 행위를 은폐했다.

그리고 3차로 시행한 공직자 정화사업도 도합 8천 6백 1명의 공직자를 현직에서 억울하게 추방하였음을 자랑했다.

4차로 행해진 사업은 가난한 대학생의 학비조달 수단인 개인교습을 '교육정상화와 과열과외 해소'라는 교육혁신을 내세워 차단해버렸다.

그외 6공화국에까지 누를 끼친 삼청교육의 성과를 그들은 이렇게 미화했다.

> 삼청교육의 실시로 서민을 괴롭히던 독버섯 군群을 일망타진한 사회악 일소는 정의롭고 행복한 새사회 건설을 위한 시금석試金石이었다.

이처럼 국보위는 국민들을 바지저고리로 알고 위협적이고 유화적인 제스처를 썼던 것이다. 하여간에 전두환 장군을 중심으로 한 권력내부는 이러한 절차를 거치면서 통치권을 이양받을 준비를 착착 진행시키고 있었다. 다시 말해서 허약한 최규하 대통령으로부터 전두환 장군에게로 그 대권을 이전하는 작업이 마무리 단계에 이른 것이다.

일차로 명색뿐인 최규하 대통령을 그나마 그들이 마지막으로 필요로 했던 부분은 8·16 전두환 중장에게 별을 하나 더 달아주는 임무를 수행케 한 것이며 이 임무가 끝나자마자 45구경 권총의 싸늘한 총구가 최규하 씨를 대통령직에서 가차 없이 하야케 했던 것이다.

그리고 8월 21일에는 국방부에서 전군 주요지휘관 회의를 열어 군의 의사를 결집시켰으며, 이에 편승하여 8월 22일 전두환 장군은 군복을 벗고 정치인으로 탈바꿈했고 사흘 후인 8월 25일 독재선배 박정희가 사용했던 통일주체국민회의라는 편리한 기구를 이용하여 '대의원투표'라는 하나 마나한 투표를 통해 대의원 7백 37명의 추천으로 11대 대통령에 단독후보로 등록, 8월 27일 장충체육관에서 열린 제7차 대통령선거에서 총 투표자 2천 5백 24표(무효 1표)의 지지를 받아 체육관대통령으로 당선되었다(그후 우리 수사관들은 무효투표자 색출에 박차를 가한 결과 신안군 안좌면 대의원으로 밝혀냈다).

5·17 계엄확대조치로부터 시작하여 전두환 장군이 대통령이 되기까지의 과정에 대해 일본의 아사히 신문은 '그 솜씨가 마치 기습 군사작전을 보는 것처럼 교묘하다'고 평한 바 있다. 아무튼 절묘한 솜씨임에는 틀림이 없었다.

이 모든 과정은 5공화국의 찬란한 여명을 밝히기 위한 완벽하고 서투르기 짝이 없는 시나리오였음을 오늘을 사는 우리들은 증언할 것이고 후세 역사가들은 이를 심판할 것이다.

군부독재의 아성 속
외로운 별!

정웅 소장은
이렇게 희생되었다

──────── 광주사태를 마무리하고 국보위의 간판을 내린
정치군인들은 마지막 작업으로 자신들의 지도자를 체육관에서 용
상으로 보내는 데 성공했다.

그러나 민주정치의 표상인 국회의원 선거를 빼놓을 수 없었던
것이다. 이때 이들은 뜻하지 않은 장애요인을 만난다. 광주사태
당시 그들의 음흉한 의중을 간파하고 광주시민들과 뜻을 같이했
던 자신을 오로지 하느님에게 맡겨버린 듯한, 군부독재의 아성 속
외로운 별, 31사단장 정웅 장군이 과감히 11대 국회의원 후보로
등록하여 정면에서 도전장을 보내왔던 것이다.

81년 3월 16일 서 과장이 서울 사령부로 영전하고 후임으로 온
이상의 중령이 아침 수사회의가 끝난 후 은밀히 나를 자신의 방으
로 불렀다. 다른 수사관들은 이미 임무를 부여받고 활동을 하기
위해 광주 시내로 향하는 외근차량을 타고 있을 즈음이었다.

"오늘 허 수사관에게 중요한 SRI(특수임무)가 있소!"

"······?"

나는 그때 지긋지긋한 광주사태를 치르면서 SRI에 식상할 대로 식상해 있어 그 말만 들으면 내용은 여하간에 짜증스러운 표정부터 지었다. 이러한 내 속을 간파한 이상의 중령은 심각한 표정으로 우선 임무의 특수성을 설명했다.

"이 임무는 고위층에서 하달된 임무라는 것을 먼저 말씀드립니다."

전임자인 서 중령의 못된 말버릇을 고쳐준 당사자가 나라는 것을 소문으로 듣고 있던 이 중령은 비록 계급은 하급자지만 군대 내에서는 보기 드문 예의를 갖추며 말문을 열었다.

"과장님, 뜸 들이는 시간이 너무 긴데요."

거두절미하고 빨리 본론부터 말하라는, 아직도 짜증이 가시지 않은 나의 거친 말투에는 아랑곳하지 않고 이 중령의 이야기는 계속 내 귀에 듣기 좋은 소리만 골라 넣었다.

"부대장님께서 이러한 중요임무를 누구에게 하달할까 하시며 505에 인재가 없음을 개탄하셨습니다. 그러시면서 허 수사관 당신 외에는 적임자가 없다고 하셨어요."

"······!"

"그리고 이 일이 잘못되면 당신하고 나하고는 남한산성 갈 각오를 해야 합니다. 즉 다시 말해서, 위에서 시킨 것이 아니라 우리 둘이 짜고 영웅심에서 과잉 충성한 것으로 끝내자는 말입니다."

나는 그때서야 피우던 담배를 재떨이에 비벼 끄고 '사태가 심상치 않은 것이구나' 생각하고는 상체를 바로 세워 앉았다.

"오늘 10시에 원주에서 윤OO 장군이 비행기로 K-57에 오십니다. 목적은 국회의원에 입후보한 정웅 장군을 만나 마지막 설득작업을 하려는 것인데 우린 여기에 기대를 걸지 않고 있어요. 다만 윤OO 장군이 떠나고 난 직후 허 수사관은 정 장군을 납치해서 K-57내 분견대로 직행하시오. 모든 문제는 허 수사관에게 맡깁니다. 오늘 업무종료시간 전까지 모든 일을 매듭지어야 합니다."

이상의 중령의 말투는 어느새 명령조로 변해 있었다. 평소 나는 내 자신이 생각해도 아주 못된 버릇이 하나 있다. 어느 누구라도 명령 식으로 나의 자아를 무시하는 언동을 하면 순순히 응하지 않는 버릇이다.

"이상의 씨! 당신은 잘 모르겠지만, 난 지난 세월 동안 특히 광주사태 기간동안 생명에 위협을 받으며 수많은 특수임무를 수행한 놈이요. 이젠 좀 쉽게 해줘야 하지 않소?"

사실이지 그때 난 심신이 피로해 있었다. 위험부담이 수반되는 모든 임무는 '보안'을 이유로 전부 나한테 지시가 내려왔고 그동안 한 치의 착오 없이 그 일을 원활히 수행했었다. 그러나 당시 나는 정웅 장군을 제거하라는 임무는 솔직히 맡기가 싫었다.

국가적 차원의 일이 아닌 단순히 정치적 장애요인을 제거하는 어느 특정 개인을 대상으로 공인公人인 내가 그러한 임무를 수행한다는 것 자체가 싫었던 것이다. 더욱이 광주사태를 치르면서 이

것이 사전 조작이라는 의심을 하고 있던 중 사전 형량문제로 서 과장과 이야기할 때 조작이 확실하다는 확증을 가지고부터는 '이 나라가 뭔가 잘못되어가고 있구나' 하는 불안감에 휩싸여 있었다. 마음 깊은 곳에서 뭐라 형용할 수 없는 거부감 내지는 상대를 업신여기는, 다시 말해서 불결한 것을 대했을 때와 같은 역겨움이 움트고 있을 즈음이었다.

이러한 내 속마음 따위는 아랑곳없다는 듯, 그리고 오늘의 비밀을 안 이상 너는 우리와 공동운명체라는 듯한 이상의 중령의 이어지는 말은 나를 꼼짝 못하게 만들었다.

"허 수사관의 말뜻은 알겠고, 그렇기 때문에 이 임무가 당신한테 떨어진 거요. 솔직히 지금 이 시점에서 누가 그 임무를 높은 분들이 의도한 대로 수행할 수 있겠소. 아무 소리 하지 마시오. 이건 명령이요."

이 중령은 설득의 단계를 벗어나 명령이라는 군조직의 특수성으로 나를 옭아매었다.

"과장님 명령입니까? 아니면 부대장님 명령인가요?"

그때 나는 중령인 과장이나 부대장의 명령 따위에는 눈썹 하나 까딱하지 않을 정도로 교만해져 있었다. 그만큼 나는 그들의 은밀한 부분에 접근해 있었고, 또 그들의 실체가 무엇이라는 것을 알고 있었기 때문이다.

"이건 우리 차원이 아니요, 청와대의 지시요!"

청와대라는 이 중령의 말에 나는 다시 한번 '청와대! 그럼, 전두환이가 명령했단 말인가?' 하고 생각했다. 도대체 정웅이가 무엇이길래 청와대에서까지 그의 국회의원 입후보를 두고 촉각을 곤두세운단 말인가.

"아니, 과장님, 정웅이가 그렇게도 중요한 놈입니까?"

"……?"

"그놈은 다 된 밥에 재를 뿌리고 다니는 놈이란 말이요. 허 수사관 정말 모르고 하는 말이요?"

사실 그때 나는 정웅 장군이 국회의원에 입후보했다는 것조차 모르고 있었으며 왜 이렇게 촉각을 곤두세워 그를 제거까지 해야 하는지 모르고 있었다. 더욱이 나는 정웅 장군의 얼굴마저도 본 적이 없었다. 심지어 31사단장 이름이 정웅이었다는 사실조차 모르고 있었다.

"이놈이 바로 정치군인이요! 광주사태 당시에는 이놈이 제일 먼저 발포를 주장했으면서도 유세과정에서 자신이 발포명령을 거부했기 때문에 군에서 쫓겨났고 그때 자신이 취한 행동으로 인해 광주시민의 살상이 그 정도로 그쳤다는 언동으로 시민들을 현혹하고 있는 놈이요. 더욱이 가증스러운 것은 군은 군 본연의 자세를 지키고 일체 정치에 관여하지 말라는 지휘각서를 정면으로 위배한 놈이란 말이요!"

그 무렵 보안사령부에서는 일부 정치적 야망을 가진 군지휘관들이 국가의 혼란과 정치공백 상태를 이용하여 '나도 정치를 해야겠다'는 허망한 꿈을 품으며 지휘관으로서의 직무를 소홀히 하는 사례가 있는 바, 옷을 벗고 정치에 관여하려는 자는 엄벌 백계할 것이며 활동요원들은 이러한 동정을 예의 주시할 것이며, 지원부대의 지휘관들에게 사령관의 뜻을 전하고 추호의 동요가 없도록 조치하라는 사령관(전두환)의 교시가 내가 알기만 해도 수차례에 걸쳐 하달된 바 있었다.

이 중령은 계속해서 정웅 장군을 매도했다.

"더욱 가증스런 것은 이놈이 국보위로 사령관님을 찾아갔다가 문밖에서 거절당한 일도 있고 그 다음엔 민정당 공천을 요구했다가 그것마저도 안 되니 신민당 공천을 받으려고 했던 놈이요. 그런데 이 판국에 신민당이 미쳤다고 이런 놈한테 공천을 주겠소. 지금 신민당 입장이 군에서 쫓겨난 이런 놈을 받아들일 분위기는 아닌 것 아니요. 그러니까 무소속으로 출마한 겁니다. 아무튼 간에 붙었다 쓸개에 붙었다 하는 이런 놈이 2성 장군이었다는 것이 우리 군의 수치인 것이요."

이 중령은 자신의 열변에 스스로 도취되어 흥분하고 있었다.

"아니, 과장님은 광주사태 당시 광주에 계시지도 않으면서 정웅이가 발포 주장했다는 것을 어떻게 그렇게 잘 알고 계십니까?"

나는 이상의 중령이 자신이 목격한 듯 말하는 것에 야릇한 심술이 생겨 그렇게 반문했다.

"서류상에 나와 있는 이야기 아니요!"

'병신 같은 놈, 너따위 중령이 알긴 뭘 알아. 그리고 서류는 무슨 놈의 서류야.' 나는 속으로 이 중령에게 이렇게 말해주고 있었다.

"시간이 없어요, 지금 당장 K-57로 가시오!"

"윤성민 장군이 10시에 도착해서 비행장 VIP실에서 정웅이를 만나고 나오면 문밖에 있는 우리 부대장님에게 회담결과를 사인할 것이요. 그리고 부대장님은 나한테 사인할 것이고. 그때 당신은 지정된 위치에서 차 안에 대기하고 있는 나한테서 사인을 받으시오. 엄지손가락을 밑으로 향하는 사인이 있으면 잡아채시오. 틀림없이 정웅이는 윤성민 장군이 뜨는 비행장 밑에까지 배웅할 것이요. 윤 장군이 떠나고 나면 자신의 승용차 주차지점으로 돌아올 것이요.

다시 말해서 윤 장군을 배웅하기 위해 정웅이가 비행기 계류지점에 갔을 때 정웅이의 승용차와 운전수를 비롯한 수행원들을 재빨리 격납고 안으로 유도한 후 정웅이가 돌아왔을 땐 아까 말한 대로 신속히 조치해야 하는 거요. 주변에는 공군비행단장도 있을 테니까 절대 눈치채게 해서는 안 됩니다. 물론 이런 일에는 허 수사관이 나보다 선수겠지만……."

이 중령은 결론을 맺으며 억지웃음을 흘렸다. 그러나 난 웃기는커녕 도리어 아랫입술을 길게 내밀며 심각한 표정을 지었다.

K-57비행대장실 앞.

시계는 10시 40분을 가리키고 있었다. 정확히 10시 정각에 도착한 1군사령관 윤성민 장군과 정웅 장군은 벌써 40분간이나 VIP실에서 대좌하고 있었다. 문밖에는 505보안부대장 박동준 대령이 초조한 듯 서성이고 있었고, 눈에 띄지 않는 곳에 숨어 있던 나와 이 중령이 탄 승용차 안에는 재떨이에 담배꽁초가 수북이 쌓여갔다.

"나옵니다!"라는 운전기사의 말에 시선을 문쪽으로 향했다. 선글라스를 낀 군복차림에 지휘봉으로 손바닥을 가볍게 두드리며 걷고 있는 윤 장군 옆에 신사복 차림의 작달막한 사내가 고개를 숙인 채 따라오고 있었다. 그 뒤로 멀찍이 서 있던 505보안부대장 박 대령의 오른손이 목 뒤를 주무른다. 회담이 결렬되었다는 신호였다.

이젠 내가 등장할 차례였다. 은폐된 장소에서 승용차가 미끌어졌다. 순식간에 정웅 장군의 승용차와 수행원들을 격납고 안으로 처넣었다. 승용차가 위치해 있던 지점에 우리 차를 대기시켜 두었다. 한 가지 임무는 끝난 셈이다. 담배맛이 구수했다.

"안녕하십니까, 정 장군님!"

나는 담배를 땅바닥에 비벼끄고 두리번거리며 자신의 승용차를 찾고 있는 정웅 장군에게 다가섰다. 옆에 있던 비행단장과 거리를 두어야 했다. 505보안부대장 박동준 대령이 소리 없이 비행단장의 옷소매를 끌어 시선을 따돌렸다.

그 순간 나는 재빨리 정웅 장군의 팔을 잡으며 늑골 밑 급소를 눌렀다. 순간적으로 정웅 장군은 '억!' 소리를 내며 몸의 맥을 놓고 만다. 차는 비행장 내 한적한 도로를 100km 이상 질주했다.

OOO분견대

K-57 공군비행장을 관할하는 505보안부대 파견대 사무실!

이미 분견대 전체는 비어 있었다. 이 일을 알아서는 안 될 다른 대원들은 접근을 통제시켜버린 것이다, 눈가리개를 씌워둔 채 10여 분 그대로 독방에 두었다. 물론 입고 있던 옷은 팬티까지 벗겨버린 알몸 상태로 만들었다. 하얀 속살을 보인 정웅 씨의 살갗에서 작은 소름이 돋아오르며 솜털이 곤두서는 걸 밝은 촉광의 전등불이 비추고 있었다.

그때 애써 침착함을 잃지 않으려는 정 장군의 음성이 들렸다.

"나는 예비역 육군소장 정웅이요. 여기가 어딘지는 알 수 없고 당신이 누구신지도 모르겠으나 내가 대한민국의 장군이라는 사실을 인정해서 이에 상응하는 대접을 해주길 요구하겠소!"

나는 대답을 하지 않았다. 그의 요구는 지극히 정당했으며 또한 나도 그 말에 긍정하고 있었다. 하지만 나는 수사관이다. 그리고 나에게는 상명하복만이 있다. 피의자를 이해하고 동정하는 것은 금물이라는 수사심문 기술의 원칙이 작용했다.

"아가리 닥치고 있어! 네놈이 무슨 장군이야. 우린 군인도 아니고 기관원도 아니야. 다만 돈을 받는 살인청부업자들이야."

그때 문밖에서 나를 찾는 신호가 왔다. 옆방에 부대장 박 대령이 와 있었다.

"아, 허장환! 어떻게 해야 하는지 잘 알고 있지! 병신을 만들어도 좋아, 껍데기를 싹 벗기고 조져버려! 죽어도 상관없어. 시간이 없다. 시청이 문을 닫기 전에 마무리 지어야 해!"

평소 영국신사다운 언행과 백발이 희끗희끗 보이던 부대장의 온화한 표정은 '지킬 박사와 하이드'의 악마역인 하이드로 변해 있었다.

"다시 들어가봐. 허장환이 너만 믿는다."

부대장의 손이 나의 어깨를 짚었다. 다시 초라한 모습으로 벌거벗은 채 시멘트 바닥에 무릎을 꿇고 있는 정웅 장군 앞에 섰다.

"정 장군, 당신 왜 그렇게 고집이 세십니까?"

당시 이 말은 정 장군을 위해 약간의 언질을 준 셈이다. 이미 장군 자신은 왜 이런 고초를 당해야 하는지 알고 있을 테고, 그리고 지금부터 견디기 힘든 고문이 이어질 것을 예상했을 테니까! 사태를 재빨리 눈치채고 타협하라는 언질이었다.

"나는 기독교 신자이고 하나님을 믿습니다. 내가 민족 앞에 그리고 역사 앞에 부끄러움이 있으면 달게 받아야지요."

정말 어처구니없을 정도로 꽉 막힌 사람이다. 고집부릴 때 고집을 부리고 말이 통할 때 말을 해야 하는 것 아닐까? 나는 정 장군이 기독교 신자이며 하나님 운운하는 소리에 가슴이 덜컥하며 순간 노모의 모습을 떠올렸다.

"절대 무모한 짓은 하지 말아라. 네가 하는 짓을 하나님이 항시 지켜보고 계신다는 것을 명심해라."

빌어먹을. 하필 기독교 신자일 게 뭐람! 옆방에서는 정웅이가 내지르는 비명을 기대하고 있다. 어떻게 할까?

담배를 찾았다. 그때 손끝에 만져지는 것이 있었다. 플라스틱 제품으로 30cm 정도의 골프그립 연습용 노란 스틱이었다.

"손바닥 내놔!"

순간 정 장군의 입에서는 개잡는 비명소리가 울려 나왔다.

고문에는 여러 가지가 있다. 그 중 고문의 후유증이 전연 없으면서 가장 고통을 줄 수 있는 방법이 손바닥과 발바닥을 강타하는 것이다. 정 장군의 손바닥은 금세 새파랗게 변해갔다. 그 소리는 옆방에 있는 자들의 귀를 만족시켰다. 고문방식을 몰랐던 것이다. 30분쯤 시간이 흘렀을까? 다시 옆방의 부대장이 나를 찾는다.

"어이, 곤죽을 만들면 곤란하잖아. 시청 선거관리사무소에 데리고 가서 입후보 등록도 취소시켜야 되고, 내일 신문사에 가서 사퇴배경 성명도 해야 한단 말일세……. 남들이 볼 수 있는 외상이 있어서는 안 돼."

애초의 주문과는 말이 달라졌다. 좀전에는 보이지 않던 정보과장 구OO 중령과 대공과장 이상의 중령이 옆에 앉아 있었다. 구OO 정보과장이 참모 조언을 했던 것이다.

"알았습니다. 적당히 해두죠!"

나는 속으로 회심의 미소를 지었다. 내가 시술한 고문의 효과음이 인정된 셈이다.

"이젠 내가 직접 들어갈 테니 허 수사관은 잠시 쉬도록 해."

부대장 박 대령이 직접 정웅 장군을 상대하겠다는 소리였다.

"지금 옷을 전부 벗겨두었는데 입히고 나서 들어가시죠."

"괜찮아."

박 대령은 시간을 재고 있었던 것이다. 담배를 한 대 물고 연기를 길게 내뿜었다.

"이거 큰일났어. 그 새끼 인감도장을 여편네한테 맡겨놓았대."

정웅이를 만나고 나온 부대장 박 대령이 우리가 있는 방에 들어서면서 한 말이다.

"어떻게 하지요?"

구OO 정보과장의 멍청한 반문이 있었다.

"어떡하긴 뭘 어떻게 해. 여편네도 잡아와야지!"

사전에 예상치 못했던 일이 벌어진 것이다.

"사전에 이런 일이 있을 줄 예상하고 미리 여편네한테 맡겨놓은 것이군요!"

이상의 대공과장이 화가 난 부대장의 눈치를 조심스럽게 살피며 말을 붙였다.

"아주 교활한 놈이야. 자! 이걸 어떻게 한다……?"

부대장 박 대령은 난감한 표정을 짓고 있었다.

"야, 구 과장! 이건 다 니가 해야 할 일들이야. 그런데 허장환이나 이 중령이 수고해주고 있잖아. 정보과에 그렇게도 인재가 없어? 이 일은 이젠 당신이 맡아!"

부대장의 말이 옳았다. 이건 업무성격상 정보과의 일이었다. 하지만 평소 넥타이나 매고 점잖게 거드름이나 피우던 정보관들로서는 수행하기 불가능한 임무임을 알고 수사요원인 나를 동원했던 것이다.

"여편네 소재가 지금 어디야?"

부대장의 짜증이 계속 구○○ 정보과장에게로 쏠렸다.

"……."

"멍청한 것들!"

나는 이때 벌써 자리에서 일어나고 있었다. 옆방의 정웅 장군에게 부인의 소재를 물어보기 위해서다.

"지금 동명동 선거 사무실에 있답니다. 먼저 정웅이로 하여금 자기 부인과 일차 전화를 통하게 하는 것이 바람직하겠습니다."

세 사람의 얼굴이 동시에 나한테로 쏠렸다.

"정웅이 부인도 오늘 정웅이가 윤 장군을 만난다는 사실을 알고 있답니다. 시간적으로 봐서 우선 정웅 자신이 연락해야 할 시간이 경과했다고 판단됩니다. 일단 안심을 시켜둘 필요가 있습니다. 그런 후에 부인에게서 인감도장 인출해오는 방법을 연구하지요."

그때서야 부대장의 찌푸린 얼굴이 다소 풀렸다.

"야, 구 중령. 너 이 허장환이한테 좀 배워."

대공과장 이상의와 정보과장 구○○에 의해 일차 정 장군과 부인의 전화통화가 이루어진 것은 물론이다.

"일이 순조롭게 이루어졌다는 것과 윤 장군과 점심식사를 할 계획이니 다소 늦더라도 안심하라"는 내용이었다. 전화를 끝낸 구 정보과장이 정웅 장군의 부인을 납치하기 위해 정보외근 요원들과 정웅 장군 선거사무실이 위치한 동명동을 향해 떠났다.

"짜식들, 겨우 생각해낸 것이 마쳐야."

이 대공과장이 부인을 납치하려 떠난 구 정보과장의 그 납치방

법에 대해 말한 것이다.

"아니, 마취라뇨?"

"글쎄, 통합병원에 전화해서 포르말린인가 뭔가 하는 마취제를 준비한다고 하더군. 아마 그걸 사용할 것 같애."

나는 아무렇지도 않게 말하는 이 중령의 말을 듣고 깜짝 놀랐다. 이 친구들 정보교육대에서 임상병리학 교육도 받지 않았단 말인가? 포르말린은 전문 마취사가 사용하는 것이다. 함량이 초과되면 목숨을 앗아가는 결과를 초래한다.

"부대장님이 알고 계십니까?"

"아마 모르고 계실걸."

"왜 말리지 않으셨어요?"

"……!"

같은 과장들이었지만 묘한 감정의 잠재적 대립에서 비롯된 처사였다. 즉시 나는 부대장에게 이 사실을 보고했다.

"멍청한 새끼들! 빨리 액션 중단시켜. 그리고 허 수사관이 이 문제도 해결해!"

평소 우리 수사관들만이 소지하는 무전기는 정보외근 요원들의 선망의 대상이었다. 무전기를 소지하지 않은 정보과 요원들과의 무전연락이 불가능했다. 내가 탄 승용차의 속도계기는 100km를 초과했다. 숨가쁜 추격전이 전개된 것이다. 정웅 장군의 동명동 사무실 이층 계단을 밟고 있는 정보과 요원을 제지하는 나의 손길은 거칠었다.

"뒤로 빠져. 내가 한다."

정보과 이 소령은 계단 밑으로 곤두박질쳤다. 유리문 밖에서 안을 보니 20여 명의 사람들이 기도를 드리고 있었다.

정웅 장군이 다니는 교회신자들이 찾아와 정 장군이 국회의원에 입후보한 것을 축복하고 하나님의 가호가 정 후보와 함께 하길 바란다는 목사의 기도가 끝난 뒤 정웅 장군의 부인이 무슨 말을 전하자 박수를 치고 있었다. 이에 답하는 정 장군 부인의 표정이 기쁨으로 상기되어 있었다. 이때를 택해야 한다. 흥분된 상태가 판단에 지장을 주게 되는 심리를 이용했다.

"안녕하세요, 사모님! 윤 장군 전속부관 김 대위입니다."

우선 상냥한 표정을 지었다.

"아, 그러세요. 그런데 어떻게 여길……?"

"여길 찾느라고 혼났습니다. 윤 장군님께서 사모님을 모셔오라고 해서 왔습니다."

순간적인 임기응변이 나 자신이 생각해도 기가 막히게 술술 나왔다.

"방금 통화할 때도 그런 말씀 안 하셨는데요?"

"아! 네. 그때는 점심 하시기 전이었고 식사 후에 윤 장군님과 정 장군님께서 골프를 하고 계십니다. 아마 사모님한테 저희 윤 장군님께서 특별히 하실 말씀이 계신 모양입니다. 가시지요."

생각할 여유를 주어서는 안 된다. 일은 단숨에 해치워야 한다.

"제가 차가 없어서 정 장군님 차를 타고 왔으니까 그 차를 타고 가시죠?"

결정적으로 정웅 장군의 부인을 모시도록 한 말이었다. 자신의 남편 승용차에 운전기사까지 평소 그대로였던 것이다. 나는 K-57을 출발할 때 이런 경우를 생각해서 정 장군의 승용차와 그의 운전기사로 하여금 차를 몰게 했다. 물론 운전기사의 입을 봉쇄시킨 후였음은 말할 것도 없다.

"만일 너로 하여금 부인이 눈치를 채면 그 순간에 너와 정웅이 여편네의 생명은 이 지구상에 없을 줄 알아!"

심약한 운전기사는 무시무시한 나의 공갈협박에 순순히 응했다. 심지어 내가 선거사무실에 들어갔을 때조차 아무런 감시원도 없는데 한 발짝도 떼지 못한 채 차 안에 있었던 것이다. 부인을 수행하는 비서가 앞좌석에 타고 나와 부인은 뒷좌석에 올랐다.

부인을 안쪽에 태운 것은 차량 연행의 기초상식이었다. 차가 중흥동 광주고속 시외버스터미널 로터리를 회전할 때였다.

"이 기사, 잠시 집에 들렀다 가요. 내가 깜박 잊고 온 물건이 있어요. 잠깐이면 되니까 들렀다 갑시다."

운전기사에게 먼저 차를 돌리도록 지시한 후 그 이유를 나한테 설명했다. 자신의 납치를 눈치챘던 것이다. 순간 나는 목소리의 '톤'을 낮추었다.

"운전수! 엑세레타에서 발을 떼는 순간 네 놈의 골통은 산산조각이 난다. 지금부터 브레이크는 밟을 생각도 하지 마라. 속도계 바늘은 100km 이상이다. 그리고 부인! 지금 제가 가지고 있는 권총은 당신 남편이 차고 다니던 권총과는 성능이 다릅니다. 한 방 맞으면 황소도 주저앉는 고성능 연발자동 권총입니다. 움직이거나 고함치면 같이 죽는 겁니다."

그때 앞좌석의 비서가 상체를 뒤로 돌리려고 했다.

"야, 이 친구야! 목숨은 둘이 아니야. 얌전히 있어! 난 살인전문가야."

정웅 씨 부인의 얼굴은 분노로 시뻘겋게 변해 있었다.

"너, 뭐하는 새끼야? 차 세우지 못해."

부인은 몸부림을 치며 승용차의 도어를 잡았다. 차는 이미 광주 서부경찰서 앞 돌고개를 넘고 있었다. 그때 과속으로 달리는 우리 승용차를 발견한 경찰 패트롤카가 정지신호를 보내며 뒤를 바짝 추격해왔다.

'병신 같은 새끼들!'

나는 그때처럼 구 과장과 정보과 요원들이 미워 보이긴 처음이었다. 말을 하지 않더라도 내가 정웅 장군의 부인을 납치하면 배후에서 이를 엄호하는 것이 상례 아닌가! 속이 바짝바짝 타올랐다. 악에 받친 부인의 발악에 용기를 얻은 운전기사와 앞에 탄 비서의 행동이 달라졌다. 이제야 실토하지만 난 그때 총기를 소지하지 않고 있었다. 잠바 속에 볼록 보이게 한 것은 권총이 아니라 좀전에 정 장군을 고문하던 예의 그 골프그립 연습용 막대였다.

아마 그때 내가 권총을 가지고 있었더라면 큰 사고가 났을 것이다. 정 장군 부인을 쏘지 않았으면 눈치없이 바짝 추격해오던 순찰차를 향해 총을 쏘았을 것이다.

만약 차를 세우고 정 후보의 부인이 납치되는 것이 밝혀졌다면 내 신분은 고사하고 나는 아마 이를 목격한 광주시민들에게 밟혀 죽었을 것이다. 그만큼 그때 국회의원으로 입후보한 정웅 씨의 인기는 대단했다.

온몸에 식은땀이 흥건했다. 나중에는 심지어 뚱뚱한 정 장군 부인의 필사적인 힘을 제어할 수 없을 정도로 순식간에 몸에서 온 힘이 빠져나갔다. 문을 열려는 정 장군 부인의 손목을 잡는 내 손이 온몸에서 흘러나온 땀으로 미끈거렸다. 그러한 고투 속에서도 차는 상무대 앞을 지나고 있었다.

경찰차는 과속으로 추격해왔다. 이젠 더이상 버틸 힘이 없었다. 그때 먼저 K-57로 철수했던 정보과장 구OO가 맞은편에서 주행 차선으로 마중을 나오고 있었다. 하여간에 그렇게 반가울 수가 없었다. 그때의 반가움이란 정말 필설로는 표현이 불가능할 정도였다.

부인만 구 과장이 타고 온 승용차로 옮겨 태웠다. 나와 구 과장 사이에 앉은 부인의 악을 쓰며 튀는 침이 온 얼굴을 적신다.

"야, 이년아? 아가리 닥치고 가만있지 못해? 죽여버린다!"

구 과장의 악에 받친 소리에 부인의 태도가 다소 주춤해졌다. 나를 버려두고 먼저 들어온 것을 본 부대장이 구 과장에게 불호령을 내린 것을 안 것은 한참 후의 일이었다. 이런저런 일로 당시 구 과장은 화가 나 있었다. 그 화풀이를 정웅 장군 부인에게 함으로써 효과를 본 셈이다.

차가 무사히 K-57에 당도했다. 구 과장이 우선 K-57위병소 옆에 차를 세우도록 했다. 부인이 인감도장을 가지고 있느냐는 것부터 확인해야 한다. 또 부대장으로부터 힐책을 받을 수는 없었다. 가슴에 안고 있던 부인의 악어가죽 핸드백이 차 바닥에 거꾸로 쏟아졌다. 종류가 다른 도장이 10여 개 나뒹굴었다. 전부가 정웅이란 이름이 새겨진 도장이었다.

"야, 이년아! 어느 것이 인감도장이냐?"

구 과장이 부인을 노려보았다.

"……!"

그때 이미 정웅 씨의 부인은 체념한 상태로 입을 다물고 있었다. 이것저것 도장을 살펴보던 구 과장이 부인의 머리채를 낚아챘다.

"어……어, 과장님! 여기에서 이러실 게 아니라 안으로 들어갑시다."

"아니! 허 수사관 말리지 마시오. 내 오늘 이 년놈들을 죽여버리고 형무소 갈 거요."

아침부터 이 일로 구 과장은 부대장으로부터 힐책을 받고 있던 터라 악에 받칠 대로 받친 상태에서 이성을 잃어가고 있었다. 이때 K-57위병소에 있던 임OO 씨가 무슨 일인가 하고 우리 승용차 안을 기웃거렸다. 임OO 씨는 광주사태가 발생하기 전까지 505보안부대에 근무하던 전직 보안부대원이었으며 그 당시에는 모종의 사건으로 타 부대에 전출되어 K-57, G-2요원으로 위병소에서 출입 민간인을 관리하던 정년퇴직을 몇 달 앞둔 군무원이었다.

"야, 이 개새끼야? 저리 가! 안 가면 쏴 죽이고 말 거야."

구 과장의 어처구니없는 고함에 임 영감이 슬금슬금 꽁무니를 뺐다. 그때 바닥에 쏟아진 도장 중 하나를 슬그머니 발로 밟는 정 웅 장군 부인의 행동이 내 눈에 잡혔다.

"정웅이가 가르쳐준 도장이 여기 있구만!"

내가 부인의 발밑에서 그 도장을 주워들었다. 다른 거에 비해 허름한 타원형의 조잡한 나무도장이었다. 순간, 정 장군 부인이 나의 손에서 도장을 뺏어 입으로 가져갔다. 삼켜 버리려고 했던 것이다. 구 과장의 얼굴에 비로소 웃음기가 비쳤다.

"허 수사관, 난 오늘 당신에게 정말 감탄했소! 남들이 말할 땐 몰랐는데 오늘 직접 당신이 일하는 걸 보니……."

부대장에게 인감도장을 무난히 인출했다는 보고를 마친 구 과장이 나와 단둘이 되었을 때 나를 극찬한 말이었다.

"과장님, 아직 일이 끝난 것은 아닙니다. 이제부터 선거관리위 원회에 가서 해야 할 일과 그뒤 정웅부부 신병처리 문제가 남아 있으니까 부대장님께 적절한 참모 조언을 하셔야 할 겁니다."

그 순간 구 중령의 얼굴이 또다시 어두워졌다. 그후 선거관리위 원회에 후보등록 취소 문제와 익일 아침 사퇴성명을 발표하게 한 후 정읍 내장사에서 부부 공히 일박시킨 일 등은 구 중령이 지휘 하던 정보과 요원(오OO 준위)들의 손에 의해 치러졌다.

처음에는 이들에 대한 국회의원 후보등록 취소가 끝나면 미국

등 해외로 신병을 보낼 방침이었으나 국내에 그냥 머물도록 한 것으로 알고 있다.

나는 지난 88년 12월 6일 양심선언을 끝낸 후, 지금은 평민당 13대 국회의원인 정웅 의원을 만나 지난날의 일을 인간적으로 사죄하며 용서를 빌었다.

"이 사람아! 그땐 정말 아팠네."

이렇게 말하며 내 손을 잡는 정웅 의원의 손은 너그러운 형님의 손처럼 훈훈했다. 나는 아직도 그때 정웅 장군을 고문했고 그의 부인과 운전기사 그리고 비서를 위협했던 노란 플라스틱 제품의 골프그립용 막대를 간직하고 있다. 그것을 볼 때마다 81년 3월의 그 일을 회상하곤 한다.

다시 만난 광주사태처리 수사국장

자신들이 필요로 했을 때 실컷 부려먹긴 했지만 그 비밀스런 부분을 너무나도 많이 그리고 소상히 알고 있던 '나'는 5공화국 정치군인들에게는 거추장스러운 존재였다.

81년 8월 강제로 나를 보안부대에서 내쫓기 위한 음모를 보안사령부 감찰실 요원 정○○ 준위가 확인해준 바 있다.

감찰조사 당시인 그때도 그는 말했다.

"너는 죄가 있건 없건 이 부대를 떠나야 한다."

그리고 원수는 외나무다리에서 만난다더니 지난 88년 9월 남수원 골프장에서 7년 만의 상봉 때 나를 내쫓은 당시의 배경을 묻는 나에게 말했다.

"내가 현직에 있는 동안은 아무것도 묻지 마라. 다만, 윗분의 지시였다는 것만 알고 그가 누구인지도 알려고 하지 마라"라고.

85년도 필자가 쓴 광주사태에 관한 원고사건으로 보안사 수사분실에서 심문을 받을 때 나를 취조하던 수사관 역시 "너는 아무런 이유 없이 보안부대에서 쫓겨났다"고 말한 바 있다.

아무튼 그러한 악의 소굴에서 벗어날 수 있었다는 것에 그 당시나 지금이나 감사를 드린다. 그러하기에 전북 진안, 산서 등 오지를 찾아 누가 나를 알아보지 못하는 곳으로 주거지를 옮기며 은둔 생활을 하는 것이 가능했다. 그런데 한 가지 문제가 늘 나를, 그리고 우리 가족을 괴롭혔다. 생계수단이 막막했던 것이다.

독자여러분도 이해하시겠지만 기관원 출신을 받아줄 곳은 대한민국 어디에도 없다. 자연히 주변에 있는 친구, 친지들의 성가신 존재가 될 수밖에 없었다. 큰놈이 중학교 2학년이 되었을 때 할 수 없이 또 거처를 인천으로 옮겼다. 그러던 어느날 인천지구 노동청장으로부터 한 통의 편지를 받았다.

'귀하의 취업문제로 문의할 것이 있으므로 노동청으로 출두하라'는 내용이었다. 일주일간 라면을 먹고 20리 길을 걸어서 통학하던 아들놈이 고사리 같은 손으로 '전두환 대통령 각하 존전'에 집안식구들 아무도 모르게 편지로 하소연했던 것이다.

우리 아빠는 과거 직업이 무엇이고 어떤 일을 했으며 우리 가족은 지금 어떠한 환경에 처해 있노라는 내용이었다. 아들의 진정을 접수한 청와대 비서실은 그 내용을 정부 종합민원실로 이첩하고 인천지방 노동청은 상급부서로 결과를 보고하기 위해 나의 출두를 요구한 것이었다.

아들을 내세워 취업을 요구하는 아비가 되기보다는 자살을 택하는 편이 용이할 것 같았다. 친구에게서 약간의 돈을 변제하여 가족들에게 생활비로 남겨주고 자살을 결심했다. 시체가 발견되었을 때는 장례비용을 부담시켜서는 안 된다 싶어 여러 가지 자살 방법과 장소를 연구했다.

결국 주거지와 멀리 떨어진 바다로 정했다. 수심이 얕고 뻘이 많은 서해안은 적합한 곳이 아니었다. 동해안 포항으로 정했다. 어릴 때 해수욕을 갔던 경험이 작용했던 것이다. 방법은 륙색(등산 가방)에 돌을 넣고 로프로 몸을 매서 투신하면 되는 것이다.

열차에 몸을 싣고 포항을 향하는 경부선 철도변에는 코스모스의 물결이 한창이었다. 대구에서 열차를 갈아타고 밤늦게 포항에 도착했을 때는 늦가을의 찬비가 온몸을 적셔 뼛속까지 떨게 했다. 2홉들이 소주 4병을 빈속에 부어넣었다. 아직은 괜찮은데 혹시 내 마음속에 생길지도 모르는 심적 변화를 예방조치한 것이다. 방파제 끝에서 '륙색'에 돌을 담았다. 파도가 이는 시커먼 밤바다는 악마의 모습과도 같았다.

륙색을 메고 일어섰다. 그 순간 플래시 불빛이 비치며 나는 정신을 잃어버렸다. 얼마나 지났는지 내가 깨어난 곳은 해병초소 안이었다.

어둠 속에서 내 움직임을 발견한 해안경비병들은 나를 상륙한 간첩으로 오인했다고 한다. 실신한 내 주머니에서 발견된 주민등록증을 보고 신원을 확인했으며 돌 틈에 끼워둔 유서를 보고 자살기도자라는 것을 알았다고 한다.

자살미수죄는 적용되지 않았다. 떠나올 때는 초소장이 아이들에게 갖다 주라며 건어물까지 백 속에 넣어주었다. 1987년 8월 10일 나는 가난을 견디지 못하고 7년 만에 결국은 그들에게 항복의 백기를 들고 말았다.

'한 인간이 자신의 인생을 살아가는 과정에서 자신의 힘으로는 어쩔 수 없는 암울한 심정일 때는 으레 부처님이나 하느님에게 자신의 처지를 호소하는 것이 인간 상례로 사료됩니다. 저는 지금 신에게 간절히 기도하는 심정으로 어르신에게 필을 들었습니다.'

이렇게 서두를 시작한 나의 글에 대한 보안사령부 참모장의 배려가 우리 가족을 가난에서 구제해주었다. 광주사태 당시 505보안부대장이던 박동준 대령이 장군으로 보안사 참모장직에 있었던 것이다.

필자는 지금 이 글을 쓰고 있는 순간까지도 그때 그분의 고마움을 잊지 않고 있다. 아마도 그때 그분의 배려가 없었던들 나와 우리 가족은 집단자살 외에 다른 방도를 찾지 못했을 것이다.

국방부 산하 남수원 골프장!

87년 9월 1일 새로운 마음으로 이곳에 취직했다. 봉급외 연 6백 퍼센트의 보너스, 시간외 수당, 학비면제! 주어진 혜택은 우리 가족의 얼굴에 보람과 생기를 불어넣어 주었다. 그런데 운명의 신은 나로 하여금 그리고 우리 가족에게 안정과 웃음만을 보장해주지는 않았다.

취직을 한 지 1년 만인 88년 9월 4일. 광주사태 당시 시민군 상황실장이던 박남선 씨가 나를 비롯한 전두환, 최세창 등 9명을 살인 및 살인미수죄로 광주지검에 제소한 것이다. 중학교에 다니는 아들이 그 당시 나의 입장과 역사적 배경을 물어왔고 직장동료들의 시선은 지난날의 그것과는 달라졌다.

그 무렵, 광주사태 처리수사국장이었던 최OO 소장이 골프를 즐기려 내가 있던 곳을 방문했고 7년 만에 그와 상면했다. 반가움을 표시하는 나와는 달리 '락카'실에서 목욕을 마치고 나오던 그는 이렇게 말했다.

"죽도록 그때 너희들 고생만 시키고 이게 뭐야, 개새끼들! 민주항쟁 좋아하네!"

그가 차를 타고 떠난 후에도 나는 한참 그 자리를 뜰 줄 몰랐다. 이제는 내 마음을 정할 시기라고 판단했다. 며칠 후 사무실에서 광주 보안부대로 전화를 걸었다. 박남선 씨가 제소한 사건처리 결과가 궁금했던 것이다. 대답은 간단했다.

"증거 불충분 기각."

이것이 바로 지난 세월 동안 무수한 민주열사들이 고귀한 생명을 던지며 6·29선언을 양보받고 '이제는 민주화'된 것으로 착각하는 안이함 뒤에 도사리고 있는 현실임을 우리는 잊지 말아야 할 것이다.

'전두환을 위하여'라는 외침소리 대신 '민주화를 위하여'라는 건배 소리가 항상 민주화를 앞당기려는 모든 사람과 함께하길 바라는 마음 간절하다.

그 직후 필자는 동교동으로 당시 평민당 총재이셨던 김대중 선생을 찾아뵈었다. 넓은 대한민국 어디에도 내 한 몸 의탁하고 가려줄 사람은 없었다.

"행동하는 양심만이 진정한 양심"이라고 말씀하시며 나를 따뜻한 품 안에 안아주시던 김대중 선생을 생각하면 지금도 두 눈에 눈물이 고인다.

민주화를
위하여

'5·18민주화운동' 당시 숨져간 민주열사들의
명예회복을 위하여 그들의 영령 앞에 사죄하련다

────────── 아직도 우리는 군부독재의 망령들이 부활을 꿈
꾸는 현실 속에 살고 있다. 불법에 의해 정권을 탈취했고 민주화
를 갈망하는 민주시민을 살상했으며 민주주의를 영원히 이 땅에
서 말살하려고 했던 자들이 우리가 낸 세금을 받고 국민을 대표하
는 의정 당사인 국회에서 금배지를 가슴에 달고 고급승용차에 몸
을 싣고 다니는 것을 묵인하고 있다.

우리 민주시민들은 간도 쓸개도 없단 말인가? 진정한 민주주의
는 이 땅에서 이들이 자취를 감추는 날에 꽃을 피울 것이다.

얼마 전 민정당 대표위원인 박준규 씨가 '보상'을 '배상'으로 표
현했다고 해서 그 말뜻을 정정하는 촌극을 벌인 일이 있다.

왜 이들이 말 한마디에까지 인색해야 하는지?

그리고 아직까지도 그 무엇을 감추려 드는지?

구태여 설명하지 않아도 국민들은 알고 있다.

이들이 왜 그러는지…… 그리고 이들은 걸핏하면 국민의 군대인 군軍을 들고 나온다. 청문회에 나온 정치군인이 통상적으로 하는 말은 '군을 모독하지 마십시오'이다. 군복을 입으면 전부 군인이란 뜻일까?

지난 89년 1월 6일 기독교회관 3층 한국기독교교회협의회 인권위 사무실에서 육군 30사단 공병대소속 이동균李同均 대위 외 4명이 군의 정치적 중립을 요구하는 명예선언을 한 바 있다.

물론 나 개인의 입장을 피력한다면, 군의 백년지대계와 우리의 현실을 위해서는 바람직한 일이라 할 수 있으나 명령계통을 문란케 한 군인의 집단행동이라는 차원에서는 자중해야 할 일이라고 생각된다. 하지만 활화산처럼 분출되는 민주화의 열기는 군이라고 해서 막을 수는 없는 것이다.

국민의 군대인 군과 정치군인과는 엄연히 구분되어야 한다. 이러한 정치군인들이 지난 80년에 자신들의 정권찬탈을 합리화하고 그 성격을 고수하기 위해 그리고 광주민중항쟁을 내란으로 영원히 고착시키기 위해 '국난극복기장'이라는 동메달을 만들어 전군全軍에 살포한 바 있다.

당시 군에 복무한 모든 장병들이 국난을 극복하는 데 자신들이 함께 동참했다는 움직일 수 없는 증거물로 주어졌던 것이다. 그때가 국난이라고 표현할 정도의 국가위란이었나 하는 문제는 접어두고라도 그러한 국난을 과연 누가 유발시켰느냐 하는 논쟁을 할 필요는 없을 것이다.

필자는 마치 훈장처럼, 전두환에게서 받은 '국난극복 기장'을 민주화를 위해 산화한 민주열사들의 묘역인 광주 망월동 민주묘역에 바칠까 생각한다. 진정 국난을 극복하고 이 땅에 민주화를 앞당긴 이들은 바로 그들이라 생각했기 때문이다. 그렇게 하는 것이 아직도 통한의 넋을 안착시킬 곳을 찾지 못해 구천의 늪을 헤매고 있을 영혼들을 위로하는 길이라 생각한다.

5·18민주화운동 당시 숨져간 수많은 민주열사들의 영혼 앞에 이 글을 바칩니다

이 글을 읽고 뜻을 같이하는 분들이 계시면 그러한 정성을 한데 모아 수집된 국난극복 기장을 녹여 망월동 민주열사 묘역에 동탑을 세움으로써 우리가 아무런 생각 없이 받았고, 또 그것을 받음으로써 그들과 공동정범이 되었다는 사실에 경악하기에 앞서 그 사죄를 받아야 할 것으로 사료됩니다.

이렇게 함으로써 우리 모두는 선량한 군인들과 아직도 구습에 젖어 있는 정치군인들을 분리해야 하고, 또 광주민중항쟁을 내란이 아닌 민족정신에 의한 의거로 정립시켜야 할 의무를 수행해야 하는 것입니다.

우리 모두 전두환의 5공화국으로부터 아무런 의미 없이 받은 국난극복 기장을 모아 하루빨리 광주 망월동 민주열사들의 묘역에 동탑을 세울 것을 제의합니다. 이것이 바로 이 땅에 민주화를 앞당기는 슬기로운 무혈無血 투쟁임을 강조하면서 여러분의 열화와 같은 협조를 바랍니다.

끝으로 5·18민주화운동 당시 숨져간 수많은 민주열사들의 영혼 앞에 이 글을 바칩니다.

한 많은 영혼들이여!

고이 잠드소서.

내 운명을 바꾸어놓은
'5·18민주화운동'과의 인연!

　한 인간이 평생을 사는 동안 아무런 자각도 의식도 없이 행한 언행 言行이 후일 역사의 장에 기록될 수도 있다는 사실을 사전에 예지하기 란 쉬운 일이 아니다. 또 한편으로는 우연치 않게 발생한 아주 사소한 일을 접하며 그것이 훗날 한 사람의 인생에 엄청난 전환점을 줄 수도 있다는 사실에 우리는 놀라움을 금치 못한다. 한마디로 광주항쟁과의 만남이 일순간에 내 운명을 바꾸어놓았다.

　고로 불가佛伽에서는 세속의 만남, 인연까지도 전생의 업으로 규정 했다. 경상도 대구가 고향인 나로서는 호남이 전연 무연고無緣故인지 라 내가 그 지역과 연을 맺을 아무런 이유와 명분이 없었다. 그럼에도 호남지역과의 인연은 칠십 고희 반세기 이상을 살아온 내 인생의 전 부를 차지하고 말았다. 호남의 여식女息을 아내로 맞이했고, 자식도 그 땅에서 출생했으며 무엇보다도 경악할 일은 가장 보수적인 배경과 사상적 이념으로 무장된 나의 정체성이 5·18 이후 진보적 개념으로 전환된 것이다. 이는 내 스스로 생각해도 실로 놀라운 일이며, 한편으로는 얼마나 다행스러운 인생의 복인지 모르겠다.

이 책이 출간되기까지 감사드릴 분들을 소개한다. 먼저, 고비고비 형극스런 삶을 거쳐왔던 필자의 인생역경의 삶이 전대미문의 암울한 현대사 '5·18민주화운동'을 반추하는 귀한 증거자료로 자리매김할 수 있도록 1998년 최초로 출간해준 '그린디자인' 출판사에 감사드린다. 그리고 22년 동안 사장되었던 이 책을 재출간하도록 독려해준 시민운동가 전태삼 씨에게도 감사드린다.

아울러 남태평양 피지 섬에 계시는 의인義人 김용장 선배!

친우 고재형 형兄에게도 감사드린다.

끝으로 이 책이 다시 세상 밖으로 튀어나와 역사를 비추는 빛이 되도록 심혈을 기울여준 멘토프레스 이경숙 대표와 편집관계자 여러분에게도 진심어린 감사를 보낸다.

2020년 9월 17일

허장환

누가 저 시민을 무력으로 제압하라고 시켰는가?
1980년 5월 20일 시위대 가운데 한 명이 공수부대원에 둘러싸여
집단폭행을 당하고 있다. ⓒ이창성 (5·18기념재단 사진제공)

부
록

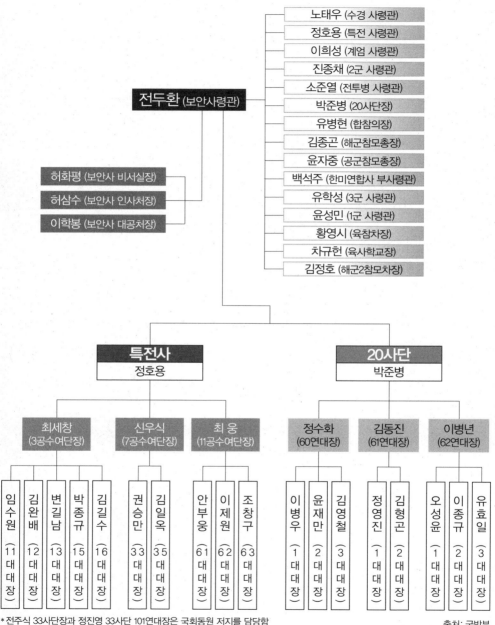

■ 5·18 당시 군부지휘 체계도 ■

전두환 (보안사령관)

- 노태우 (수경 사령관)
- 정호용 (특전 사령관)
- 이희성 (계엄 사령관)
- 진종채 (2군 사령관)
- 소준열 (전투병 사령관)
- 박준병 (20사단장)
- 유병현 (합참의장)
- 김종곤 (해군참모총장)
- 윤자중 (공군참모총장)
- 백석주 (한미연합사 부사령관)
- 유학성 (3군 사령관)
- 윤성민 (1군 사령관)
- 황영시 (육참차장)
- 차규헌 (육사학교장)
- 김정호 (해군2참모차장)

허화평 (보안사 비서실장)
허삼수 (보안사 인사처장)
이학봉 (보안사 대공처장)

특전사
정호용

20사단
박준병

최세창 (3공수여단장) | 신우식 (7공수여단장) | 최 웅 (11공수여단장) | 정수화 (60연대장) | 김동진 (61연대장) | 이병년 (62연대장)

- 임수원 (11대대장)
- 김완배 (12대대장)
- 변길남 (13대대장)
- 박종규 (15대대장)
- 김길수 (16대대장)
- 권승만 (33대대장)
- 김일옥 (35대대장)
- 안부웅 (61대대장)
- 이제원 (62대대장)
- 조창구 (63대대장)
- 이병우 (1대대장)
- 윤재만 (2대대장)
- 김영철 (3대대장)
- 정영진 (1대대장)
- 김형곤 (2대대장)
- 오성윤 (1대대장)
- 이종규 (2대대장)
- 유효일 (3대대장)

* 전주식 33사단장과 정진영 33사단 101연대장은 국회동원 저지를 담당함

출처: 국방부

■ '80. 5. 27 도청 내 사망자 정리 ■

구분	검시번호	성명	생년	성별	직업	검시일	검시사인	검시장소	사망일	사망장소	내용	참고사항 (사인)	최종위치 확인	관련근거
1	65	김동수	1958	남	조선대 3	5.27	M16	도청후정				좌측흉부 맹관총상 경추골절상		학생증 손목시계 불교옛날지로 신원확인 - 동성 김동제(5.18현재 중언)
2	66	김종연	1961	남	재수생	5.27	M16	도청후정				우흉부, 좌슴관부 유건감부 골반부관통총상		
3	67	이금수	1961	남	재수생	5.27	M16	도청후정				전흉부 관통총상	본관 1층 상황실	[5.18 다큐] 그날 5.27 by 광주KBS 신문로 이장시 시계가 그대로 있었다; 모 김종수(5.18재연 중언)
4	68	박성용	1963	남	조대부고 3	5.27	M16	도청후정				배둔부 맹관총상 우대퇴부 관통총상		
5	69	유동운	1961	남	한신대 2	5.27	M16	도청후정				좌측상 골반부 맹관총상	본관 앞 화단	사망 당시 교련복을 착용하였음(광주민주항쟁 비망록 사진 확인) 5.18민주화운동과 관련투쟁 103쪽 1층 상황실로 이동한 정문에서 교련복을 입은 학생이 허리에 있어져 있었다.
6	70	인종필	1964	남	광주상고 1	5.27	M16	도청후정				우흉부 관통총상		광주민주항쟁 비망록 262쪽 교련복 바지차림의 고교생 사망자 명단을 보고 확인 유족 동생이 인태 중 경운교복 시스를 얼음
7	71	운재학	1964	남	광주상고 1	5.27	M16	도청후정				좌측복부 및 전초강부 관통총상 하악골부세골골상		
8	72	윤개인	1951	남	들불야학 교사	5.27	자상, 화상	도청후정				우측 하복부 자상 및 하악골부 우측두부 조화상	회의실 2층	[5.18 다큐] 그날 5.27 by 광주KBS 20A단 정통부 사진촬, 노권사로 사진
9	73	민병대	1960	남	양계정종업원	5.27	M16	도청후정	5.27	도청 구내	진압작전 희생자	경부 관통총상	회의실 지하	[5.18 다큐] 그날 5.27 by 광주KBS 도청지하실(영광비서, 함야니세5 처리) - 동성 민병성 광주민주항쟁 비망록 284쪽
10	125	염행렬	1963	남	금호고고 2	5.28	M16	상무관				복배부 관통총상	도청후관	광주민주항쟁 비망록 284쪽
11	126	홍순권	1960	남	페인트공	5.27	M16	도청구내				우측 전흉부 관통총상 우측 성태부 관통총상	본관 1층 상황실 (추정)	KBS 영상자료
12	127	박기홍	1958	남	표구점점원	5.27	M16	도청구내				좌측 두정골 관통총상	회의실 지하	도청부기관리
13	128	문용동	1954	남	호남신학대 4	5.27	M16	도청구내				우흉부 맹관총상 조전흉부 맹관총상 우수지 관통총상		[5.18 다큐] 그날 5.27 by 광주KBS
14	129	서호빈	1960	남	전남대 2	5.27	M16	도청구내				우흉부 관통총상 좌배부 관통총상 우대퇴부 관통총상	도청 후관동	[5.18 다큐] 그날 5.27 by 광주KBS 5.27 당시 외각친구가 시호빈 시신확인, 시호빈이 손 잡기 있음 - 형 시동환(5.18재연 중언)
15	130	박병규	1960	남	동국대 1	5.27	M16	도청구내				좌흉부 맹관총상 우대퇴부 관통총상 좌흉상 우슴관절 관통총상	도청 종합상황실 뒤편 화단	[특파원리포트 204쪽] (군복상의, 검색러치, 환영증화, 철모 등 영화의 옷(들) 상무고개에서 사진확인 - 아동성 박정순(5.18재연 중언)
16	131	이정언	1960	남	전남대 2	5.27	M16	도청구내				우측부 두정골 맹관총상 좌하퇴부 맹관총상 좌흉부 관통총상	도청 종합상황실 뒤편 앞 화단	
17	-	김종철	1962	남	자개공	5.27	-	도청구내				기억하는 자의 정부 447쪽	도청에 시신 인지 확인 질못 알아묘	김영률철(20, 5, 16) 중언에 도청에서 25일 봤다.
18	-	권호영	1962	남		5.27	총상추정					유전자 감시(2001년)		

■ 5·18 서훈자 명단 ■

인번	계급 및 직책	소속	성명	서훈등급
1	사령관	특전사령부	정호용	충무무공훈장
2	사단장	제20사단	박준병	상동
3	여단장	제3특전여단	최세창	상동
4	소령	제11특전여단	차정환	화랑무공훈장
5	소령	제11특전여단	변상진	상동
6	중위	제7특전여단	최연안	상동
7	중령	제11특전여단	조창구	상동
8	대위	제7특전여단	박병수	상동
9	중위	제11특전여단	임명진	상동
10	중령	제3특전여단	임수원	상동
11	중위	제7특전여단	고성준	상동
12	상사	제3특전여단	정관철	인헌무공훈장
13	상사	제11특전여단	박억순	상동
14	중사	제11특전여단	이영권	상동
15	중사	제11특전여단	김용석	상동
16	중사	제11특전여단	최갑규	상동
17	상사	제11특전여단	유용선	상동
18	중사	제3특전여단	안희선	상동
19	중사	제11특전여단	이동국	상동
20	중사	제11특전여단	조진수	상동
21	중위	제7특전여단	전광수	상동
22	소령	제11특전여단	정태덕	상동
23	중사	전교사	이병택	상동
24	하사	제7특전여단	김갑규	무공포장
25	하사	제3특전여단	장원복	상동
26	하사	제3특전여단	배현수	상동
27	대령	국군광주통합병원	김연균	보국훈장삼일장
28	대위	제20사단	이기양	보국훈장광복장
29	군속	제7특전여단	배승일	상동
30	중사	제3특전여단	호근철	보국포장
31	하사	제3특전여단	조용희	상동
32	하사	제3특전여단	강춘구	상동
33	여단장	제11특전여단	최 웅	대통령표창
34	여단장	제7특전여단	신우식	상동
35	중령	제31사단	장윤태	상동
36	중령	제11특전여단	안부웅	국무총리표창
37	중령	제7특전여단	권승만	상동

인번	계급 및 직책	소속	성명	서훈등급
38	중장	전교사	소준열	충무무공훈장
39	소장	전교사	김기석	상동
40	대령	육본	정수화	상동
41	대령	제20사단	김동진	상동
42	대령	제20사단	이병년	상동
43	중령	제3특전여단	박종규	화랑무공훈장
44	대위	제3특전여단	나영조	상동
45	대위	제3특전여단	김남형	참모총장표창
46	중령	제11특전여단	이제원	상동
47	대령	제3특전여단	정동인	상동
48	중령	제3특전여단	김완배	상동
49	소령	제7특전여단	김승춘	상동
50	소령	제11특전여단	박동주	상동
51	중령	제3특전여단	변길남	상동
52	소령	제7특전여단	이덕중	상동
53	대위	제11특전여단	이경우	상동
54	중령	제3특전여단	박종규	상동
55	소령	제7특전여단	김경종	상동
56	중령	제3특전여단	김길수	상동
57	중령	제3특전여단	윤수웅	상동
58	소령	제3특전여단	김종헌	상동
59	소령	제3특전여단	권명신	상동
60	대위	제3특전여단	김재경	상동
61	중위	제1항공여단	이종관	상동
62	소령	제1항공여단	곽근춘	상동
63	소령	제1항공여단	차동준	상동
64	소령	제1항공여단	최민익	상동
65	소령	제1항공여단	채봉석	상동
66	소령	제1항공여단	채수일	상동
67	소령	제2항공여단	윤정만	상동
68	대위	제3항공여단	김천배	상동
69	중령	육본	김 종	상동
70	중령	육본	박종길	상동
71	소령	육본	고영표	상동
72	대령	육본	이춘오	상동
73	대령	육본	한동희	상동

출처: 보안사

22일 무장헬기로 시위군중 차량 공격지시 받음

질의 : 김영진 의원

정웅 답변 : 이 소장으로부터 "시위군중 차량에 공격을 가하지 않느냐"면서
무장헬기로 공격하는 것이었다.

5·18 사실규명 육본작전 상황일지

= 5.19 20:20 UH−1H 1대 도착(예비역 장성 광주 방문) (1항공 보고)

= 5.21 04:55 500−MD 5대 출발(가스 살포기 장착) (1항공 보고)

= 5.21 11:02 UH−1H 1대(보안요원 3명 수송) (1항공 보고)

　　　　13:10 UH−1H 10대(K−16 출발, 전교사 도착) (1항공 보고)

　　　　14:53 UH−1H 1대(행정장교 이동)

　　　　15:00 UH−1H 1대 광주시내 상공 비행 중 시위군중 대공사격 받음

= 5.22 07:00−09:00 UH−1H 1대, UH−1N 1대 VIP 비행 예정

　＊ 5.25 16:30−17:15 이동(경호요원 25명, 수행원 15명)

= 5.22 11:15 AH−1J 서울−광주 이륙예정

　　　　13:00 AH− 1J 2대, 500MD 1대 5.22 13:00−14:15 도착

　　　　＊ 초일리−광주로 이륙, 무장사 2명 20밀리 기관총 1정

= 5.22 15:25 육본에서 항공기 지원 지시(전문하달)

　• 1항공 여단장

　　− 500MD 4대, AH−1J 2대를 2군에 지원 소요사태 진압

　　− 기 지원된 500MD 가스 살포기 4대 복귀

　• 협조 지시

　　− 무장 항공기 지원실시 : 본 지시와 동시

　　− 가스 살포기 복귀일시 : 무장항공기 도착과 동시

　　＊ 지원헬기−16:35 도착(광주 비행장)

- **공식기록**
  - 육본작전 상황일지(80년도)
    - 5.19 20:20 UH-1H 1대 도착(예비역장성 광주 방문) (1항공 보고)
    - 5.21 04:55 500-MD 5대 출발(가스 살포기 장착) (1항공 보고)
    - 5.21 11:02 UH-1H 1대(보안요원 3명 수송) (1항공 보고)

      13:10 UH-1H 10대(K-16 출발, 전교사 도착) (1항공 보고)

      14:53 UH-1H 1대(행정장교 이동)

      15:00 UH-1H 1대 광주시내 상공 비행 중 시위군중 대공사격 받음
    - 5.22 07:00-09:00 UH-1H 2대, VIP 비행 예정
    - 5.22 11:15 AH-1J 서울-광주 이륙 예정
    - 5.22 13:00 AH-1J 2대, 500MD 1대 13:00-14:15 도착

      초일리 광주로 이륙, 무장사 2명 20밀리 기관총 1정
    - 5.22 15:25 육본에서 항공기 지원 지시(전문 하달)
      - 1항공 여단장

        = 500MD 4대, AH-1J 2대를 2군에 지원 소요사태 진압

        = 기 지원된 500MD 가스 살포기 4대 복귀
      - 협조 지시

        = 무장 항공기 지원실시 : 본 지시와 동시

        = 가스 살포기 복귀일시 : 무장항공기 도착과 동시

        * 지원헬기-16:35 도착(광주 비행장)

        가스 살포기 - 18:35 도착(초일리)
    - 5.25 16:30-17:15 이동(경호요원 25명, 수행원 15명)

출처: 허장환 제공

1980. 5. 21.

일련 번호	접 수		내 용	처 리	
	시간	부대 및 송화자		시간	부대 및 수화자
67	0655	처장실 / 이 소령	선무요원 수송 : 공군 C-130 1대 2900 K-16 출발 광주비행장 도착예정, 도착시간? 인원: 전남출신 장교 중령급 이상 50-60명		
68	0946	수경사 / 노 대위	제목: 충정부대 도착 | 부대	장소	시간	인원
---	---	---	---
90연대 2BN 7Co	단국대학	09:00	5/106
90연대 2BN 6Co	산업대학	09:08	5/106
90연대(-2개 BN)	한양대학	09:19	59/756, APC K5
90연대 2BN(-2개 Co)	건국대학	09:38	22/213
계			| ★출발 08:00		
69	11:25	공군상황실 / 조 대위	제목: C-123 광주 도착(절독 령관 장교 수송) • 일시: 5.21 10:19 • 인원: 46명 } 2대分 • 장비 최류탄 1000발		
70	12: 30	수경사 방호 / 정 대위	제목: 예정 비행 • 일시: 5.22 08:00-17:00 • 목적: 격고지 물자수송 • 기종: UH-1H 1대, 3000Ft, 90KNTS • 구간: 신촌리-92연대 (남장대, 비봉, 삽회산, 북한산 왕복)		
71	13:25	1항공 / 배 대위	제목: 헬기 이동 보고 • 보안요원 수송(3명) • 일시: 용산 출발 11:02 K-57도착-12:55 • 기종 및 대수: UH-1H 1대		

일련 번호	접 수		내 용	처 리	
	시간	부대 및 송화자		시간	부대 및 수화자
			2. 작전지원 헬기 이동 • K-16출발 11:15, CAC 도착 13:10 • 기종/대수: UH-1H 10대		
72	15:04	수경사 / 노 대위	제목: 장비 이동(20사 이동에 따른 이양) • 일시: 5.21 14:55 • 동국대에서 수경사 연병장으로 이동 도착 • 장비: 피아트 15대		
73	15:05	1항공 / 배 대위	제목:행정교장 탑승 헬기 이동 • 일시: 행정교 출발: 5.21 14:53 광주 도착 • 기종: UH-1H 1대		
74	16:00	항참 / 임희준 장군 (실장)	진도개 "둘. 발_령(국방부장관) • 일시: 80. 5.21 16:00시부	16:02 16:03 16:07 〃 16:07 16:10 16:10 16:11 16:11 16:15 16:14 16:15 16:18 16:30	부장/서 소령 차장/서 소령 2군/장 소령 3군/박 소령 1군/박 소령 본사/박 소령 군수사/유 소령 방공/서 대위 1항공/배 대위 통신사/박 대위 특전사/서 소령 수경사/노 대위 1901도착/이 대위 110/18공/반 대위

출처: 보안사

편의대의 임무는 단 두 마디로 족하다. 광주시민을 '폭도'로, 광주를 '폭동의 도시'로 만드는, 일종의 공작과 같은 거였다. 이것이 성공했고, '폭동'을 구실삼아 '광주'를 학살한 전두환은 5·18이 끝나고 얼마 안 지나 1980년 9월 1일 대통령직을 탈취했다. 편의대가 성공하지 못했다면 전두환의 승리도 없었을 것이다. 편의대의 성공이 곧 전두환의 승리였다는 말이다.

'5·18 편의대'의 규모는 아직껏 파악하지 못했으나, '대량 투입'한 것만은 확실함.

'5·18 편의대' 정밀 투시

나의갑 전 5·18민주화운동 기록관장

■ 편의대의 어원

'편의대'란 중국에서 비롯된 것으로 군인들이 사복 차림으로 위장, 적지敵地에 들어가 몰래 활동하던 임시특별부대를 말하며, 원어는 '편의 공작대便衣工作隊'임. 다시 말하면 무장하지 않고 주민들과 동일한 행동을 하면서 첩보 및 정보수집, 선무, 선동 등 특수임무를 수행하는 부대를 지칭함.

■ 공수부대의 총칼보다 강하고 간교했던 전두환과 그의 보안사가 운용했던 '5·18 편의대'

'5·18 편의대'는 수도 많았고, 공작 범위도 광범위했다. 전두환과 그의 보안사는 5·18이 터지자 중앙정보부(약칭 중정) 개편 작업도 중단하고 정보수집 및 선무공작 활동을 광주에 집중시켰다. 보안사와 중정의 경우 요원 상당수를 광주로 내려 보내 '출장 선무공작'을 하도록 엄명했던 것인데, 이들 또한 편의대에 해당한다. 전두환그룹(신군부)의 정권찬탈 마지막 단계에서 광주가 최대 걸림돌로 솟아올랐기 때문이다.

편의대의 임무는 단 두 마디로 족하다. 광주시민을 '폭도'로, 광주를 '폭동의 도시'로 만드는, 일종의 공작과 같은 거였다. 이것이 성공했고, '폭동'을 구실삼아 '광주'를 학살한 전두환은 5·18이 끝나고 얼마 안 지나 1980년 9월 1일 대통령직을 탈취했다. 편의대가 성공하지 못했다면 전두환의 승리도 없었을 것이다. 편의대의 성공이 곧 전두환의 승리였다는 말이다.

그런데 39년이 흐른 지금까지 그 누구도 편의대의 실체를 속 시원하게 밝혀내지 못하고 있다. 그들이 도대체 광주에서 무슨 일을 한 것인지, 편의대를 정밀 해부하면 장막에 갇힌 광주의 진실이 훤하게 밝아올 것이다. 그건 5·18진상규명위원회의 몫이다.

그럼, 구체적으로 전두환과 그의 보안사가 어떻게 광주에 편의대를 보내 운용했는지 살펴보자.

■ **전두환과 그의 보안사는 홍성률 등 '베스트 4인'을 광주에 파견, 편의대를 운용**

5·18 당시 전두환 보안사령관은 광주 505보안부대로부터 상황보고를 받으면서 그 보고 및 조치가 미흡하다고 판단 '베스트 4인'을 광주에 내려보냈다. 대표적 4인으로는 보안사 기획조정실장 최예섭 준장, 1군단 보안부대장 겸 합동수사본부 치안본부 조정관 홍성률(고인) 대령, 보안사 감찰실장 겸 합수본부 수사국장 최경조 대령, 중앙정보부

박정희 과장이 그들임.

- 최예섭 – 보안사 기획조정실장, 갑종 16기, 1984년 5·16민족상 안전보장 부
  문 수상

505보안대장인 이재우를 제치고 사실상 505보안대장 역할을 한 최예섭은 '작전 조언'이란 미명 아래 공수부대 등 계엄군을 실제로 지휘했음. 5월 19일 오후 4시께 송정 비행장에 도착한 그는 19일 밤부터 5월 27일 새벽 5·18광주가 진압될 때까지 전투병과교육사령부(약칭 전교사) 부사령관 부속실과 505보안대장실 옆 사무실에 머물면서 광주 상황을 파악하고 작전회의 등 주요 회의에 참석했는가 하면, 전두환 보안사령관에게 광주 상황을 보고했음.

　이와 함께 그는 전남북계엄분소(계엄분소장 겸 전교사령관 윤흥정 중장)로 찾아온 시민협상 대표를 직접 만나는 등 주요 사안을 지휘했음. 이에 대해 이재우 505보안대장은 자신 또한 보안사에 각종 보고를 올렸지만, "진압작전에 관한 상황정보 등 중요 사항은 최예섭 준장이 보안사에 직접 보고했다"고 1996년 12·12 및 5·18사건 검찰수사 때 진술했음.

- 홍성률(고인) – 육사 16기, 광주일고 출신, 사태 감독관으로 임무수행

대공對共 분야 국내 1인자인 홍성률은 '사태 감독관'이란 밀명을 받고 공작임무를 수행했음. 홍성률이 '광주일고' 출신이란 점은 그의 광주 파견에 주요한 시사점을 던져주고 있음. 〈5·18 당시 505보안대 대공과 수사관 허장환 증언〉

홍성률과 전두환과의 관계를 파악할 수 있는 팩트 중 하나는 10·26 사건 때 전두환 보안사령관이 노태우 9사단장에게 10·26을 알리는 서신을 그가 직접 전달했다는 것임. 그 서신에서 전全 사령관은 "대통령 각하께서 운명하신 것 같다. 더 이상의 것은 추후에 연락하겠다. 이 내용은 보안 조치하고 서신은 없애버렸으면 좋겠다"고 썼음. 〈제5공화국 前史(약칭 '5공 전사') 921쪽〉

홍성률은 1980년 5월 19일 전두환 보안사령관으로부터 광주파견명령을 받고 육사 동기인 이학봉 보안사 대공처장과 권정달 정보처장 등과 밀담 후 보안사 대원 17명을 대동하고 5월 20일(전두환은 검찰조사에서 5월 19일이라고 진술) 오전 8시께 광주에 도착했음.

● 최경조 – 합수본부 수사국장

전두환이 본부장인 합수본부의 수사국장 최경조는 전남합수단 국장을 맡아 사실상 전남합수단을 총괄 지휘하면서 5·18과 김대중의 연결고리를 만드는 데 주력했음.

● 박정희 – 중앙정보부 과장

중앙정보부 박정희 과장은 중정 전남지부를 관장했을 것으로 추정됨.

■ 홍성률이 광주 현지 '막후공작 기획총책' 겸 '편의대 운용 총책'으로 지목되는 이유는?

〈지목 1〉 '2007년 국방부 과거사진상규명위원회 조사결과보고서'의 홍성률에

대한 기록(427쪽)

이 '조사결과보고서'는 "홍성률 대령은 광주 시내로 잠입, 정보수집 및 특수활동을 벌였다. 그가 남긴 보고에 따르면, 그는 광주시 사동의 친척 집에 비밀아지트를 설치하고 전남도경찰국(약칭 전남도경) 정보과 소속 경찰과 505보안대 정보과 요원의 지원을 받으며 광주 시내에서 활동 중인 정보조를 통합지휘했다"고 밝히고 있음.

이어 '조사결과보고서'는 "그(홍성률)는 광주 시내로 잠입해 5.21. 09:00경부터 '지하정보' 활동을 전개했다고 한다. 이곳에서 그는 505 보안대 정보과 소속 상사 박기정과 전남도경 정보과 정보2계장 김○○ 경감의 지원을 받으며 활동했다. 그는 경찰의 정보기능을 통합해 3개조의 '정보조'를 지휘했다. 이후 5월 24일 광주 시내를 빠져나가 송정리 비행장에서 대기하다 5월 27일 상무충정작전(광주재진입작전)이 끝나고 전남도경을 지휘·감독한 뒤. 6월 초순경(1995년 7월 18일 '5·18 관련 사건 검찰 수사결과'는 '6월 8일'이라고 밝히고 있음) 상경했다. 그 뒤 그는 6월 10일경 전두환 보안사령관과 정도영 보안처장 앞에서 5·18에 대한 종합보고서(광주 상황을 정리·분석한 것)를 설명했다"고 적고 있음.

〈지목 2〉 '5·18 관련사건 검찰수사결과'(1995년 7월 18일) 77쪽

"5월 20일 오전 8시경 광주에 도착한 홍 대령은 아침 9시 30분경 광주 시내로 들어가 직접 상황을 파악하고, 21일 이후에는 시내에 은신하면서 시위대의 위치, 무장 상황, 이동 및 공격 상황, 시민들과 수습대책위원회 동정 등을 파악, 보고하였고, 24일 오후 2시경부터 광주지구 보안부대(505보안대)로 귀대하여 지원업무를 계속하다가 6월 8

일 보안사로 복귀했다"고 기록되어 있음.

〈지목 3〉 '5·18 관련사건 검찰수사결과'(1995년 7월 18일) 추가
이어서 1995년 7월 18일자 '5·18 관련사건 검찰수사결과'에 따르면, "홍성률 대령은 광주 출신으로 정확한 정보를 수집하여 보고함과 동시에 시민과 시위대와의 분리공작을 추진했다"고 적고 있음.

〈지목 4〉 국방부 과거사진상규명위원회(2006년 3월 13일)에서 홍성률에 대한 한용원(보안사 정보처 정보1과장) 중령의 증언
보안사 정보처 정보1과장 한용원 중령(육사 19기)은 2006년 3월 13일 국방부 과거사진상규명위원회에서 "홍성률 대령이 보안사 17명의 대원들과 함께 광주에 갔고, 공작적 차원의 활동을 전개했다. 당시 505 보안대장 이재우가 전두환의 지시를 이행하지 못하고 와병 중이라 최경조가 파견되었다"고 진술했음.

〈소결〉 이같은 기록과 검찰조사, 증언 등으로 보아 홍성률을 광주 현지 '막후공작 기획 총책' 겸 '편의대 운용총책'으로 지목할 수 있다는 것임.

〈참고〉 전두환이 대통령을 찬탈하기까지 유능한 기획설계자로 활약했던 5인방-허화평, 허삼수, 이학봉, 권정달. 정도영
1979년 10·26사건에 이어 터진 12·12군사반란과 1980년 5·17내란, 5·18내란으로 이어지는 다단계 쿠데타를 거쳐 1980년 9월 1일 전두

환이 대통령직을 찬탈하기까지 '그의 유능한 기획설계자'는 '보안사 5인방'이었음. 그 5인방으로는 전두환 보안사령관 비서실장 허화평 대령, 인사처장 허삼수 대령, 대공처장 이학봉 대령, 정보처장 권정달 대령, 보안처장 정도영 대령이 그 사람들로, 5·18 막후공작 또는 '보안사 5인방'과 광주파견 '베스트 4인' 사이의 협업 결과물로 보아야 함.

- **'5·18편의대'는 시위 군중 속에 잠입하여 어떤 활동을 했나?**

  '5·18편의대'는 시위현장에 잠입, 홍성률의 편의대 운영 기획팀이 생산한 각종 공작 아이템을 실행에 옮기는 '행동부대'였음.

  '5·18편의대'의 핵심 활동은 다음과 같다.

  • 첩보 및 정보수집
  • 주동자 색출 및 체포
  • 시위대의 위치, 무장 상황 파악
  • 광주시민 및 수습대책위원회 동향 파악
  • 사진병을 편의대로 투입해 '폭도' 또는 '폭동화' 공작을 위한 시위 장면 선택적 촬영
  • 시위대의 모략 및 교란 — 전옥주 등 가두방송원의 경우 편의대에 의해 간첩모략을 받았음
  • 선무공작
  • '경상도 군인들이 전라도 사람 씨를 말리려고 왔다' 등 악성 유언비어 유포
  • 경찰서, 파출소, 광주세무서, 교도소 등 파괴 및 습격 유인

• 시민-시위대(폭도) 분리 공작

- '5·18편의대' 첩보 및 정보수집의 구체적 과정
"경찰의 경우 5월 18~21일까지는 12개 경찰중대로 계엄군의 작전
을 지원했으며, 시내 주요 지점에 정보센터 23개소를 운영하며 시위
진행을 지원했고, 입수한 관련 첩보는 치안본부에 보고함과 동시에
도지사, 31사단장, (505)보안부대장에게 통보해 유관기관과 협조체제
구축"이라고 전남경찰청이 2017년 10월 발간한 '경찰관 증언과 자료
를 중심으로 한 5·18민주화운동 과정 전남경찰의 역할'(약칭 '전남경찰
의 역할')이란 문건 20쪽에 나와 있음.
　이 '전남경찰의 역할' 문건의 5쪽에서 "당시 광주에는 약 130명의
정보·보안 형사들이 활동했다"고 적고 있으며, 23쪽에서는 "1개 중대
를 '체증조', '체포조'로 활용했다"고 적고 있는 걸로 보아 다수의 '경찰
편의대'를 운용한 것으로 간주해야 할 것임.

　5월 21일 오후 5시 계엄군이 광주 외곽으로 철수한 이후에도 정보
형사들은 시내 상황을 파악해 보고하는 임무를 지속 수행했으며, 일부
직원(작전계 경찰관 5명)은 계엄군에 차출되어 5월 27일 새벽 광주재진
입작전(상무충정작전) 때 지리안내를 했음. 〈'전남경찰의 역할' 47쪽, 50쪽〉

　경찰의 계엄군 지리안내 기록은 20사단 문서에도 등장함. 20사단
이 1988년 2월 23일 육군본부에 올린 '20사단 충정작전(5월 27일 새벽)
보고'에 따르면 "지금까지 시내에 분산되었던 경찰을 H시까지 소집,

군에서 통제, 광주 시내 진입작전 시 안내원으로 활용"했다는 기록이 있음. 또 5월 26일 전교사가 20사단에 보낸 '전교사 명령'에는 "중대 단위로 안내경찰 2명씩 운용, 목표에 이르는 통로를 안내토록 할 것" 이라는 기록도 있음. 이들 또한 '경찰 편의대'로 분류할 수 있으며, 이 같은 '경찰 편의대'는 5월 27일 새벽 광주재진입작전 때 3·7·11공수 여단에서 차출한 '특공조'에도 배치된 것으로 확인되고 있음.

이와 함께 이 '전교사 명령'을 보면 "사전 침투한 편의공작요원(편의대) 과의 연결작전(5월 27일 새벽 광주재진압작전)을 실시한다"고 나와 있음.

'전남경찰의 역할'이란 문건 6쪽에는 "계엄상황하에서 경찰들뿐만 아니라 타 정보기관의 활동도 최고조에 달해 있었다"고 적고 있기도 함.

〈소결〉 '경찰편의대'와 505보안대는 정보 및 수집 활동을 한 것으로 알려지고 있음.

– '경상도 군인들이 전라도 사람 씨를 말리려고 왔다' 등 악성 유언비어 유포
　의 진실

'MBC를 불 질러 버리자', '전남일보(현 광주일보 전신) 윤전기에다 모래를 뿌려 버리자', '우리도 총을 들자' 이와 같이 선동하는 모습을 나의갑(5·18 당시 옛 전남일보 취재기자로, 5·18 전 과정을 취재했음) 기자는 취재 과정에서 확인했음.

인근 주민들과 나의갑 등은 광주MBC 화재는 언론보도에 분노한 시민들의 방화가 아니라 편의대의 선동으로 발생했다고 보고 있음. 5·18 당시 전남도약사회장 이영권(현재 84세)은 "우리 약국과 MBC가

100m쯤 떨어져 있어 그 일대에서 벌어지는 상황을 쉽게 파악할 수 있었다. MBC에 불이 난 것은 5월 20일 밤 9시쯤이었는데, 그날 낮부터 한 남성이 시민들을 향해 '불을 질러 버리자'며 선동했다. 어떤 청년이 앞으로 나와 '불을 내서는 안 된다, 방송사도 광주 재산이다, 군인들이 언론을 검열하고 있어 5·18에 대해 한 줄도 못 쓰고 있다'고 가로막았지만, 막무가내였다. 그러자 시위대 사이에서 '저거 프락치 아니야' 하며 그 남성을 잡으려고 하자 도망쳤으나 MBC 맞은편에 있는 전화국 앞에서 잡혔다. 시민들이 그 남성을 상무대(전교사)로 끌고 가 넘겨주자 군인들이 웃더라고 나중에 상무대에 따라갔던 사람한테 들었다"고 증언했음. 〈지금의 전남일보 2018년 6월 11일자〉

그날 오후 3시쯤 나의갑은 금남로 2가에서 취재를 하다 누군가 'MBC로 가자, 불 질러 버리자'고 외치는 걸 들었다. 나의갑은 큰일나겠다 싶어 그 남성을 따라 MBC 쪽으로 몰려가는 시위대를 부리나케 뒤쫓아갔다. 그 남성이 방화를 선동하자 나의갑은 얼른 시위대 앞으로 나가 큰소리로 외쳤다. 이영권의 증언과 똑같이 외친 것인데, 이 대목에서 이영권의 증언과 나의갑의 기억이 일치한다. 그러자 시위대 속에서 또다른 누군가 '그러면 전남일보로 가자, 윤전기에다 모래를 뿌려 버리자'고 선동했다. 나의갑은 다시 전남일보 사옥(전일빌딩) 앞길(금남로 1가 1번지)로 달려가 MBC 앞에서 했던 것처럼 외쳐 모래 뿌리는 것을 막아냈다.

나의갑은 확언한다. 선동자는 편의대라고. 5월 22일 주위의 시민들을 총으로 무장시켜 1개 분대(9명)를 만든 나의갑은 그들로 하여금 전남일보를 지키도록 했다.

그날 밤 8시 30분쯤 나의갑은 시위대를 따라다니다 금남로 3가 광주가톨릭센터(지금의 5·18기록관) 뒤쪽 사거리에서 매복 중인 공수부대에 의해 차단되며, 가톨릭센터사거리와 전일빌딩사거리 사잇길에 갇히고 말았는데, 밤 9시쯤 사잇길 중간 지점에 있는 홍안과로 들어가 3층 옥상에서 MBC가 불타고 있는 걸 목격했음.

■ '5·18 편의대' 관련 군 기록물은 있는가?

'5·18 편의대'의 특수임무 수행에 관해서는 군 기록이나 국방부가 발간한 5·18 관련 도서, 5·18관련 연구도서 등을 통해 확인되고 있다. 다음은 군 기록물을 근거로 해서 편의대의 당시 활동을 분석해 본다.

〈편의대 기록 증거 1〉

5월 19일 진종채 2군사령관 작전지도 차 내광(來光). 도시게릴라 소요 진압, 바둑판식 분할 점령, 과감한 타격, **다수 편의대 운용** 등 지시함.
〈전교사 작성 '광주소요사태 분석' 100쪽, 1980년 9월〉

〈편의대 기록 증거 2〉

전교사가 작성한 '광주소요사태 분석'이란 문건 141쪽에서 '선무활동 중점 및 수단'을 보면 '편의대 활용(대면對面 접촉 계몽)'이라고 적고 있는데, 선무활동 수단으로 편의대를 활용했음을 보여주는 대목임.

〈편의대 기록 증거 3〉

5·18 당시 전교사는 23명(여군 7명 포함)으로 '선무활동실'을 편성·운영했는데, 5월 22~23일에는 10개조 20명으로 선무공작용 편의대를 투입, 선무활동을 펼쳤으며, 5월 24~26일까지는 선무공작용 편의대가 첩보 수집 및 대민 계몽활동도 했음. 〈전교사 '광주소요사태 분석' 142~143쪽, 1980년 9월〉

〈편의대 기록 증거 4〉

5월 26일 21:00 전교사, 특전부대(공수부대) **하사관 편의대**로 시내 정찰 실시 〈전교사 '광주소요사태 분석' 106쪽, 1980년 9월〉

〈편의대 기록 증거 5〉

'정확한 첩보를 수집하기 위해서 가발과 사복을 착용한 정보수집요원들을 침투시켜 난동자들의 배치 장소, 인원수, 무기, 경계상태 등을 각 건물별(한 벽돌담 안에 있는 전남도청과 전남도경 경찰국·전일빌딩·광주관광호텔·광주YWCA·광주YMCA 등)·지역별(광주공원 등)로 샅샅이 파악하였다.'

'가발과 사복을 착용한 정보수집요원'은 편의대를 지칭한 것으로, 전교사의 '하사관 편의대 시내 정찰'과 일치하고 있고, 날짜는 적혀 있지 않지만, '5월 26일'이 확실함. 〈육군본부 발행 '계엄史' 160쪽, 1982년 3월 15일〉

전두환·노태우 등 8명에 대한 검찰 공소사실(1996년 1월)에는 다음과 같은 내용이 기록되어 있음. 황영시는 5월 25일 오후 광주에 내려가 소준열 전교사령관에게 최종 결정내용을 직접 전달하고, 특전사령관 정호용은 소준열에게 재진압 공격지점별로 각 공수여단의 특공조를 지정하여 주고, 이어 정호용은 5월 26일 오전 전두환을 방문하여 재진압작전에 필요한 가발을 지원받고, 26일 오후 2시경 이희성을 방문하여 충격용 수류탄과 항공사진을 지원받은 다음 오후 9시경 이들 장비를 가지고 광주비행장에 도착…'이라고 적혀 있는데, 전두환한테 지원받은 가발은 5월 26일 밤 투입된 '편의대'가 사용한 것으로 추정됨.

〈편의대 기록 증거 6〉
5월 27일 새벽의 광주 재진압작전계획은 2군사령부가 가장 먼저 초안을 작성했는데, 보안사가 발간한 '5공화국前史' 1677쪽은 "2군사령부에서는 22일 봉쇄작전 실시와 더불어 사령관의 명에 의해 군이 진입·진압하는 작전계획을 수립하였다. 그 주요 내용은 편의대를 투입, 梯波式(제파식=파상공세) 공격을 감행, 사태 주모자를 검거하고 주요 목표를 확보함으로써 광주사태를 근본적으로 평정한다는 것이었다"고 적고 있으나, 편의대를 재진압작전에 투입한 건 아니었고, 재진압작전 직전 정보수집 등을 위해 편의대를 투입한 것으로 군 기록에 나와 있음.

'5공화국前史'는 1692쪽에서 "재진압작전 수립 시는 계엄군 측 정보요원들(편의대)이 시내에 침투하여 파악·보고한 무장폭도들에 관한 각종 정보들이 매우 중요한 참고자료로 활용되었다"며 편의대의 역할을 높이 평가하고 있음.

〈편의대 기록 증거 7〉

전교사 '광주소요사태분석' 150쪽에 따르면 '선무공작 성과'에서 "군의 광주진입작전에 크게 기여―난동자와 시민의 분리공작, 불법 무기·편의대의 존재를 확인할 수 있음.

〈편의대 기록 증거 8〉

1980년 5월 26일 전교사가 20사단에 내린 '전교사 명령'을 보면 "사전 침투한 편의공작요원(편의대)과의 연결작전을 실시한다"고 나와 있음.

〈편의대 기록 증거 9〉

'전교사 작전일지'에는 다음과 같이 기록되어 있다.

5월 25일 07:00~13:00경 선무공작요원 도착, 인원 300명(서울 노인), 워커힐 교통 8대, 경유지 서울→호남고속도로'라고 기록되어 있음.

이어 '전교사 작전일지'에는 '5월 25일 11:20, 수신―전교사령관(기갑학교장), 발신―505보안대'로 되어 있는 이 기록은 '제목―선무단원 안정호송 요청, 실시―80년 5월 25일 07시 서울 출발 13시 도착 예정, 인원―서울제강 노장호국단 300명, 이동수단―서울 워커힐 버스 8대 분승, 목적―전남도 선무 활동차, 요망사항―상기 선무단원이 (전남북)계엄분소까지 안전 도착토록 조치 바랍니다'라고 기록되어 있음.

그러나 13:09에 접수된 '전교사 작전일지'에는 '505보안대 보안과장 25일 13:00 전주 도착 대기 중'이라 적고 그 바로 뒤에다 괄호를 치고 '25일은 안 온다'라고 적고 있음을 볼 때, 25일에는 안 온 것이 확실한 거 같고, 왔다면 25일 이후에 온 것으로 추정할 수 있으나, 25일 이후의 기록이 없어 광주투입 여부를 확인할 길 없음.

'전남도'라는 표기로 보아 전남지역 또는 광주에 투입, 선무활동을 펴도록 하기 위해 보안사가 주도한 것으로 추정되는 이 노장호국단은 민간인으로 위장한 '군인'으로 보임.

■ 5·18 당시 노출된 편의대 풍경은?

〈풍경 1〉
나의갑이 5월 18일 아침 전남대 정문 앞 취재 때 목격하고 들었던 말(유언비어 1호에 해당함)

5월 18일 오전 9시 30분께 정문을 지키던 7공수여단의 2차 공격으로 몇몇 학생들이 진압봉에 머리를 맞고 정문 앞에서 500m쯤 물러나 있을 때 학생들 틈에 누군가 불쑥 끼어들어, 아무도 묻지 않았는데 다음과 같이 말했음.

"나는 전남대 근처에 사는데, 오늘 새벽 산책을 하다 박관현(5·18 당시 전남대 총학생회장으로 14·15·16일 연 3일 동안 전남도청 앞 광장에서 진행된 민족민주화대성회 때 분수대에 올라 명연설과 명지휘로 대성회를 주도해 많은 광주시민들의 가슴에 '분수대의 영웅'으로 기억되고 있음)이가 연행되는 것을 봤어요. 검은 승용차에 실려 정문을 통해 후문 쪽으로 갔는데, 31사단(광주 주둔 향토사단) 연병장에 감금되어 있다고 하네요."

그 당시 나의갑뿐만 아니라 학생들도 참말로 알아듣고 깜짝 놀랐음. 박관현이 1982년 4월 5일 약 2년간의 은신 끝에 검거되면서 나의 갑은 '불쑥 끼어든 자'의 말이 '사실'이 아님을 깨닫게 되었음. 박관현이 5월 18일 아침 일찍 차명석(광주고 동기동문)과 함께 전남대 정문 쪽에 접근한 것은 맞지만, 체포된 것이 아니고 전남 여천 돌산으로 피신했다는 사실을 취재를 통해 나중에 알았음.

여기서 중요한 건, 그 말이 사실이라면 그 말의 발설자가 31사단 연병장에까지 다녀왔다는 것인데, 비상계엄이 확대된 상황에서 31사단을 아무나 출입할 수 있겠느냐는 의문과 함께 그렇다면 그 말의 발설자가 학생이 아님에 유의해야 한다는 것임.

나의갑은 당시 그 말의 주인공이 나이가 좀 있어 보여 '복학생'으로 생각했으며, 상고머리를 하고 있던 것으로 기억하고 있음.

당시 공수부대에는 '심리전 요원'이 배속되어 있었음(이 요원들은 비무장지대 내 감시초소의 GP에 설치된 대북방송실에서 대북방송을 하기도 했음).

아직 홍성률 일행이 광주에 오기 전이었으므로 505보안대 대공과장 서의남 중령이 사복을 입은 심리전 요원을, 또는 7공수여단 배속 보안대 요원을 학생들 틈에 풀어놓아 '박관현 체포'라는 '선동용 유언비어'를 흘렸을 것으로 추정됨. 실제로 전남대 정문 앞에서 7공수여단의 3차 공격이 있은 뒤 "도청으로 가자"며 학생들이 광주 도심지(금남로)로 진출했다 함은 이 유언비어가 일정 정도 효과를 발휘한 것으로 보아야 할 것임.

나의갑은 '박관현 체포' 관련 이 유언비어를 '5·18 유언비어 1호'로 단정짓고 있음.

전두환과 그의 보안사는 공수부대의 '폭동적 광주진압'을 은폐하기 위해 퍼뜨린 '악성 유언비어' 때문에 광주사태가 커지고 말았다고 지금껏 둘러대고 있지만, '유언비어 제조자'는 전두환의 보안사와 홍성률의 '막후공작 기획팀' 그리고 505보안대 대공과장 서의남 중령의 합작품이며, 그 유포자는 광주시민이 아니라 시위현장에 동원된 '편의대'라는 것임.

조갑제는 그의 저서 '유고 2' 65쪽에서 기절초풍할 만한 팩트를 소개하고 있음. 본문에서 "광주에서와 마찬가지로 부산과 마산에서도 (부마항쟁을 가리킴) '전라도 군인이 와서 경상도 사람 다 죽인다'는 말이 일부에서 떠돌았다"고 적고 있는데, 주체와 객체만 바꾼 이 '기막힌 말'의 제조자가 누구이겠는가? 공작에 능수능란한 보안사와 '홍성률의 막후공작 기획팀' 말고는 혐의를 둘 만한 곳이 없음.

〈풍경 2〉
최정운 서울대 정치외교학부 교수의 저서에 보이는 '편의대'

최 교수는 저서 '오월의 사회과학(2012년 발간)'에서 5·18 광주의 유언비어를 명쾌하게 정리하고 있는데 그는 유언비어 생산자 및 유포자를 계엄군 쪽에서 찾고 있음.

"5월 20일 시위대 속에 섞여 있던 정보요원들이 '저놈들은 경상도 놈들이다', '광주 사람 다 죽이러 왔다'는 등 시위대를 선동하는 것이 시민들에 의해 목격되기도 했다"고 적고 있음. 그는 이 저서를 낼 때 광주에 내려와 많은 5·18 당사자들로부터 폭넓게 증언을 들었는데,

나의갑도 증언자임.

〈풍경 3〉
광주시 시정계 김홍식 직원의 보안부대 여론담당반의 존재에 대한 증언

김홍식은 5·18 당시 보안대 여론조사반의 역할에 대해 다음과 같이 증언하고 있다. "5월 28일인가 29일, 다섯 명이 왔어. 우리 시정과를 잠바 입고 40대 초반이나 30대 후반, 그런 놈들이 그러니까 보안부대에서 왔다고 그러더라고. 그런데 그놈들이 퍼뜨린 놈들이야. 유언비어를 조사하러 왔다고 하더라고. 그래서 유언비어 올라온 거, 메모한 거 다 가르쳐줬더니 이런 유언비어는 없느냐고 묻더라고. 그러면서 고개를 까웃까웃하더라고. 근개 즈그들이 퍼뜨린 유언비어가 접수가 안 된 모양이지. 그래서 내가 그때 저놈들이 유언비어를 퍼뜨린 놈들이 아닌가? 그런 생각을 했어요." 〈'5·18 왜곡의 기원과 진실', 오승용 등 3명 공동저서 90~91쪽, 2012년 2월〉

〈분석〉 김홍식의 증언은 당시 보안대 요원들이 수행한 특수활동 중 일부가 심리전의 일환으로 광주시민 및 시민군 사이에 '악성 유언비어'를 퍼뜨리는 활동을 수행했음을 확인해주는 증언임. 보안대원들이 광주시청을 방문해 5·18 당시 자신들이 퍼뜨린 유언비어가 제대로 유통되었는지 확인한 것으로 봐야 할 것임.

〈풍경 4〉

5·18을 취재한 채의석(고인) 전 한국일보 기자의 '보병학교 편의대' 조우

"그때 불길 저쪽에서 한 젊은이가 걸어나와 '채 선배 아니십니까?' 하고 인사했다. 사건기자 시절 종로경찰서에서 만난 시국사건 수배 청년이었다. 광주에서 위장취업을 하면서 야학을 운영하던 그는 시민군의 지도자가 되어 있었다."

'채 선배'는 5·18을 취재했던 한국일보 채의석 기자로, 세상을 뜨기 전 '99일간의 진실'이란 5·18 취재보고서를 남겼는데, 그때 고인과 광주취재를 동행한 박태홍 사진기자가 작성한 '취재메모' 등 5·18 관련 자료 9점을 2018년 5·18민주화운동기록관에 기증하면서 고인의 취재보고서를 요약한 글도 전해 주었음.

그 취재보고서에 담긴 내용 가운데 "전남도청 현관을 나설 때 지프에서 내려 2층으로 올라가는 3명의 시민군을 보았다. 그 중 한 사람이 낯익은 얼굴이었다. 전방에서 소대장으로 근무하던 시절 친하게 지낸 김 아무개 하사였다. 현역 군인이 어떻게 시민군 간부가 되었을까 미심쩍었다. 채의석은 발길을 돌려 수배청년 방으로 갔다"는 대목이 있음.

수배청년 등이 김 하사를 조사한 결과, 김 하사는 전교사 보병학교 소속 군인으로, 전남도청의 '시민군 작전상황실'에 밀파한 계엄군 쪽 첩자(프락치)로 밝혀졌음. 편의대가 심장부에까지 침투했던 사례라 하겠음.

〈풍경 5〉

'넘어 넘어'의 공동저자 이재의가 자신의 기억 등을 토대로 '넘어 넘어'에 기술한 '거동이 수상한 사람들'— 도청 상황실에 들락거리며 그런 사람들을 더러 목격했던 나의갑 또한 5·18 당시부터 그들을 편의대로 지목해오고 있음

"(전남)도청 1층 (시민군)상황실을 비롯한 여러 사무실은 시간이 흐를수록 드나드는 사람들이 늘어났다. 22일 오후가 되자 도저히 통제 불능할 정도로 사람들이 붐볐다. 단순히 호기심 때문에 드나드는 사람들도 많았지만, 계엄군의 정보원이나 공작원이 끼어들 수 있는 소지도 그만큼 컸다. 도청 내부에서 별도의 사무실 공간을 차지하고 자칭 '조사반', '첩보반' 등의 명칭을 붙여서 활동하는 사람들도 있었는데, 이들 가운데는 신분이 확실하지 않은 사람들도 섞여 있었다. 학생수습위원회 부위원장 황금선(당시 28세)은 항쟁 기간 중 도청 2층에서 순천 사람을 한 명 만나 이런저런 이야기를 나눴는데, 나중에 잡혀가니 합동수사단 대령이었다. 그 대령은 왜 도청에 잠입했을까?"

"30대 중반의 민간인 김양오가 도청 1층 지방과 사무실에 '조사반'을 설치했다. 강력계, 일반계, 용공계 3계를 두고 20여 명이 함께 일을 했고 강력계장은 복학생이 했다. 일반계장은 보안대 출신의 부산 사람이 맡았고, 용공계장은 중앙정보부에서 추천한 메모지를 갖고 들어와 수습위원 중 누군가에 의해 추천된 사람이었다. (중략) 조사반장 김양호는 25일까지 활동하다 계엄군의 시내 진입이 확실시되자 도청을 빠져나갔다."

5·18 막판인 25일 '김양오'는 왜 도청에서 빠져나갔으며, '보안대 출신', '중장 추천'은 또 무엇인가?

당시 도청 상황실에 있던 이재의와 안길정 등 전남대 학생들은 초기에 '조사반원'으로 활동한 사람들이 하도 수상해 총에 실탄을 장전하고 수류탄으로 압박해 '수상한 자들'을 쫓아내고 상황실 출입을 엄격하게 통제했음. 나의갑은 당시 '조사과'에서 두들겨 맞고 몹시 비틀거리며 '조사과'를 나오는 20대 중반의 한 여성을 목격한 바 있는데, '보안대 소속 편의대' 또는 '경찰 소속 편의대' 요원들이 '조사과'에 숨어들어 그 여성을 그렇게 만들었을 것이라고 추정하고 있음.

나의갑은 '편의대'로 보이는 그들이 한동안 '조사과'를 휘어잡고 좌지우지한 것으로 기억하고 있음.

〈풍경 6〉

정보사 소속 하사관의 사진 채증

현재 사진작가인 이상일(당시 25세, 경남 산청 출신)은 5·18 당시 정보사령부 소속 하사관으로 19~27일까지 광주에 투입되어 시민군으로 위장, 폭도 및 불순분자를 색출하기 위한 사진 채증과 함께 '폭도공작용' 사진을 찍었음.

그는 자신이 찍은 사진을 정보사에 공식적으로 제출했으나, 개인 필름으로 촬영한 것은 현재 자신이 갖고 있으며, 공개하지 않고 있음. 5·18진상규명조사위원회는 그의 미공개 사진을 어떤 형태로든 입수해 광주의 진실을 규명해내야 할 것임.

〈풍경 7〉

정보사령부 파견 전교사 301정보대의 편의대 활동

전교사 소속 사진병 김강석(당시 상병, 전교사 인쇄소 근무)의 증언: "전교사 인쇄소 바로 옆에는 정보사령부에서 파견 나온 301정보대가 있었는데, 그 정보대 군인들을 영내 식당에서 자주 볼 수 있었다. 10여 명으로 구성된 정보대 군인들은 평소 사복을 입고 머리도 길러 민간인들과 구분되지 않았으며, 대부분 부대 밖에서 정찰 활동을 했다. 5·18 마지막 날 도청 진압(5월 27일 새벽) 때는 정보대요원들이 미리(5월 26일) 도청에 들어가 무기(총) 공이를 다 빼놓았다는 이야기를 정보대 사람들한테 들었는데, 정보대 사람들도 시민군 속으로 들어가 모종의 공작을 한 것 같았다."

〈풍경 8〉

505보안대 대공과 수사관 허장환의 증언

홍성률과 505보안대 대공과장 서의남 중령(5·18 이후 보안사 공작과장으로 영전했으며, 녹화사업 담당)이 공수부대와 시위대를 동시에 자극하는 단방약으로 유언비어를 개발해 편의대에 넣어주고 유포하도록 했다는 것임. 허장환이 5·18 당시 어느 날 "유언비어 유포자를 모조리 잡아들여 수사를 하면 유언비어가 안 나올 것 아니냐" 하고 서의남에게 제안하자 "무슨 놈의 소릴 하고 있느냐"며 면박을 줬다는데, 이로 미뤄보아 그들의 작품이라는 것임.

〈풍경 9〉

아시아자동차 차량 탈취 유인: 허장환의 증언과 나의갑의 분석

계엄 당국은 5월 21일 하루 동안 방위산업체인 아시아자동차공장(광천동)에서 시위대가 장갑차 2대, 군용트럭, 군용지프 등 군납용 차량 350대, 버스 등 민수차량을 포함해 모두 530대를 탈취해갔다고 밝혔음.

아시아자동차공장 직원인 김정기(당시 19세)는 5월 21일 아침 금남로 3가 광주가톨릭센터 앞에서 지나가는 시위대 차량에 탑승했는데, 누군가 아시아자동차공장으로 가서 차를 끌고 나오자고 제안했다는 것임.

차량 탈취 선동자가 '편의대'가 아니고 '시위대'였다면 505보안대 등 정보기관에서 체포해 조사를 했어야 마땅한데도 강 건너 불구경하듯 했다는 점에서 볼 때 편의대 쪽 소행이라는 것임〈허장환 증언〉.

또 아시아자동차공장이 방위산업체임에도 불구하고 계엄군 쪽이 방호대책 등 전혀 사전조치를 취하지 않은 것도 편의대의 선동으로 추정됨.

1981년 5월 22일 육군본부 군사연구실에서 발간한 '소요진압과 그 교훈'은 "무장 폭도화한 소요지역에 사전대책 없이 진입함으로써 계엄군의 약점을 노출시켰다"고 반성하면서 "동(同) 공장(아시아자동차공장)은 보안목표 '가급'으로 되어 있으나, 사건 당시 병력이 미배치되었고, 일부 재고 차량에는 시운전용 연료가 주입되어 있었음.

80.05.21 08:00경 20사단 62연대와 조우하여 1.4톤 차량 14대 탈취에 성공. 기세등등한 폭도들은 이어서 인근에 있는 동 공장에 난입.

재고차량 중 357대를 거의 무방비 상태에서 탈취, 시내로 돌입함으로써 폭도들의 난동은 극도에 달하였음. 유사시 거부 및 방호대책이 결여되어 있어서 폭도들이 용이하게 기동장비를 탈취하고 시내 주유소를 이용하면서 난동을 극대화하는 수단으로 활용함"이라고 기술하고 있는데, 계엄군이 보안목표 '가급'을 방호하지 않았다는 건 군 상식으로 보아 납득이 가지 않는다는 것임. 따라서 의도적·공작적 방치라는 분석이 나옴.

〈풍경 10〉
총기 등 무기탈취 선동: 허장환의 증언과 나의갑의 분석

5월 21일 오후 시위대가 총기(M1. 카빈)를 들고 공수부대와 맞서기 시작하자 옛 전남일보 조동수 사회부장이 기자들에게 "누가 젤 먼저 총을 들자고 아이디어를 냈을까" 하고 물었는데, 나의갑은 "보안대 사람들이나 공수부대에 배속된 심리전 요원들이 시위대에 끼어들어 '우리도 무장을 합시다'라고 유도했을 겁니다. 제가 비무장지대에서 수색대원으로 군복무할 때 공수부대에는 심리전 요원들이 배치되어 있다는 걸 알았는데, 틀림없이 그 친구들이 그랬을 겁니다. 누가 감히 무기고를 털러 가자고 했겠습니까? 보통사람은 엄두도 못 내지요. 잡히면 죽을 판인데요."

그러나 1995년 7월 18일 서울지검 및 국방부 검찰부는 5·18사건 수사결과 '유도공작'이 없었다고 결론 냈음.

'고소' 고발인들은 사전 계획된 시나리오에 따라 광주재진입작전의 여건을 조성하기 위해 시민들로 하여금 무기고를 습격, 무장을 하도록 상황을 유도했을 가능성이 높다고 주장하면서, 그 근거로 광주시민들이 광주 외곽지역에서 무기고를 습격하고 무기를 탈취해 광주까지 들어오는 동안 아무런 제지를 받지 않았고, 무기가 광주에 반입된 후에 외곽도로가 봉쇄된 점 등을 들었음. 당시 군이나 경찰이 광주 외곽지역 일선 지·파출소의 방위산업체 등에 산재해 있는 무기·실탄·탄약류를 조기에 회수해 통합·보관하는 등 실효성 있게 통제하지 못하고 경찰관이나 향토사단인 31사단 방위병 1~3명이 경계병력으로 배치되어 있다가 무기를 탈취당한 것은 사실이라면서도 "군이나 경찰이 병력 운용에 여유가 있는 상태에서 의도적으로 무기고 습격을 방치했다고는 보기 어렵고, 달리 군이 시위대의 무기 탈취를 의도적으로 방치했음을 인정할 아무런 자료를 발견할 수 없음"이라고 결론을 내고 있음.

그런데 문제는 홍성률 등 편의대를 지휘(관리·감독)한 보안대 쪽에 대한 수사가 전혀 이뤄지지 않은 상태에서 '유도공작 없음'이란 결론을 냈다는 것임.

〈소결〉 나의갑은 1990년 5월 출간한 '광주5월민중항쟁사료전집'의 무기탈취 관련 증언자 20명의 증언을 정독했으나, 경찰이나 방위병 등의 제지를 받았다고 증언한 사람은 단 한 명도 없었다는 점 등 보안대 쪽에서 무기고가 쉽게 털리도록 공작했다고 보고 있음. 〈허장환도 이에 동의하고 있음〉

〈풍경 11〉

'민간인 편의대' 독침사건 연출

[전면 개정판 '죽음을 넘어 시대의 어둠을 넘어' 353~355쪽 인용, 2017년 5월 발간]

5월 25일 오전 8시 자칭 정보반 장계범(당시 23세, 주점 운영)이 전남도청 농림국장실로 쓰러지듯 허겁지겁 들어오면서 어깨를 움켜쥐고 소리쳤다. "독침을 맞았다!"

조사부(시민군 조직 가운데 하나) 신만식이 어깨를 살펴보려고 다가서자 장계범은 "당신은 필요 없어. 정형이 한번 봐봐" 하며 옆에 서 있던 정향규(23세, 운전기사, 본명 정형규)를 가리켰다. 정향규는 장계범의 윗옷을 벗겨 상처 부위를 입으로 몇 번 빠는 시늉을 하더니 그도 쓰러졌다. 주위에서 지켜보던 조사부원들이 이들을 부축해 전남대병원으로 급히 실어갔다. 도청 안은 갑자기 긴장이 감돌았다. 삽시간에 '도청에 간첩이 침투했다'는 소문이 돌았다. 하나 둘씩 도청을 빠져나가는 사람들도 생겼다.

시민군 지도부는 '독침 소란'을 일으킨 사람들이 계엄군 쪽 정보요원이거나 그들과 연계된 프락치일 가능성이 크다고 생각했다. 학생수습위원회 부위원장 김종배는 조사부원 김준봉에게 장계범의 행동이 수상하니 잘 관찰하라고 얘기했다. 김준봉은 병원과 도청을 오가며 장계범을 집중 감시했다. 그는 무장한 시민군 6명을 데리고 가서 병실 앞과 복도 등에 배치했다. 가족들이 벌써 와 있었고, 기자들이 북적거렸다. 이때 장계범이 김준봉을 조용히 불러 "도청 안 지도부 김종배도 빨갱이고 방송실 아가씨들 중에도 빨갱이가 있으니 조사를 해보라"고 했다.

김준봉은 장계범이 맞았다는 독침을 조사해보니 볼펜심에 핀을 꽂아 놓은 것으로 확인했다. 그 볼펜심의 실제 주인은 시민군으로 참여한 재수생이라는 사실도 밝혀냈다. 김준봉이 병원으로 가 의사를 만나 자초지종을 설명한 다음 볼펜심을 보여줬다. 담당의사는 "독침에 맞은 것이 아니고, 일시적으로 마비현상을 일으키는 약물 때문인 것 같다"고 했다. 오후 6시경 김준봉이 병실에 갔을 때 장계범과 정향규는 병실에서 사라져버렸다. 시민군 지도부는 윤석루 등 기동순찰대를 풀어 이들을 추격했으나 정향규만 잡아 조사부로 데려왔다. 그날 저녁 TV는 도청 안에서 '독침사건'이 발생했다고 크게 보도했다. 그 뒤 도청 내 분위기가 더욱 흉흉해졌다.

며칠 뒤 장계범의 정체가 확인됐다. 5월 27일 도청 진압 이후 전교사 헌병대 영창에 붙들려간 시민군 주요 간부들이 조사를 받고 있을 때 장계범이 복면을 쓰고 나타나 그 간부들이 도청에서 어떤 역할을 했는지 수사관에게 낱낱이 알려줬다는 것이다. 1차 조사가 끝나고 그 간부들이 505보안대로 넘겨졌을 때도 장계범이 담배를 피우며 자유롭게 돌아다니는 모습이 여러 사람들에게 목격됐다는 것이다.

장계범은 505보안대 전남합수단의 조사에서 "독침에 찔린 것이 아니라 자작극을 벌인 것"이라고 진술했다. 그는 5월 23일 도청에 들어가 자신의 주도 아래 '정보부'를 조직하는 등의 활동을 하다가 25일 아침 도청에서 "독침 비슷한 것을 줍게 됐고, 그곳에서 피하기 위해 연극을 했다"는 것이다. 〈전교사 계엄보통군법회의 판결문 1980. 10.24 및 군

검찰 진술서 1980.6.8.〉

도망친 장계범은 시민군의 추적이 두려워 집으로 들어가지 못하고
병원과 여관 등으로 피신했다. 다음날 오전 '광주 사동'에 있는 '삼촌
댁'과 송영감 집 등을 전전하다 26일 오후에 아버지와 함께 505보안
대를 찾아가 자수했다. 505보안대 대공과장 서의남 중령은 장계범을
특별관리하라고 부하직원 허장환에게 지시했다. 〈허장환 증언〉

〈분석〉 당시 홍성률 대령은 '광주 사동'에 비밀아지트를 차리고 특수
업무를 수행했는데, 장계범이 '사동'의 '삼촌댁'에 들렀다는 대목은
중대한 암시를 주고 있음.
독침사건이 났을 때 허장환이 "수사하러 도청에 가겠다"고 서의남
에게 얘기하자 "가지 말라"고 지시한 점, 나중에 505보안대로 넘어
왔을 때 서의남이 허장환한테 "장계범이 잘 좀 다독거려 줘라"고 지
시한 점 등을 엮어 해석하면 보안대가 장계범을 비호하고 있음을
확인해주는 것이 됨. 이는 홍성률과 서의남의 공동 공작품으로 장
계범 등을 민간인 프락치로 활용했음을 간접증명하는 것임.
그렇다면 프락치 장계범을 왜 '유언비어 날조' 혐의로 구속했을까?
독침사건으로 여론의 관심이 집중되자 부담을 느낀 보안대가 공작
의 흔적을 없애기 위해 공작한 것으로 봐야 할 것임.

〈소결〉
독침사건 하루 전(5월 24일)에는 '광주 잠입 기도, 시위선동 간첩검

거'라는 제목의 기사가 전국 종합일간지에 보도되었는데, 때를 잘 맞춘 공작이라 할 수 있음. 24일 서울시경은 간첩 이창룡이 광주에 들어가 학생·시민들의 시위를 무장폭동으로 유도하는 임무를 띠고 5월 20일 새벽 2시경 남해안에 침투, 광주 잠입을 시도하다가 계엄군의 검문·검색으로 포기하고, 5월 23일 새벽 5시 특급열차로 서울역에 도착해 배회하다가 검거됐다고 발표했다.(동아일보)

이 사건은 2007년 국방부 과거사진상규명위원회에서 "간첩 이창룡은 5·18과 관계없이 별도로 남파된 간첩"이라고 규명함으로써 전두환과 그의 보안사 쪽의 5·18과 북한을 연결짓기 위한 공작인 것으로 판명되었음.

■ '5·18 편의대'의 규모는?

아직껏 파악하지 못했으나, '대량 투입'한 것만은 확실함.

나, 전두환은 5월 21일 광주에 내려가지 않았다?

전두환이 '제이티비씨 주식회사'를 상대로 소를 제기한 사건의 전말 – 판결문

전두환은 '제이티비씨 주식회사'를 상대로 소(사건:2019가합37809 정정보도 등)를 제기했다. 2019년 3월 13일부터 2019년 5월 16일에 걸쳐 'JTBC 뉴스룸'과 '이규연의 스포트라이트'에서는 김용장(전 미정보관)과 허장환(전 505보안대 수사관) 등의 증언을 토대로 5·18 당시 전두환이 광주에 내려와 단순 발포가 아닌 사살 명령을 내렸다는 것, 헬기 사격 등이 있었다는 내용을 다루고 있었다. 원고 전두환은 이 사실을 전면 부인하며 JTBC 측에 '정정보도문'을 요구하는 소를 제기한 것인데, 2020년 7월 8일 서울서부지방법원 제12민사부에서는 원고의 주위적 청구 및 예비적 청구 모두 이유 없으므로 기각했다. 이 사건에 관한 판결문을 여과없이 그대로 부록에 게재한다.

서 울 서 부 지 방 법 원

제 1 2 민 사 부

판 결

사 건 2019가합37809 정정보도 등

원 고 전두환

서울 서대문구 연희로27나길 11-14(연희동)

소송대리인 변호사 정주교

피 고 제이티비씨 주식회사

서울 마포구 상암산로 48-6(상암동)

대표이사 홍정도

소송대리인 변호사 정진우

변 론 종 결 2020. 5. 27.

판 결 선 고 2020. 7. 8.

주 문

1. 원고의 주위적 청구 및 예비적 청구를 모두 기각한다.

2. 소송비용은 원고가 부담한다.

청 구 취 지

- 1 -

[주위적 청구취지]

피고는 이 판결이 선고된 후 처음 방영되는 제이티비씨 '뉴스룸' 프로그램의 첫머리와 '이규연의 스포트라이트' 프로그램의 첫머리에 각 통상 프로그램 자막과 같은 크기로 화면 상단에 '정정보도문'이라는 제목을 계속 표시하고 그 아래 화면에 별지 '정정보도문'을 시청자들이 그 내용을 충분히 알아볼 수 있을 만큼 자막으로 표시하면서, 메인 앵커로 하여금 원 프로그램의 진행과 같은 속도로 낭독하게 하라. 만약 피고가 전항을 이행하지 아니할 때에는 원고에게 그 다음날부터 이행완료일까지 1일 5,000,000원의 비율로 계산한 돈을 지급하라.

[예비적 청구취지]

피고는 이 판결이 선고된 후 처음 방영되는 제이티비씨 '뉴스룸' 프로그램의 첫머리와 '이규연의 스포트라이트' 프로그램의 첫머리에 각 통상 프로그램 자막과 같은 크기로 화면 상단에 '반론보도문'이라는 제목을 계속 표시하고 그 아래 화면에 별지 '반론보도문'을 시청자들이 그 내용을 충분히 알아볼 수 있을 만큼 자막으로 표시하면서, 메인 앵커로 하여금 원 프로그램의 진행과 같은 속도로 낭독하게 하라. 만약 피고가 전항을 이행하지 아니할 때에는 원고에게 그 다음날부터 이행완료일까지 1일 5,000,000원의 비율로 계산한 돈을 지급하라.

이　　유

1. 기초사실

가. 피고는 종합편성채널 JTBC에서 "JTBC 뉴스룸(이하 '뉴스룸'이라 한다)", "이규연의 스포트라이트(이하 '스포트라이트'라 한다)"를 비롯한 방송프로그램을 방영하는 방송

- 2 -

사업자이다.

나. 피고는 2019. 3. 13.부터 2019. 5. 16.까지 다음과 같은 제목의 방송을 하였다.

일시	프로그램	제목
2019. 3. 13.	뉴스룸	"5·18 헬기 사격 그 날, 전두환 광주에" 39년만의 증언
2019. 3. 13.	뉴스룸	전두환, 2일 낮 헬기 타고 광주 와… 움직일 수 없는 사실
2019. 5. 13.	뉴스룸	"광주에 내려온 전두환", "발포 아닌 사살" 국회 증언
2019. 5. 13.	뉴스룸	5·18 광주 '제3의 목격자'…전 미군요원 김용장
2019. 5. 14.	뉴스룸	광주시민 앞에 선 김용장·허장환…5월의 진실 증언회
2019. 5. 16.	뉴스룸	집단사격 있던 그 날…'광주 가는 전두환 목격' 증언
2019. 5. 16.	뉴스룸	"80년 5월 2일 전두환 광주행" 목격자 첫 진술
2019. 5. 16.	스포트라이트	한미 정보요원의 폭로

다. 위와 같은 방송에는 이 사건과 관련된 다음과 같은 내용이 포함되어 있다(이하 '이 사건 보도'라 한다).

(1) 2019. 3. 13.자 뉴스룸

㈎ 1부

저희 스포트라이트 취재진이 "21일 헬기 사격이 있었고, 그 날 전두환 씨도 광주에 왔었다" 이런 증언을 확보했습니다. 당시 광주에서 미군 정보부대 요원으로 활동했던 김용장 씨로부터입니다.

김용장(전 주한미군 방첩 정보요원) : 여기에 왔습니다. 헬기로 왔습니다.

미군 501여단에서 정보 요원으로 활동한 김용장 씨가 지목한 곳은 광주 제1전투비행장. 전남도청 앞 집단 발포가 있었던 1980년 5월 21일, 전두환 씨가 광주를 직접 찾았다는 것입니다.

김용장(전 주한미군 방첩 정보요원) : 전두환 보안사령관이 대기하고 있었던 정호용 특전사령관, 그 다음에 505보안부대 이재우 대령, 그분들과 거기서 회의를 했습니다.

- 3 -

이후 헬기 사격이 두 차례 있었다고도 밝혔습니다.

(나) 2부

김용장(전 주한미군 방첩 정보요원) : 전두환 씨가 그 당시 5월 21일 낮. 그러니까 한 점심시간쯤에 헬기를 타고 광주에 왔습니다. 그렇습니다. 이미 거기에 와서 대기하고 있었던 정호용 특전사령관, 505 보안부대장 이재우 대령 그리고 또 한 분이 계셨는데요. 그 분이 누구인지 기억이 나지 않습니다마는 그분들이 전투비행단장실에서 만나서 어떤 회의를 했고 그리고 거기서 사살명령이 하달됐다고 그렇게 보고를 했습니다. 이건 움직일 수 없는 사실입니다. 왜 그러냐 하면 전두환 씨가 헬기로 서울로 돌아간 이후에 바로 광주도청 앞에서 집단 발포, 사살행위가 이루어졌습니다. 그런 걸로 봐서 거기서 전달이 됐다고 이렇게 믿고 있습니다.

(2) 2019. 5. 13.자 뉴스룸

(가) 1부

"발포가 아닌 사살이었다" 5·18 당시 광주에서 활동한 미군 정보요원 김용장 씨와 보안부대 수사관 허장환 씨는 '계엄군의 사격은 사살이었고, 명령에 따른 것'이라고 오늘(13일) 국회에서 증언했습니다.

(나) 2부

김용장(5·18 당시 미군 정보요원) : 전두환 씨가 5월 21일 정오쯤 해서 왔는데요. 우리 정보원을 통해 첩보를 받았습니다. 그 첩보원은, 첩보를 준 정보원은 보안사령과 근무하는 정보요원인데요. 그 분이 광주에 도착해서 단장실로 옮겼고. 거기 사무실에서 이미 와서 대기하고 있었던 정호용 특전사령관, 505 보안부대 이재우 대령, 그리고 또 한 분이 계셨는데 그 분 이름은 그 당시에도 모르고 지금도 제가 모릅니다만 네 사람이

- 4 -

회의를 했습니다. 그리고 나서 1시간 후에 서울로 돌아갔습니다. 그런데 우연치 않게도. 이것은 제 의견입니다. 제 의견입니다. 바로 1시간 후에 전라남도 도청 앞에서 집단 발포사격이 있었습니다. 저는 심지어 그것을 사살명령이라고 저는 그렇게 판단하고 싶습니다. 개인 의견입니다.

(3) 2019. 5. 14.자 뉴스룸

어제(13일) 서울에서 5·18 민주화운동 당시 전두환 씨가 광주를 방문해서 사살명령을 내렸다고 증언한 김용장 씨와 허장환 씨가 오늘은 광주를 찾았습니다. ...(중략)... 당시 여러 요원이 전두환 씨의 광주 방문을 목격했다며, 이후 발포가 이뤄진 점을 들어 사살명령이라고 지적했습니다.

(4) 2019. 5. 16.자 뉴스룸

(가) 1부

집단 발포가 있던 날, 즉 5월 21일 오전에 전두환 씨가 헬기를 타고 광주에 가는 것을 직접 봤다는 증언이 처음으로 나왔습니다. 전 미군 정보요원 김용장 씨의 주장을 뒷받침하는 내용 즉, 김용장 씨는 그 날 '전두환 씨가 광주에 왔다'고 정보 보고를 올렸는데 지금 이분께서 말씀하시는 것은 가는 것을 봤다는 것입니다. 어디서, 서울에서 봤다는 얘기죠. ...(중략)... 서울 대방동 공군 706보안부대장의 운전병이던 오원기 씨는 80년 5월 21일 오전 전두환 씨를 용산 헬기장에서 직접 봤다고 했습니다.

(나) 2부

보신 것처럼 1980년 5월 21일 오전에 헬기를 타고 광주로 가는 전두환 씨를 직접 봤다는 진술, 이번에 처음으로 나왔습니다.

오원기(1980년 당시 공군 706보안부대장 운전병) : 제일 분명한 것은 그 시간대 전두

- 5 -

환 씨 혼자 타고 공군 헬기로 이륙한 것입니다. 그것이 제일 중요한 핵심이에요.

⑸ 2019. 5. 16.자 스포트라이트

김용장(전 주한미군 방첩 정보요원) : 전두환 씨가 헬기로 전투비행단에 와서 단장실에서 회의를 했었는데요. 그래서 와서 대기하고 있었던 정호용 특전사령관, 505 보안부대 이재우 대령, 또 한 분이 있는데요. 그래서 전부 4명이 이제 회의를 했습니다.

바로 그 후 회의 1시간 후 집단 발포가 시작됩니다.

김용장(전 주한미군 방첩 정보요원) : 발포 명령이 있었다고 보고했습니다. 전두환 사령관으로부터 있었다. 그게 아니고 사살이다.

[인정 근거] 다툼 없는 사실, 갑 제1 내지 8호증, 갑 제50호증(가지번호 있는 것은 가지번호 포함, 이하 같다)의 각 기재 및 영상, 변론 전체의 취지

2. 원고의 주장

피고는 이 사건 보도를 통하여 '원고는 1980. 5. 21. 광주에 내려가 특전사령관 정호용, 505 보안부대장 이재우 및 성명불상 1인과 회의를 한 다음, 시위대와 대치하고 있던 계엄군에 사살명령을 내렸다'(이하 '이 사건 적시사실'이라 한다)는 허위의 사실을 적시함으로써 원고의 명예를 훼손하였다.

따라서 피고는 주위적으로 언론중재 및 피해구제 등에 관한 법률(이하 '언론중재법'이라 한다) 제14조 제1항에 따른 조치로서 별지 기재와 같은 내용의 정정보도를, 예비적으로 언론중재법 제16조 제1항에 따른 조치로서 별지 기재와 같은 내용의 반론보도를할 의무가 있다(아울러 원고는 정정보도 또는 반론보도에 대한 간접강제도 구한다).

3. 판단

가. 판단의 전제

- 6 -

언론중재법 제14조 제1항 및 제16조 제1항에 의해 인정되는 정정보도 및 반론보도청구권은 사실적 주장에 관하여만 인정되고, 의견 표명에 대한 정정보도 및 반론보도청구는 허용되지 않는다. 이 사건 적시사실이 정정보도 및 반론보도청구권의 대상인 사실적 주장에 해당하는지 본다.

나. 원고의 사회적 평가를 저하시킬 수 있는 사실의 적시 여부

(1) 관련 법리

언론보도가 사실적 주장에 관한 것인지 단순한 의견표명인지를 여부를 판단함에 있어 사실적 주장이란 가치판단이나 평가를 내용으로 하는 의견표명에 대치되는 개념으로서 증거에 의하여 그 존재 여부를 판단할 수 있는 사실관계에 관한 주장을 말한다. 언론보도는 대개 사실적 주장과 의견표명이 혼재하는 형식으로 이루어지는 것이어서 구별 기준 자체가 일의적으로 할 수 없고, 양자를 구별할 때에는 해당 언론보도의 객관적인 내용과 아울러 일반 독자가 보통의 주의로 언론보도를 접하는 방법을 전제로, 사용된 어휘의 통상적인 의미, 전체적인 흐름, 문구의 연결 방법뿐만 아니라 해당 언론보도가 게재한 문맥의 보다 넓은 의미나 배경이 되는 사회적 흐름 및 일반 독자에게 주는 전체적인 인상도 함께 고려하여야 한다(대법원 2012. 11. 15. 선고 2011다86782 판결, 2017. 10. 26. 선고 2015다56413 판결 참조). 그리고 객관적으로 피해자의 사회적 평가를 저하시키는 사실에 관한 보도가 소문이나 제3자의 말 등을 인용하여 기사화한 것이고 그 보도내용에 단정적 표현이 사용되지 아니하였다고 하더라도, 그 표현 전체의 취지가 그 사실의 존재를 암시한다면 '사실의 적시'가 있다고 볼 수 있다(대법원 2018. 4. 12. 선고 2015다45857 판결 참조).

(2) 판단

- 7 -

앞서 든 증거들에 변론 전체의 취지를 종합하여 인정할 수 있는 다음과 같은 사실 내지 사정에 비추어 볼 때 이 사건 보도는 이 사건 적시사실이 포함된 김용장, 허장환, 오원기(이하 '김용장 등'이라 한다)의 진술을 인용하면서 이에 대한 피고의 의견 표명을 보도한 것일 뿐 피고가 이 사건 보도에서 김용장 등의 진술 내용을 사실로 단정하였거나 사실임을 암시하였다고 볼 수는 없다. 따라서 이 사건 보도가 이 사건 적시사실에 관한 사실적 주장임을 전제로 한 원고의 주위적 정정보도 및 예비적 반론보도 청구는 모두 이유 없다.[1]

① 이 사건 보도는 '원고가 1980. 5. 21. 광주에 방문한 사실', '원고가 정호용, 이재우 등과 회의를 한 사실', '시위대에 대한 사격명령을 하달한 사실'에 관한 김용장 등의 '새로운 증언'이 나타났음을 밝히며, 진술의 신빙성을 추적하는 흐름으로 구성된다. 이 사건 보도는 단정적 표현을 사용하여 이 사건 적시사실의 존재를 암시하고 있다기보다는 원고 측의 주장과 배치되는 김용장 등의 새로운 주장을 소개함에 그치고 있다.

② 이 사건 보도는 김용장 등의 국회 증언 내용을 그대로 인용하거나 김용장 등의 인터뷰 내용을 편집 없이 방송하였다. 일반 시청자는 이 사건 보도가 김용장 등의 의견 및 평가를 그대로 전달하는 것임을 명확히 인지할 수 있었다. 또한 피고 측 관련자는 김용장 등과의 인터뷰 과정에서 '이 사건 적시사실은 김용장 등의 주장 내지 의견이고, 객관적인 근거자료가 없으므로 피고로서는 사실 여부를 당장 확인할 수 없으며, 추후 검증이 필요하다'는 유보적인 의견을 지속적으로 표출하였다.

③ 위 기초사실 기재와 같이 김용장도 2019. 5. 13.자 뉴스룸 인터뷰에서 '이것은 제

---

1) 한편, 원고가 정정보도 및 반론보도로 구하는 '제보자 김용장은 미군 군사정보관이 아니라 미군 계약직 군속 통역관으로 밝혀졌다'는 부분은 원고가 제출한 증거만으로는 적시사실이 허위임을 인정하기에 부족하며, 달리 이를 인정할 증거가 없을 뿐만 아니라 그 내용 또한 지엽말단적인 사소한 것에만 관련되어 있다고 보이므로 정정보도 내지 반론보도청구권의 행사에 정당한 이익을 갖지 않는 경우에 해당한다. 따라서 원고의 이 부분 주장은 받아들일 수 없다.

의견입니다. 제 의견입니다. 바로 1시간 후에 전라남도 도청 앞에서 집단 발포사격이 있었습니다. 저는 심지어 그것을 사살명령이라고 저는 그렇게 판단하고 싶습니다. 개인 의견입니다'라고 진술하여 이 사건 적시사실이 김용장 개인의 의견 표명임을 밝혔다.

④ 이 사건 보도에서 사용된 어휘 내지 어투를 보더라도 피고는 '21일에 대한 행적에 대해서는 지금 오늘의 증언으로 인해서 굉장히 많은 논란이 있을 것 같고요. 그에 따른 어떤 조사가 더 이루어져야 되지 않을까 하는 생각은 하게 됩니다', '저희가 일단 인터뷰에서는 김용장 씨의 주장으로 받아들일 수밖에 없다는 것을 이해해주시기 바랍니다'라고 방송하여 '사실에 관한 보도'가 아닌 '제3자의 의견을 전달하는 것'임을 명확히 밝혔음을 알 수 있다. 나아가 이 사건 보도의 전체적인 인상을 보면, 일반 시청자도 원고의 행적과 관련된 김용장 등의 새로운 견해가 나타났으나 아직은 객관적인 사실로 밝혀진 것은 아님을 명확히 인지할 수 있었다고 보인다.

⑤ 이 사건 보도는 김용장 등의 증언과 함께 원고의 행적에 대한 다수의 가능성을 탐색하면서 '원고가 1980. 5. 21. 광주에 방문한 사실', '원고가 정호용, 이재우 등과 회의를 한 사실', '시위대에 대한 사격명령을 하달한 사실'에 관한 비판적 의견을 제시하고 있을 뿐이다. 관련 수사 및 재판 절차에서도 이 사건 적시사실의 '실체적 진실'에 대한 명확한 판단이 이루어지지 않았던 만큼, 언론사인 피고로서는 이 사건 적시사실의 존재를 단정적으로 암시한 것이 아니라 김용장 등의 증언을 의혹 제기 차원에서 소개한 것에 그쳤다고 보일 뿐이다.

다. 가정적 판단

(1) 정정보도 청구에 관한 판단(적시 사실의 허위 여부)

정정보도를 청구하는 경우 그 언론보도 등이 진실하지 아니하다는 것에 대한 증명책임은 그 청구자인 피해자가 부담한다(대법원 2017. 10. 26. 선고 2015다56413 판결 참조).

설령 피고가 원고의 사회적인 평가를 침해할 가능성이 있는 구체적인 사실로서 이 사건 적시사실을 적시하였다고 하더라도 원고가 제출한 증거만으로는 이 사건 적시사실이 허위임을 인정하기에 부족하며, 달리 이를 인정할 증거가 없다(을 제19 내지 24호증의 각 기재 및 변론 전체의 취지를 종합하면, 발포명령 주체 등을 포함한 원고의 광주 방문 여부 등에 관한 사법부의 명시적인 판단이 이루어진 바 없고, 여전히 정부 및 5·18 민주화운동 진상규명조사위원회 등의 시민단체에 의한 진상조사가 진행되고 있는 사실이 인정되므로, 입증책임의 원칙에 따라 판단할 수밖에 없다).

따라서 원고의 주위적 정정보도 청구는 받아들이지 않는다.

(2) 반론보도 청구에 관한 판단(정당한 이익의 존부)

앞서 든 증거 및 변론 전체의 취지를 종합하면, 피고는 뉴스룸 및 스포트라이트 프로그램을 통하여 '1980년 5월 나는 광주에 가지 않았다', '헬기 사격은 없었다. 있었다 하더라도 1980년 5월 21일은 아니다', '사실 전두환 씨의 광주행은 지금까지 본인이 계속 부인해왔고, 주변 인물들도 다 부인을 해왔기 때문에', '전씨, "5·18 기간 동안 광주 방문한 적 없다" 주장', '오히려 전 씨가 21일 오전 11시 서울 용산 국방부 회의에 참석했다는 기록이 있습니다' 등과 같은 원고 측의 주장을 보도한 사실이 인정된다. 즉, 피고는 원고가 구하는 반론보도문의 취지와 동일한 내용의 원고 측 해명 내지 주장을 적지 않은 시간을 할애하여 보도하였다.

원고가 반론보도로 구하는 핵심 내용은 '원고가 광주사태 기간 동안 광주를 방문한 사실이 없고, 사격명령을 지시한 사실이 없다'는 것인 바, 이 사건 보도에 적시되지 않은 새로운 내용이 포함되어 있다고 볼 근거가 없을 뿐만 아니라 위 내용은 평소 원고

- 10 -

측이 언론 인터뷰 등을 통해 충분히 주장해 온 내용에 불과하다(을 제29호증).

결국 이 사건 보도에는 해당 사항에 관한 원고의 주장과 입장이 충분히 반영되어 있다고 볼 수 있어 원고의 반론보도청구는 반론보도를 구할 정당한 이익이 없는 경우에 해당함이 인정된다. 원고의 예비적 반론보도 청구 역시 받아들이지 않는다.

4. 결론

그렇다면 원고의 주위적 청구 및 예비적 청구는 모두 이유 없으므로 기각하기로 하여 주문과 같이 판결한다.

재판장   판사   정은영

판사   최지영

판사   김주영

별지

정정보도문(반론보도문)

가. 제목 : "김용장은 군사정보관이 아니라 미군 계약직 통역관이고, 그가 주장
한 전두환 보안사령관의 광주 방문은 사실이 아닌 것으로 밝혀져"

나. 내용 : 본사는 2019년 3월 13일, 5월 13일, 5월 14일, 5월16일 JTBC뉴스룸
과 2019.5.16. 이규연의 스포트라이트 프로그램을 통해 (자신을 미군 정보요
원이라고 소개한 김용장의 주장을 보도하면서) 광주사태 당시 전두환 보안사
령관이 1980년 5월 21일 낮 헬기를 타고 광주로 내려가 제1전투비행단 단장
실에서 정호용 특전사령관, 505보안부대장 이재우 대령 등과 회의를 하고 그
자리에서 전남도청 앞 시위대에 대하여 사격명령을 하달하였다고 보도한 사
실이 있습니다.

그러나 확인한 결과, 제보자 김용장은 미군 군사정보관이 아니라 미군 계
약직 군속 통역관으로 밝혀졌습니다. 또한 1980년 5월 21일 전남도청 앞 발
포는 계엄군 약 600여명이 전남도청을 방어하기 위하여 약 10만 명의 시위대
와 대치하고 있던 상황에서 시위대가 장갑차와 버스를 이용하여 돌진해 들어
오자 이를 저지하기 위하여 발포하게 되었고, 그 이후 시위대가 무장을 한
상황에서 자위적 차원에서 사격을 실시하게 되었으며 이와 같은 사실은 이미
검찰의 수사와 법원의 재판을 통하여 사실로 규명되었으며, 전두환 보안사령

- 12 -

판은 광주사태 기간 동안 광주를 방문한 사실이 없고 사격명령을 지시한 사

실도 없는 것으로 밝혀졌습니다.

이 보도는 법원의 판결에 따른 것입니다. 끝.

- 13 -

홍남순(洪南淳, 1912~ 2006) 민주화운동에 헌신한 1세대로 평생을 인권변호사로 활동했다. 1912년 7월 20일 전라남도 화순군 도곡면에서 홍창식洪昌植과 박도남朴道南 사이에서 2남 1녀 중 장남으로 태어났다. 1941년 윤이정尹二貞과 결혼, 슬하에 기원, 기섭 등 7남매를 두었다. 1927년 월곡의숙과 화순군에 있는 능주공립보통학교(1928~1930)를 거쳐, 학업에 뜻을 두고 19세에 일본으로 건너가 와카야마 공립상공학교를 졸업하고 귀국했다. 1948년 37세 나이로 변호사시험에 합격, 1953년 6월 광주시 궁동에서 변호사 사무실을 냈다.

1957년 광주지방법원 판사, 1960년 광주고등법원 판사, 1961년 대전지방법원 강경지원장, 1962년 광주고등법원 판사를 역임했다. 1963년 광주시 궁동에서 다시 변호사 개업을 하며 전남지역의 쟁점이 되는 정치현안과 민주화를 위해 헌신하며 30여 건의 긴급조치법 위반 사건을 맡아 변론하고, 반독재투쟁을 벌이다 구금된 민주인사들을 위해 60건 이상의 무료 변론을 맡기도 하여 '긴급조치 전문변호사'라는 별칭을 얻기도 했다.

1980년 5·18민주화운동 당시에는 신군부로부터 '내란수괴'로 몰려 체포돼 무기징역 선고를 받고 1년 6개월여 간 옥고를 치렀다. 이후 '광주 5·18구속자협의회 회장'으로 추대되어 5·18민주화운동 명예회복에 앞장섰다. 이러한 공로로 1985년 가톨릭 인권상, 1986년 대한변호사회 인권상, 1993년 국민훈장 무궁화장을 받았다. 2001년 11월 뇌출혈로 쓰러져 5년간 투병하다가 2006년 10월 14일 별세했다.

'인권운동의 대부'로 불리는 고 홍남순 변호사의 정신을 기리고자, 광주시는 홍 변호사 사후 2017년 9월 10일 광주시민들에게서 '궁동1번지'라 불리던, 도곡면 효산리에 있는 홍남순 변호사 생가터를 '사적지 29호'로 지정했다. 현재 광주시는 홍남순 변호사 생가터 복원사업을 추진 중이며 계획대로라면 2022년 원형보존 작업이 마무리된다고 한다.

이 책에 기술된 '5·18민주화운동'에 관련된 내용
일부는 사실에 틀림없음을 홍남순 변호사, 정광진 님에게서
공증받은 인증서를 제시하여 밝혀둡니다.

등부 1998년　제　１０４１호

인 증 서

공증
인가 **무등합동법률사무소**

전화 ２２２-３０８４ 번

사실확인 및 인우보증서

인 우 인   허 장 환 (許壯煥. 50세)
            강원도 화천군 화천읍 용산리 1008.
            전직:5.18 당시 전남.북 비상계엄사령부합동수사본부 국보
            위 특수부 부장.

사실확인자
및인우보증인   홍 남 순 (洪南淳. 141215-1550315)
            본적 : 전남 화순군 도곡면 효산리 209.
            주소 : 광주시 동구 궁동 15번지.
            직업 : 공증인가 호남합동법률사무소
            대표변호사.
            (TEL : 222-1234)

사 실 확 인 및 인 우 보 증 할   사 유

1. 위 사실확인자 및 인우보증인(이하 확인자라칭함)은 1980. 5. 18.
    광주사태(현명칭:5.18 광주민주화운동)로 인하여 같은달 26일 전남.
    북 비상계엄사령부 군검경 합동수사본부 대원들에게 검문당한후 505
    보안대로 본인과 처 윤이정, 셋째아들 홍기섭등이 함께 연행되어 처
    자는 10일만에 석방된바 있고 본 확인자는 내란죄등으로 1심에서 사
    형선고, 항소심에서 무기, 대법원에서 기각판결이 선고되어 확정되
    므로서 1년 6월여 동안 복역을 마치고 가석방된바 있었던바 위허장
    환의 숨은 일화를 밝히는 바입니다.

2. 5.18 당시 전남.북 비상계엄사령부 총수사 책임자는 505보안대 수사
    부국장이었던 서의남 중령이었는데 사전에 수사각본을 만들어 광주
    사태 내란책임 수괴를 본 확인자로 정하여 홍남순은 김대중으로 부
    터 내란음모등 지령을 받고 그 자금으로 금 1억원을 받아 전남대,
    조선대 총학생회장에게 건네주어 내란을 획책한 책임자로 수사 방향
    을 정하여 진행하였고 5.28.자로 본인의 사무장 정광진이 연행되어
    오자 이번에는 홍남순은 그의 사무장을 시켜 서울 김대중으로부터
    돈을 교부받아와 양대학에 전하였다는 각본을 새롭게 만들어 수사
    진행 및 지령을 .하므로,

3. 위 허장환은 수사부국장 서의남에게 복명을 하면서 본인도 여러방면
   으로 조사를 해보았으나
   첫째, 홍변호사는 이곳 지방대학 출신도 아니므로 학연관계가 없고
   위 양대학 총학생회장과는 전혀 연관이 없으며
   둘째, 홍변호사는 당시 무정부상태인 광주시에 대하여 어떻게든 최
   대한 희생을 막기 위하여 수습대책위원회를 구성하여 수습에
   나선 일뿐이며,
   셋째, 광주사태는 초창기에 공수부대 대원들이 진입한후 과잉진압을
   하므로서 시민과 학생들이 살상되어 이에 흥분한 시민들이 들
   고 일어난 것이지 사전 조직이 있어 광주사태를 일으킨 것이
   아니며,
   넷째, 정광진은 일개 변호사 사무장인데 그를 심부름시켜 김대중으
   로부터 돈을 받아 온 것으로 한 것은 사실과 크게 다르며 수
   사상 무리가일 뿐이므로 달리 방향을 정해야 한다고 복명을
   하자
   위 서의남은 자신이 차고 있던 권총을 꺼내어 이 자식이 상관에게
   항명하니 처단하겠다고 하므로 위 허장환은 그에 맞서 쏠테면 쏴봐
   라 하면서 서의남 멱살을 잡고 크게 싸움을 하여 결국 이로 인해
   항명죄로 불명예 퇴직을 한 사실이 있었음을 확인 및 인우보증하는
   바입니다.

   1998.   4.   16.

                위 확인자 홍 남 순

등부 ⁹⁸ 년 제 1041 호

인 증

위   사실확인및 인우보증서 ------   에 기재된   홍 남 순 · 은 ----

_____

본직의 면전에서 위 사서증서의 ^서   명 날인하였다.

본직은 위 촉탁인의 성명을 모르고 면식이 없으므로 주민등록증

_____   에 의거 본인임을 확인하였다.

19 98 년 4 월 16일 이 사무소에서 위 인증한다

공증인가 무등합동법률사무소
광주광역시 동구 대의동 13-2

공증담당 변호사 가 시 경

공증인가 무등합동법률사무소

인 증 서

공증
인가 **무등합동법률사무소**

전화 222-3084 번

사실확인 및 인우보증서

인 우 인
허 장 환 (許壯煥. 50세)
강원도 화천군 화천읍 용산리 1008.
전직:5.18 당시 전남.북 비상계엄사령부합동수사본부 국보
위 특수부 부장.

사실확인자
및인우보증인
정 광 진 (丁廣鎭. 420218-1559112)
본적 : 전남 나주시 남평읍 교원동 200.
주소 : 광주시 남구 방림2동 556. 모아APT 108-801.
직업 : 공증인가 호남합동법률사무소
대표변호사 홍남순사무소 사무장.
(TEL : 652-1818)

사 실 확 인 및 인 우 보 증 할 사 유

1.   위 사실확인자 및 인우보증인(이하 보증인이라 칭함)은 5.18 광주사
태(현명칭:5.18 광주민주화운동)로 인하여 1980. 5. 28.위 계엄사령
부 군검경 합동수사부 수사대원에 505광주보안대로 연행되어 같은달
30일 10시경 그곳에 복무하고 있던 이모 병장, 최모 병사로부터 혹
독한 가혹행위를 당하고 오른쪽 하체 뒷 대퇴부가 파열되어 광주육
군통합병원에 후송되어 피부이식수술을 받고 68일동안 구속 및 치
료받고 석방된바 있는데 그 과정에서 위 인우인 허장환은 구속수
사를 받고 있던 본 보증인이나 홍남순변호사에 대하여 구명운동을
펴다가 항명죄로 직위해제 되었던 숨은 사실이 있었으므로 이를 밝
히는 바입니다.

2.   5.18 광주사태당시 위 홍변호사님은 시장, 경찰서, 시민 등의 요청
으로 치안 부재인 무정부상태에 있는 현실을 재야 원로이신 홍변호
사님이 주축이 되어 수습에 나서 달라는 간곡한 권유에 따라 수습에
나선 것뿐인데 5.26. 위 합동수사본부 수사대원에 의해 검문구속중
당시 수사본부의 사실상 총책임을 받고 있던 당시 수사부국장인 서
의남은 사전에 짜여진 수사 각본대로 짜맞추어 수사방향을 설정하여

홍변호사를 5.18광주사태를 일으킨 내란죄의 총수괴로 지목하고 서울 김대중으로부터 지령을 받고 그 자금으로 1억원을 받아 전남대, 조선대 양대학 총학생회장에게 5천만원씩 나누어 주어 내란을 획책하였고, 본 보증인이 연행되자 홍변호사가 그의 사무장을 시켜 김대중으로부터 돈을 받아 오도록 하였다는 방향으로 수사 각본을 보충하여 수사하도록 지시하였고 위 서의남은 이대로 수사를 펴기전에 미리 공포 위압감을 조성하도록 보증인을 구타한 이모, 최모사병을 사주하여 저녁에 가서 정광진에게 겁을 주도록 하였던 것인데 위 두 사람은 술을 먹고 와서 너무나 많이 폭행하여 본 보증인이 부상을 입고 병원으로 후송되어 위와 같은 수사방향을 바꾸었던 사실이 있었으며

3. 이 과정에서 허장환은 위 수사책임자 서의남에게 복명하면서

   가. 그것은 사실과 다르다 자신이 줄곧 조사를 하여 보았지만 홍변호사는 지방대학 출신도 아니며 양대학 총학생회장들과는 전혀 관련이 없고 광주사태를 수습하려고 나선 수습대책위원의 한사람이었고

   나. 5.18 광주사태가 사전 조직적으로 이루어진 것도 아니며 공수부대원들의 과잉진압으로 무고한 학생시민들이 살상되자 분개한 시민들이 항쟁으로 반발한 것이고

   다. 위 정광진은 일개 변호사 사무장에 지나지 않는데 김대중으로부터 돈을 받아올 위치에도 있지 않고 홍변호사를 수괴로 몰아 수사하는 것은 전혀 사실과 다르며 무리한 수사이니 방향을 달리하여야 한다.

   라는 복명을 하자 위 서의남은 차고 있던 권총을 빼어 들고 상관의 명령에 항명하므로 처단하겠다고 위협하므로 허장환은 이에 맞서 쏠테면 쏴봐라 하면서 서의남의 멱살을 잡고 싸움을 한 관계로 결국 상관폭행 및 항명죄로 문책을 당한후 중도에 퇴직한 사실을 확인하며 이와 같은 사실은 홍변호사나 고인이된 처 윤이정, 그의 아들(홍변호사와 함께 연행되었다가 10일만에 모자는 석방된 사실이 있음) 등이 모두 알고 있는 사실임을 확인 인우보증합니다.

   1998.   4.   16.

   위 확인자

등부 98 년 제 1042 호

인 증

위 사실확인및 인우보증서   에 기재된 정 ㅇㅇ 진, 은 ─────────

본직의 면전에서 위 사서증서의   서   명 날인하였다.

본직은 위 촉탁인의 성명을 모르고 면식이 없으므로 주민등록증

─────────   에 의거 본인임을 확인하였다.

19 98   년 4 월 16 일 이 사무소에서 위 인증한다

공증인가 무등합동법률사무소

광주광역시 동구 대의동 13-2

공증담당 변호사 김 ㅇ 경

공증인가 무등합동법률사무소

광주 곳곳에 암매장, 유기되어 구천의 늪을 헤매는 영혼들……
5·18에 관련된 모든 것이 '보안사령부' 기록물로 보존
앞으로 '5·18특별조사위원회'의 활약상 기대!

'5·18민주화운동'관련 사망자는 현재까지 356명(사망 165명, 상傷이후 사망 113명, 행방불명 78명)이다. 이 중 망월동 '국립5·18민주묘지'에 묻힌 사망자가 165명인데, 이 가운데 행불자 11명 중 5명은 여전히 신원이 확인되지 않아 현재 국립5·18민주묘지 무명열사 묘역에 안장되어 있다. 1990년부터 2015년까지 7차례에 걸쳐 5·18행불자로 인정받은 사람은 총 84명이지만 2001년 이장 과정에서 6명의 신원이 확인되어 현재의 행불자는 총 78명이다. '5·18민주화운동관련자보상심의위원회'는 2018년 6월까지 제7차 보상을 신청한 506명 중 284명을 5·18피해자로 추가 인정했고, 이로써 5·18 총 피해자는 5807명(2018년 12월 기준)이다.

공식적으로 인정받은 행불자가 78명인 것과 달리, 현재 광주시에 행불자로 신고된 이들은 448명이다. 아직도 사망자로 신고 못 하고 아들이, 남편이 집으로 돌아오길 기다리다 40년의 세월을 흘려보낸 가족들이 있다. 2017년 11월과 2019년 12월에 암매장 추정지인 옛 광주교도소 인근에서 유골 발굴작업이 있었다. 국가적 차원에서 이러한 유골 발굴작업이 계속되어 5·18민주화운동에 희생된 분들과 그 가족들에게 위로와 마지막 희망의 등불이 되어 주어야 할 것이다.

광주교도소 인근을 비롯한 광주 곳곳에 암매장, 유기되어 구천의 늪을 헤매는 영혼들이 그리운 가족 품으로 돌아갈 수 있도록 함이 5·18특별조사위원회의 본분이고 사명이며 특조위 설립의 근본 취지이다. 무엇보다 5·18에 관련된 모든 것이 보안사령부 기록물로 보존되어 있으니 앞으로 특조위 활약상을 기대해본다.

■ '암매장' 관련 진압군 증언자

1. 유종겸(3공수 본부중대): 1980년 5월 21일 호남고속도로 인근에 9구 시신 묻음
2. 신순용(3공수 11대대 지역대장): 1980년 5월 21일 광주교도소 앞 원예공판장 옆에 3구 시신 묻음
3. 이상래(3공수 일병): 1980년 5월 21일 전남대 철수 시 부식수령 차량에 검거한 시위대 49여 명을 광주교도소 창고에 집단수용, 이 과정에서 사망한 시신 4구 교도소장관사 앞 소나무숲에 매장. 추가로 같은 날 피 흘려 죽은 1구 동일 장소에 매장. 이밖에도 광주교도소 인근 암매장 제보 다수
4. 정규형(3공수 하사): 1980년 5월 22일경 접근시민 2명 신진자동차 교도소 옥상에서 사살, 교도소 앞 야산에 매장
5. 조성갑(광주시 사회과) 씨가 수습한 41구 중 10구는 암매장 상태라고 증언
6. 암매장은 행불자의 시신 수색과 직결─육본 및 2군 상황일지 2003명 훈방, 중앙정보부 상황일지 2118명 훈방, 보안사구속 및 훈방자명단 체포자 2706명 중 2122명 훈방 등 각종 자료상 훈방자 숫자불일치

2019년 12월 19일 광주 북구 문흥동 구 광주교도소 담장 옆 발굴현장.(5·18기념재단 자료제공)

■ '암매장' 관련 제보 접수현황

1. 기 간 : '88. 5 ~ '95. 12
2. 건 수 : 총 13건
3. 결 론

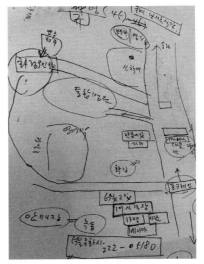

1980년 5월 18일 광주사태가 발생되면서 도청 평정 후, 외곽으로 철수하는 기간 동안의 상황을 담은 스케치

(1) '95. 12 현재 현지 확인결과 실제 작업
   자나 직접 현장 목격자의 진술대로 위
   치는 확인할 수 있으나 발굴작업 과정
   에서 흔적을 거의 찾을 수 없음.

(2) 화려한 휴가(윤재걸 씀)에 나오는 투입
   공수의 증언대로 5월 말부터 암매장
   시신을 매립장소를 표기해두었다가
   진압후 전부 은밀히 제3의 장소로 옮
   겼다는 사실이 최근의 현지확인 결과
   입증됨.

(3) 이와 같은 장소로 소태동 주남마을 암
   매장 현장, 해남 군부대 옆, 지원동 야
   산, 오치동 삼각산 부근 등지도 동일한 경우로 확인됨.

(4) 사망자 숫자와 암매장이 의혹의 초점으로 8년간 계속 부각되는 것은,

   ① 시외곽 지대의 총격전
   ② 계엄군이 회수한 시신을 트럭·헬기로 싣고 가서 처리한 경위 미공개
   ③ 부상 중 입원 사망자나 시내 주택가에서 5월 20일 이후 사망한 시신들은 도청 또
      는 상무관에서 확인, 입관 조치
   ④ 망월동에는 입관 시신만 안장
   ⑤ 부랑아 등 사회보호사업 인원의 격감과 80년 당시 인구통계 및 결핵환자 통계의
      엄청난 오차 등이 현재까지 해명되지 않고 있기 때문임.

(5) 따라서 구체적 증거를 확보하기 위해서는,

   ① 제보에 대한 집중적 추적과 동시에 가매장 또는 암매장에 관계한 군·경·행정공무
      원 등에 대한 철저한 병행조사 필요
   ② 확실한 물증이 없더라도 위치, 매장일시, 암매장자, 추정피해자 등을 밝혀야 함.
   ③ 암매장 장소에 건물 신축, 군 토지수용 등으로 은폐시킨 사례를 추적해야 함.

국방부 자료에 의하면 '계엄부 사령관 지시사항'은 다음과 같다.

계엄부 사령관 지시사항

80년 5월 18일 계엄부 사령관은 전남대학교

소요에 단호한 계엄사의 조치를 보여주기 위하여

보안사를 통해서 전교 사령관에게 지휘 조언,

강력하게 당부토록 조치해줄 것을 요망하고 있음

5·18 당시 전일빌딩 상공을 선회하는 헬기 장면(5·18기념재단 자료제공)